世界の保育保障

Early childhood education and care in the world

幼保一体改革への示唆

椋野美智子・藪長千乃 編著
Mukuno Michiko & Yabunaga Chino

法律文化社

はしがき

　2011年6月にまとめられた「社会保障・税一体改革成案」において，子ども・子育て支援は社会保障改革の最優先事項と位置づけられている．同案はまた消費税充当分野に高齢者三経費に並んで少子化対処政策費を追加することを明確にした．子ども・子育ての政策としての優先度が近年急速に高まってきている．

　目を世界に転ずれば，子ども・子育て支援，とくに保育・幼児教育は，工業社会から知識基盤社会へ移行するなかで，女性の労働力参加を進め，家族形成を支援するとともに，質の高い人材育成と社会的排除への対応，経済的繁栄と社会の維持可能性に資する公共財という見方が高まり，先進諸国においては充実強化のための改革が進められている．

　本書はそのような世界の流れと各国の取り組みを紹介し，現在進められている日本の改革がその中でどう位置づけられ，どのような方向性をめざすべきかについての示唆を得ることを目的としている．各国の取り組みは制度だけでなく，保育施設や子育て家族の1日を事例としてできるだけ盛り込み，政策と生活者の両方の視点からの記述に努めた．また，理想化した「いいとこ取り」の紹介にならないよう，それぞれの国の課題と，保障の実を上げるための現実的な取り組みにも着目して紹介を行った．代替サービスを含めた柔軟，多様なサービスの提供，地域重視，利用者民主主義などが挙げられる．

　本書の構成は次のとおりである．まず，序章で本書を読むうえでの前提となる保育政策の世界的流れと国際比較の視点を紹介し，1章で，その流れをふまえた日本の保育政策の政治・政策的文脈における特徴を述べる．2章では保育政策の経済分析を行い，3章から8章までで，フランス，イギリス，スウェーデン，デンマーク，フィンランドに日本を加えた6カ国について紹介する．そして，9章で全体を総括し，国際比較からの示唆をふまえて日本の改革の方向性を論ずる．

日本の保育改革に対しては，市場原理主義的な改革で保育保障が後退するのではないかなど，誤解に基づく不安の声や反対がある。本書が，保育改革を世界の流れの中に位置づけて理解し，よりよい保育・幼児教育を日本に実現するための一助となれば，編者として心より嬉しく思う。

　なお，幼児教育については，初等教育の一環として位置づけている国，初等教育と位置づけてはいないが義務教育としている国，義務教育ではないがほぼ100％の就学率の国など様々である。統一的な訳が難しいため，本書では「就学前」を「小学校または基礎学校就学前」という意味で使用した。また，費用について日本円換算のほうがわかりやすいものの，昨今の異常な円高もあり，いつの時点のレートを用いるかによって大きく印象が左右され，かえって正確な理解を妨げることが懸念されたため，現地通貨表示のままとした。参考までに2011年10月1日時点のレートを掲示すれば次のとおりである（財務省貿易統計より）。

　1ユーロ＝105.73円（フランス，ドイツ，フィンランド，スペイン），1ポンド＝121.82円（イギリス），1スウェーデン・クローナ＝11.60円，1デンマーク・クローネ＝14.20円，1カナダ・ドル＝77.81円，1ニュージーランド・ドル＝63.32円，100ウォン＝7.07円（韓国）

2011年10月

編　者

目　次

はしがき

序章　保育保障の世界的潮流と国際比較の視点 ── 001
1　今，なぜ保育保障か　001
2　保育保障比較の視点　007

1章　保育政策の政治・政策的文脈 ── 012
▶ 国際比較からみえる日本の特徴
1　はじめに　012
2　少子化対策としての子ども・子育て政策　014
3　社会的投資としての子ども・子育て政策　026

2章　保育政策の経済分析 ── 031
1　はじめに　031
2　日本の女性の労働参加と保育サービス　032
3　日本の保育サービスに関する経済学的分析　037
4　保育サービス充実の経済効果　041
5　おわりに　045

3章　フランス ── 049
▶ 多様な保育サービスにみる子育ての社会化
1　はじめに　049
2　子育てを取り巻く良好な環境　051
3　保育環境の整備　057
4　多様な保育サービス　060
5　日本への示唆　072

4章 イギリス ―――――――――――――――― 078
▶ 普遍的かつ的をしぼって

1 イギリスの保育・幼児教育の社会的な位置づけ　078
2 保育・幼児教育の概要　080
3 保育施設の量的側面　084
4 保育・幼児教育の質的側面　086
5 保育者とその育成　088
6 関連する雇用政策　090
7 シュアスタート政策と社会的包摂　091
8 日本への示唆　096

5章 スウェーデン ―――――――――――――― 101
▶ 人的資源育成策としての保育・教育サービス

1 はじめに　101
2 未就学児や就学児に対する保育・教育サービス　102
3 就学前学校等の量的側面　105
4 就学前学校等の質的側面　110
5 就学前学校等にかかる最近の動向　112
6 未就学児を取り巻く環境　116
7 日本への示唆―どのような社会を創るのか　119

6章 デンマーク ―――――――――――――― 125
▶ 保護者との協働による普遍的な保育サービス

1 はじめに　125
2 家族と労働に関する状況　128
3 保育サービスの概要　131
4 保育施設の量的側面　134
5 保育施設の質的側面　136
6 保育サービスの最近の動向　141
7 保育を取り巻く環境　146

　　　　8　日本への示唆　　151

7章 フィンランド ―――――――――――――――――――― 157
　　▶ 子どもの育ちを支えるサービスの保障とその柔軟な供給
　　1　小さな子どもの「育ちの支援」―ヴァルハイスカスヴァトゥス　157
　　2　保育・幼児教育サービスの概要　159
　　3　保育・幼児教育施設の量的側面　162
　　4　保育・幼児教育施設の質的側面　167
　　5　人材とその育成　172
　　6　日本への示唆　176

8章 日　　本 ―――――――――――――――――――――― 182
　　▶ 子どもの発達保障と参加機会の拡大をめざして
　　1　はじめに　182
　　2　就学前の子どもに対するサービスの概要　184
　　3　地方自治体と保育の実施義務　187
　　4　就学前児童に対するサービスの量的側面　189
　　5　保育内容とその質を支えるための制度　194
　　6　保育者の待遇　198
　　7　保育施設での生活と保育者，保護者の1日　200
　　8　子どもと子育てを取り巻く環境　202
　　9　今後に向けて―子どもの発達保障と参加機会の拡大へ　206

9章 保育改革の方向性 ――――――――――――――――― 213
　　▶ 国際比較からの示唆をふまえて
　　1　各国の保育保障の概要　213
　　2　改革の始動　219
　　3　改革の方向性―保障の強化　224
　　4　おわりに　239

コラム

1 スペイン：相互扶助システムの弱体化と伝統的家長制度のなかで……076
2 カナダ：オンタリオ州のキンダーガーテン改革…………………………099
3 ドイツ：女性の働き方と保育政策………………………………………123
4 ニュージーランド：多様な就学前児サービスと少数民族への配慮……155
5 韓国：私的な営みとしての子育て………………………………………180

事項索引

序章

保育保障の世界的潮流と国際比較の視点

藪長千乃

1　今,なぜ保育保障か

　2011年4月,東日本大震災後に発表された経済協力開発機構による対日審査報告書 OECD, Economic Survey JAPAN は,日本のきわめて厳しい財政状況を指摘し,これに対して保育・幼児教育への公的投資が根本的な打開策の1つとなると述べた。保育・幼児教育への投資は,低所得世帯の社会的不利な状況を改善するとともに,「リターンが大きい」からである。その理由は,次のように考えることができる。先進諸国では,人口構造の変化に加えて産業構造の変化,家族・社会構造の変化,市場経済や人口移動のグローバル化が進んでいる。これらの変化は,持続可能であろうとする社会に対して,女性の労働市場参加,知識基盤社会への移行,拡大する所得格差や社会的排除への対応を要請する。保育・幼児教育はこれらの要請に応えることができるからである。

(1) 家族と労働市場の変容

　福祉国家の類型論で知られるエスピン-アンデルセンは,「経済活動の三分の二がサービスに集中するようになったいま,『産業の論理 industrialism』は時代遅れとなった。男性稼ぎ主型の家族は絶滅危惧種となりつつあり,たった一世代前に『非典型的』であった家族がいまや主流となりつつある。」と指摘する [Esping-Andersen 2010]。

先進諸国において，主に19世紀以降20世紀を通じて進展した工業化は，都市化と農業人口の減少，雇用労働の拡大をもたらした。多くの男性が農村を離れ，都市部で雇用労働者となった。そして，男性は家の外での仕事に専念し，女性が家の中で家族の世話に専念する，いわゆる男性稼ぎ主型の家族形態が定着した。この過程で，社会保障・社会福祉の諸制度は，男性稼ぎ主型の家族形態を「標準的家族」[Esping-Andersen 1999，山田 2001：29]として捉え，これを軸に形成されていった。所得の確保や乳幼児・高齢者の世話などの主な福祉機能を家族に委ねる。そして，失業や加齢，疾病など家族では支えきれないリスクに対しては普遍的な社会保険制度で対応する。さらに離婚や生涯未婚など「標準的家族」から逸脱した場合のリスクに対しては，選別的な社会福祉制度で対応する。このようにして形成された「家族主義」的な制度が，「標準的家族」をさらに普及させ，強固なものにしていった。

　ところが，20世紀後半を中心に，家族と労働市場の状況は変化を遂げた。離婚・再婚やシングルマザー，事実婚，生涯未婚など，家族が様々な形態をとり始める。人生を定型化されたライフサイクルとして捉えることはもはや難しく，人びとはそれぞれのライフスタイルを様々な時期に選択するようになった。さらに，高度成長を終え，不況・低成長期に入った労働市場は，雇用労働人口が圧倒的割合を占めるようになったにもかかわらず，それを吸収することができなくなった。失業が慢性化し，不安定な非正規労働が増加した。これまで家族政策が前提としてきた，男性が家族の主要な収入を稼ぎ，家族が安定的に維持される「標準的家族」が崩壊し始めた。これに追い打ちをかけるように，1990年代以降急速に進展する市場経済のグローバル化が，労働市場をこれまで以上に不安定なものとしている。労働市場へ参入できない若年層労働者が一定の規模をもち始めた。

　一方，高度成長の時代には，並行してサービス産業化，高学歴化も進んだ。物質的な豊かさが充足されるようになるにつれて，飲食業，宿泊業，小売業，金融業，医療・福祉など，新たな産業が経済活動の中心的部分を占めるようになった。また，大学・短大，あるいは専門学校などの高等教育や後期中等教育課程への参加が一般化していった。とくに女性の高等教育への参加が進んだ。

その後の情報・通信革命の進行と，知識基盤社会化は，性別を問わず，高度な知識・能力を身につけた人材の労働市場での価値を高くする傾向を強くさせている。

(2) 新しい社会的リスク

このような家族構造，産業構造，労働市場の変容と並行して，所得格差の拡大と貧困の広がり，社会的排除の存在が指摘されている。それは，これまでの社会保険・社会福祉の制度が，このような構造変化に対応しきれなくなっているために生じていると考えられている［Taylor-Gooby 2004, Armingeon & Bonoli 2006ほか］。

不安定となった不況・低成長期の労働市場では，単独の稼ぎ手だけで家族の家計を安定して維持することが難しくなる。そこで，家族の世話に専念してきた妻が有償労働に就き，夫婦2人で働く必要が生じる[1]。ところが，これまでの社会保険・社会福祉制度では，家族の構成員の世話（ケア）は主に家族に委ねられているため，子育てや介護と夫婦2人の有償労働を両立させることが難しい。そのため，不安定労働とケア負担が重なった家族，たとえば子どものいる家庭，高齢者や障がい者などケアの必要な家族のいる家庭，ひとり親家庭などが，とくに低所得や貧困に陥りやすくなる。また，安定した高収入の仕事に就くことが難しい高度な技能や知識をもたない労働者の家庭や不就業の若年層なども不安定な労働市場のなかでは所得の維持が難しい。こうした，非定型的な家族や高度な技能をもたない労働者や若年層の抱えるリスクが「新しい社会的リスク」とよばれている。このようなリスクを抱える層が相当な規模まで増大している。

この新しいリスクへの対応において，子ども，若年層はとくに重点的な対応が必要となる。その理由の1つは，子ども期，若年期の貧困とそれに伴う不利な状況が，心身ともに健康な発達を阻害し，その後の長い人生に影響を与える可能性が高いからである。しかし，それだけではない。子育てのケア負担は，比較的所得の低い若い家族に集中するために，小さな子どもをもつ家族の貧困リスクをいっそう高めることになる。また，若い親たちのこの時点のキャリア

の中断がその後の低賃金・不安定労働につながり，それが定着する可能性も高い。にもかかわらず，子育てのケア負担の社会化（保育保障）は，高齢者のケア負担の社会化（介護保障）に比べて，いまだに残余的である。さらに，この子育てのためのキャリアの中断は，とくに女性に多い。産業構造の変化と高学歴化によって労働市場における女性労働力のニーズが高まっているにもかかわらず，保育保障の不備によって女性が労働市場から退出してしまえば，人的資本の大きな損失となる。これまでの定型化されたリスクを支えてきた社会保険・社会福祉制度が成熟し，政府財政を圧迫し，限界にきているなかで，子育て世帯の所得の減少や貧困リスク，低所得世帯化は，いっそう社会保障財政を逼迫させる要因にもなる。政府にとっては最も避けたい状況の1つであろう。高度な技能・知識をもつ人材が労働市場で十分な所得を安定的に得られるようにすることがめざす状態の1つとなる。そこで，子育てのケア負担の社会化と小さいころからの教育，つまり保育・幼児教育の重要性がこれまで以上に高まっているのである。より詳しい内容を OECD の報告に沿ってみていこう。

（3） 人生の始まりこそ力強く──OECD 保育・幼児教育の国際比較調査から

1996年，OECD 加盟各国の教育担当大臣による共同決議「生涯学習をすべての人へ」では，学ぶ機会を望むすべての人の知識と能力を向上させることをめざした「ゆりかごから墓場まで」の教育機会の保障を加盟各国がめざすことを確認した。その背景として，加速度を上げるグローバリゼーションと技術革新，仕事と労働市場の質的変化，そして人口高齢化が，生涯にわたる仕事と生活のスキルの向上を必要としていることを指摘した。高度情報社会は，労働者に高度な専門性と絶え間ない技術革新に対応できる柔軟性を求める。加えて，市場のグローバル化に伴って，国際間競争が激しくなり生産物市場はこれまで以上に不安定になり，生産サイクルも短くなる。転職を繰り返すことがより現実味を帯びたものとなる。このような状況のなかで，知識・技術をもつ者ともたざる者の両極化が進む。教育訓練の機会は，個人の自己実現の達成や収入増・雇用機会の向上に貢献するだけでなく，イノベーションや生産性の向上につながる。雇用労働者のスキルと能力の向上は，個人，企業，経済のすべてに

利益をもたらす。そのため、人生の各段階での教育機会を提供しようとする戦略が重要となる。しかし、一生のうちに得られる教育訓練の機会にも格差がある。とくに乳幼児期に大きな教育機会の格差が現れる[2]。そこで、各国教育担当大臣は、さらに「幼児教育・保育へのアクセスおよび質の改善を最優先課題とする」とする共同声明を出すに至った。

その後、OECDは、1998年から2度に分けて保育・幼児教育に関する先進諸国20カ国の横断的調査を実施し、報告書『スターティング・ストロング（人生の始まりこそ力強く）Ⅰ・Ⅱ』を発表した。そのなかで、保育・幼児教育の重要性は次のように説明されている。

① 女性の労働市場への進出

1970年代以降の工業社会からサービス産業・知識基盤経済を中心とする社会への移行に伴い、成長を維持するためにより多くの労働力人口が求められ、女性の労働市場への参入を促した。そのプロセスにおいて、教育水準の高い女性が比較的報酬の低い仕事に就くことで、各国経済に貢献した。女性の労働力率は1993年から2003年までの10年間に8％上昇した。女性の家庭外での仕事へ従事する割合が一定（およそ50％）を超えると、子どもの面倒を見ることは、質・量両方の側面で私的に解決することができなくなる。そこで、保育サービスが必要となる。

② 仕事と家庭の責任の調和

このような変化にあっても、なお女性が子育ての責任を一方的に担い、労働市場や社会保障制度の体系を変えずにいれば、子育て責任を負った女性の多くは、キャリアを中断し、労働条件の不利なパートタイム労働に就くしかない。そのため、多くの女性が生涯賃金、社会保障給付等の面で不利な状況におかれる。そこで、仕事と家庭の責任を調和させること、育児期の家庭にやさしい就労環境、これらのための平等な法制度の整備が必要になる。

③ 人口構造の変動

雇用が不安定化するなかで、パートタイム労働や有期契約雇用に女性が就くことが常態となり、加えて子育てに費用がかかれば、子どもを産むことを断念させることとなる。これが少子化の要因の1つとなっている。移民の受け入れ

はこうした人口構造の変動への対応策の1つとなる。しかし，移民家庭はホスト国の言語や文化に精通していないために，子どもが学校で失敗するリスクが高い。幼児教育プログラムは子どものその後の発達に大きく貢献し，移民をはじめとする学校での失敗やひいては社会的排除を防ぐことにつながる[3]。

④　子どもの貧困と教育の不利

1995年から2005年にかけて，多くの先進諸国で子どもの貧困率が上昇している。子どもの貧困は，失業，低賃金・不安定労働，社会保障と結びつかないパートタイム労働などの親の不完全就労や不十分な所得再分配などによって起こっている。低所得の家庭は，個人の負担で良質の保育サービスを利用することが難しい。保育環境の不備が，子どもの人生のスタートにおける格差に反映し，その後の人生に大きく影響する。

⑤　公共財としての保育・早期教育

保育・幼児教育は，すぐに効果が出るわけではないし，個人的な関心や消費ですむものでもない。つまり，「市場の失敗」が前提となる。そして，子どもの健康や，将来的な学力向上，労働市場と社会的結束に貢献するという意味で公共財である。

人生のあるステージでの学習は，次のステージでの学習につながる。できるだけ早いステージで投資すれば，その効果は連鎖する。とくに早ければ早いほどよい。子どもは，幼児期に社会への対応能力や学習能力を吸収し，基礎的な生活スキルを身につける。社会人の再教育やドロップアウトした子どもたちや大人への介入は結果として高くつく。胎児期を含めて子どもに質の高いケアを提供することは子ども自身にプラスの効果をもたらすこと，女性と子どものいる家族へプラスの経済的効果をもたらすこと，生産性の増加と税収の増加を通した社会経済的なプラスの効果をもたらすこと，さらには，社会的結束とコミュニティの発展をもたらすこと等を考えれば，質の高い保育・幼児教育を提供することを政府が担うことは正当化されよう。

2 保育保障比較の視点

(1) 福祉国家と家族政策のタイプ別分類

　保育や幼児教育をはじめ，人びとの生活を所得の保障やサービスの提供で支えていく社会福祉や社会保障のあり方は，先進諸国のなかでも多様である。国家の社会福祉・社会保険に対する態度は，福祉国家研究のなかで，おおよそ3つまたは4つに分類されてきた。なかでも代表的な福祉資本主義のレジーム分類では，先進資本主義諸国は自由主義，保守主義，社会民主主義の3つのレジームに分類される。自由主義レジームは，市場原理を重視し，政府の役割を消極的に捉え，選別的な福祉供給を基調とする。保守主義レジームは，社会福祉の供給には積極的であるが，伝統的な社会制度を維持し，再分配による所得の平等化には消極的である。社会民主主義レジームは，政府が福祉供給に積極的な役割を担い，普遍的な福祉供給を基調とする［Esping-Andersen 1989］。この福祉レジーム論は，福祉供給の原理とその維持について，主に政府（国家）と市場に着目して各国の分類を試みたものである。これには，福祉供給の最も多くを担う家族の視点，あるいはジェンダーの視点が抜け落ちているとの批判もあった。

　そこで，家族の視点から各国の福祉供給のあり方を捉えてみると，やや様相が変わってくる。福祉レジーム論では，その後，「脱家族化」という指標を加えて福祉レジーム分類の修正を試みた。これはケアの負担が家族に委ねられている程度を表し，先進諸国は脱家族化の進まない家族主義の諸国と，市場や政府によるケアの供給によって脱家族化の進んだ非家族主義の諸国に分けられる。自由主義レジーム，社民主義レジームでは，家族の役割は消極的に捉えられる。ただし，自由主義レジームでは家族の機能が劣化した場合は市場に代替機能を委ね，社民主義レジームでは家族の機能を国家が積極的に分担する。そして，保守主義レジームでは，福祉供給の機能を家族に依存する傾向が強い（→図表序-1参照）［Esping-Andersen, 1999］。

　一方，先進諸国における家族政策に関する国際比較研究では，家族をとりま

図表序-1　福祉資本主義レジームと家族政策支出割合

レジーム類型	福祉供給の主要な基盤	福祉供給の対象	家族政策支出割合		代表的な国
			1980年	1999年	
自由主義	市場	選別的	0.29%	0.33%	アメリカ，イギリス
保守主義	家族	階層的	0.38%	0.74%	フランス，ドイツ
社民主義	国家	普遍的	1.60%	1.78%	北欧諸国

注：家族政策割合は，家族を対象とした福祉サービスへの国家支出の対GDP比。サービスには，保育，家事援助サービス，その他の現物支給の家族給付が含まれる[Taylor-Gooby 2004:16]。
出所：Esping-Andersen [1999]，Taylor-Gooby [2004] を参考に筆者作成

く制度について家族主義的であるかどうか，そして非家族主義的であった場合，家族の機能を市場が担うか，国家が担うかによって分類を試みる。しかし，それだけでは割り切れない部分もある。家族主義的であっても，国家が家族の形成・維持に積極的に介入し，家族の機能を代替する場合もある。そこで，ゴーチェは，家族と政府と個人の関係に着目して，家族政策を歴史的に分析し，先進諸国を4つに類型化した。ドイツに代表される伝統的家族主義モデルでは，政府はある程度の支援を子どものいる家庭へ行うが，育児の主な担い手は家族自身や非営利団体である。家族制度・保育制度の整備状況は中程度であり，そのために女性が仕事と家庭を両立させることが難しい。スウェーデン，デンマークに代表されるジェンダー平等モデルでは，男女が共に稼得者であり育児を担当する。政府は夫婦が共に有償労働に就くことをサポートし，結婚・離婚・養子縁組に対して自由・寛容である。一方，家族主義＝出産奨励モデルでは，出産手当・保育制度を重視し，ワーク・ライフ・バランスを尊重しながら出生率上昇をめざす。ここでは，手厚い出産奨励金や子ども手当が制度化される。フランスやカナダのケベック州がこのモデルに該当する。家族主義＝非介入モデルでは，家族への支援はミーンズテスト付きの場合が多く選別的である。政府は女性が家庭へ入ることを支援するわけではないが，女性の労働市場参入にも限定的な支援しかしない。したがって，家族福祉の自助観が強い。イギリス，アメリカが該当する。ゴーチェの分類では，フランスの独自性の説明が可能となる [Gauthier 1996]。

　一方，前述の新しい社会的リスクに対する先進諸国の対応も，いくつか比較

分類が試みられている。新しい社会的リスクは,「ポスト産業社会への移行において生じた経済社会の変化の結果として,人びとが人生において直面しているリスク」［Taylor-Gooby 2004］である。つまり,古い福祉国家（福祉レジームの体系）と現在の社会とのミスマッチが生じさせた問題ともいえる。そのため,新しい社会リスクへの対応は,福祉レジームによって異なることになる。

新しい社会的リスクに対する各レジームの対応をみてみよう。自由主義レジームでは,政府による対応は消極的で,市場原理に委ねられる傾向があり,リスクを抱えた社会的に脆弱なグループが排除されやすい。社民主義レジームでは,家族構造と産業構造の変化の初期の段階で,包摂的な労働市場政策と社会福祉・社会保険制度が女性の労働市場参入を進めた。政府は保育サービスをはじめとする家族のニーズにこたえる政策の整備に成功し,新しい社会的リスクのもたらす問題がそれほど顕在化していない。一方,保守主義レジームの国では,戦後の「標準的家族」モデルを維持しようとするために,新しい社会的リスクに対応することができずに,問題が顕在化している,という［Taylor-Gooby 2004, Armingeon & Bonoli 2006］。

（2）比較対象国の選定理由

以上のような議論を前提として,比較の対象国を次のように選定した。日本への示唆を得るうえで,福祉レジーム分類と,家族政策の方向性,新しいリスクへの対応を考慮に入れた。福祉レジーム分類における日本の位置づけはいまだ論争があるが,家族主義を含めた伝統的な社会制度の維持の点では保守主義レジームの要素を強くもち,福祉供給の選別的な点では自由主義レジームの要素をあわせもつ。そこで,保守主義レジーム諸国からフランスを,自由主義レジーム諸国からイギリスを選定した。家族主義的な保守主義諸国のなかでもフランスは,仕事と家庭の両立の環境整備が比較的進んでいる。小さな子どもをもつ女性のフルタイムの有償労働を保育・幼児教育施策を通じて可能にしてきた点で,他の保守主義レジーム諸国と異なる。この点で,日本への示唆を得られると考えられる。一方,自由主義レジームでは,保育は市場を通じた供給に委ねられる傾向がある。そのため,保育・幼児教育へのアクセスは親の経済状

況によって質・量の両面で格差が生じやすい。しかし，イギリスでは1997年の労働党政権誕生以降，積極的に政府による介入が試みられている。労働党政権成立後のイギリスでは，とくに不利な状況におかれる層をターゲットとしたシュアスタートが導入された。一方，男女がともに稼得者であり育児を担当するジェンダー平等モデルを志向する北欧諸国は，新しい社会的リスクの問題は顕在化しておらず，最も持続可能な福祉国家モデルと考えられる。スウェーデン，デンマーク，フィンランドの3カ国は，それぞれジェンダー平等，自然保育，教育等の面で注目される。そこで，さらにこの3つの国々を取り上げ，日本とあわせて計6カ国を比較検討の対象とした。

　比較にあたっては，保育・幼児教育に関して，自由主義，保守主義レジームの典型的な様相をみせる諸国を取り上げることが必要かもしれない。家族政策からの脱却に踏み出せず新しい社会的リスクの克服に立ち止まる国々，あるいは独自の展開をみせている国々も多い [OECD 2007]。そこで，ドイツ，スペイン，カナダ，ニュージーランド，韓国の5カ国の保育・幼児教育の現状も紹介することとした。ドイツは，典型的な保守主義レジームの国である。しかし，これまでみてきたような変化のなかで，徐々に仕事と家庭の両立を可能にする政策に取り組み始めている。一方，スペインは保守主義レジームに近いが，福祉国家の建設が比較的遅れたために，比較的未成熟な社会福祉・社会保障制度をもち，家族主義や伝統を重視する傾向が強い南欧諸国の1つとして位置づけられる。保育はインフォーマルな関係に委ねられる傾向があり，後発的な福祉国家建設，家族主義や伝統を重視する点では日本と共通するところも多い。カナダは，自由主義レジームとして分類される国である。保育・幼児教育については州が担当しており，州による違いがみられる。オンタリオ州は，保育費用が高く，働く親が普通に利用できる状態としては整備されていないことが指摘されている。ニュージーランドは，同じ自由主義レジームに属しながら，保育サービスの教育的機能が強調されている。最後に，韓国は位置的に最も日本に近く，家族の役割等の面でも日本と多くを共有していると考えられる国である。

【注】

1) 日本でも高学歴化や大量消費等の社会の成熟化に伴って，妻が家計の補助のためにパートなどの仕事に就くことが一般的になったが，状況は選択の余地がないほど逼迫しつつある。
2) 正確には，一生のうちに大きな教育訓練機会の格差がある時期は，乳幼児期と高齢期の2つである。OECD, Lifelong Learning, Policy Brief, OECD Observer, February 2004.
3) イギリスの就学前教育の効果に関する調査研究では，保育・幼児教育がその後のドロップアウトの危険性を軽減させることが明らかになっている。

【参考文献】

山田昌弘［2001］「転換期の家族政策」社会政策研究2
Armingeon, Klaus, Bonoli, Giuliano [2006] *The Politics of Post Industrial Welfare State Adapting post war social policies to new social risks*, Routledge
Esping-Andersen, Gøsta [1989] Three Worlds of Welfare Capitalism, Polity（岡沢憲芙・宮本太郎監訳『福祉資本主義の三つの世界——比較福祉国家の理論と動態』ミネルヴァ書房，2001年）
―――― [1999] Social Foundations of postindustrial Economies, Oxford University Press（渡辺雅男・渡辺景子訳『ポスト工業経済の社会的基礎——市場・福祉国家・家族の政治経済学』桜井書店，2000年）
―――― [2010] *The Incomplete Revolution*, Polity Press
Gauthier, H. A. [1996] *The State and the Family A Comparative Analisys of Family Policies in Industrialized Countries* Clarendon Press
OECD [2001] *Starting Strong Early Childhood Education and Care*, OECD Publishing
―――― [2006] *Starting Strong II Early Childhood Education and Care*, OECD Publishing（『OECD保育白書——人生の始まりこそ力強く：乳幼児期の教育とケア（ECEC）の国際比較』明石書店，2011年）
OECD [2007] *Babies and Bosses Reconciling Work and Family Life: A Synthesis of Findings for OECD Countries*, OECD Publishing（『国際比較：仕事と家族生活の両立 OECDベイビー＆ボス総合報告書』明石書店，2009年）
Taylor-Gooby, Peter [2004] *New Risks New Welfare The Transformation of the European Welfare State*, Oxford Universty Press

保育政策の政治・政策的文脈
▶国際比較からみえる日本の特徴

椋野美智子

1 はじめに

　序章で藪長千乃も述べているとおり，OECD によれば，質の高い保育・幼児教育の提供は，近年，世界の多くの国で重要な政策課題になり，サービスの量的・質的不十分さは選挙の争点にもなっている。その第1の理由は，女性の労働市場への参加の要請である。経済的繁栄は高い労働力率を維持できるかにかかっており，仕事と家族責任をより女性に公平な基礎の上に調和させ，少子高齢化という人口課題へ対応するために，とくに欧州諸国では，カップルが子どもをもつこと，両親が仕事と家族責任を両立させることを支援する家族・子ども政策を実施している。第2は，子どもの貧困と教育的不利という問題への対応の必要性である。包括的な保育・幼児教育によって幼児をもつ家族の社会への統合を支援することができる。これらの観点から，保育・幼児教育は公共財という見方への支持が高まり，多くの教育経済学的実証研究がそれを裏打ちしている［OECD 2006］。

　ところが，日本の子ども・家族分野の社会支出は OECD 基準で2007年度約4兆円，対 GDP 比でみると0.79％であり，イギリス，フランス，スウェーデンの約4分の1ときわめて低い（→図表1-1参照）。対 GDP 比9.12％，社会支出の約半分を占める高齢分野の高さ［国立社会保障・人口問題研究所 2008］と比較すると，いかに高齢化率世界一の国とはいえ，対照的である。

図表 1-1　各国の家族関係社会支出の対 GDP 比の比較（2007年）

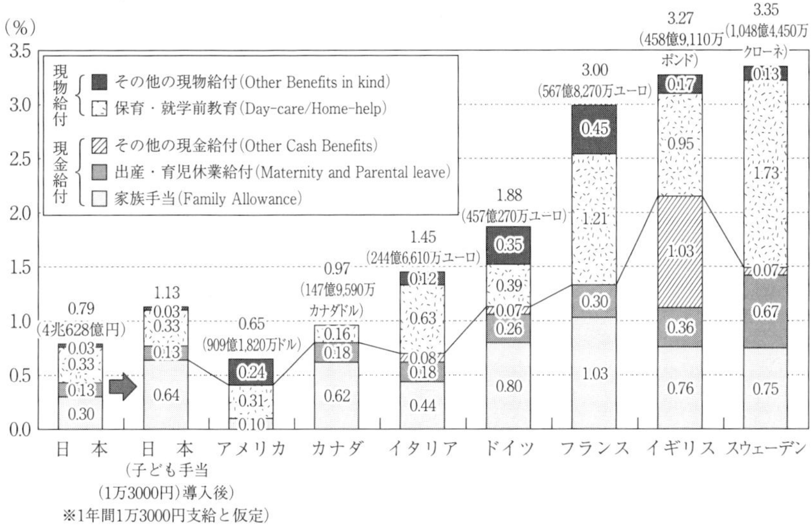

凡例：
- 現物給付
  - ■ その他の現物給付（Other Benefits in kind）
  - ▨ 保育・就学前教育（Day-care/Home-help）
- 現金給付
  - ▨ その他の現金給付（Other Cash Benefits）
  - ▨ 出産・育児休業給付（Maternity and Parental leave）
  - □ 家族手当（Family Allowance）

各国の値：
- 日本：0.79（4兆628億円）　内訳 0.03 / 0.33 / 0.13 / 0.30
- 日本（子ども手当（1万3000円）導入後）※1年間1万3000円支給と仮定：1.13　内訳 0.03 / 0.33 / 0.13 / 0.64
- アメリカ：0.65（909億1,820万カナダドル）　内訳 0.16 / 0.18 / 0.24 / 0.10 / 0.31 ／（※グラフ読み取り）
- カナダ：0.97（147億9,590万カナダドル）　内訳 0.12 / 0.63 / 0.18 / 0.62
- イタリア：1.45（244億6,610万ユーロ）　内訳 0.35 / 0.39 / 0.07 / 0.26 / 0.44
- ドイツ：1.88（457億270万ユーロ）　内訳 1.21 / 0.30 / 0.08 / 0.18 / 0.80
- フランス：3.00（567億8,270万ユーロ）　内訳 0.45 / 0.36 / 1.03
- イギリス：3.27（458億9,110万ポンド）　内訳 0.17 / 0.95 / 1.03 / 0.76
- スウェーデン：3.35（1,048億4,450万クローネ）　内訳 0.13 / 1.73 / 0.07 / 0.67 / 0.75

注：「子ども手当（1万3000円）導入後」は，家族手当額について児童手当（2007年度9,846億円）を23年度当初予算における子ども手当給付額（2兆9,356億円）から上積み分（2,085億円）を減額したもの（2兆7,271億円）に単純に置き換えて試算したもの
資料：OECD : Social Expenditure Database (Version: November 2008) 2010.11.9. 取得データ等
出所：内閣府，2011年，第6回社会保障に関する集中検討会議　資料4

　日本において，子ども・子育てにかかる政策の政治課題としての優先度が低かった理由としては，子どもは選挙権をもたず，子育て当事者の若い世代もまた，一般に金銭的にも時間的にも余裕がなく社会的発言力も弱いため，後援会組織や業界団体を中心とした従来型の日本の政治構造のなかでは声が政治家に届きにくかったことが挙げられる。

　逆にいえば，この層には既存の政治勢力に取り込まれていない，手つかずの票田があったということになる。民主党は2009年の衆議院総選挙に向けたマニフェストで，5つの約束の2番目に「子育て・教育」を掲げ，目玉として月額2万6000円の子ども手当を打ち出した。その後，各党もこぞって子育て支援策を競い始め，選挙前に「にっぽん子育て応援団」が実施したアンケートによると，子ども・家族関係の公的支出がこのままの水準でいいという政党は皆無。ほとんどが対 GNP 比2～3％が必要という回答であった。

2009年の衆議院選挙が民主党の勝利に終わり，自民党・公明党連立政権から民主党・社民党・国民新党連立政権へと交替した結果，2010年度は月額1万3000円の子ども手当が15歳以下の子どもを育てるすべての家庭に支給されることとなった。また，公立高校の授業料が無償化され，児童扶養手当も母子家庭のみでなく父子家庭にも支給されることとなった。

　それまで「おんな・子どもの問題」だった子ども・子育てにかかる政策を政治の表舞台に押し出したのは民主党の選挙センスに負うところが大きい。とはいえ，子ども・子育て政策の重要性に対する認識は前政権下でも徐々に高まっていた。日本においては子ども・子育て政策の充実は政治の大宗を占める中高年男性にわかりやすい少子化対策の文脈において語られることが多い。まずは，少子化対策としての子ども・子育て政策を振り返ってみたい。

2　少子化対策としての子ども・子育て政策

(1) プレ少子化対策──エンゼルプラン

　1994年策定のエンゼルプラン（今後の子育て支援のための施策の基本的方向について）をもって少子化対策の嚆矢とする見方もある。たしかに，エンゼルプランは，「1. 少子化への対応の必要性」「2. 我が国の少子化の原因と背景」「3. 子育て支援のための施策の趣旨及び基本的視点」「4. 子育て支援のための施策の基本的方向」「5. 重点施策」から構成されており，一見，少子化対策プランのようにみえる。しかし，少子化の現実への強い関心と懸念が背景にあることは読み取れるものの，あくまで「子ども自身が健やかに育っていける」「子育てに喜びや楽しみをもち安心して子どもを産み育てることができる」社会を形成するための施策であって，少子化対策との言い回しは慎重に避けていた。

　というのも，先立つ1990年，前年の出生率が出産抑制のみられる丙午の年1966年の出生率1.58を下回った（→図表1-2参照）ことを「1.57ショック」として少子化に警鐘を鳴らしたところ，政府がまた戦前のように「産めよ殖やせよ」を言い出したのかと，女性たちを中心に強い反発を受けたからである。当

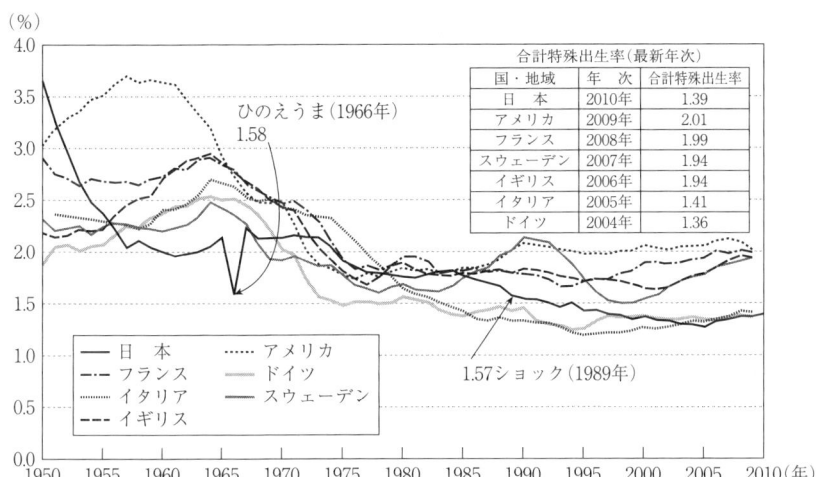

図表1-2 主な国の合計特殊出生率の動き（欧米）

資料：ヨーロッパは，2008年までEU "Eurostat", Council of Europe "Recent demographic development in Europe", United Nations "Demographic Yearbook"。2009年は，各国政府の統計機関。米国は2007年までU.S. Department of Health and Human service "National Vital Statistic Report", United nations "Degraphic Yearbok", U.S. Census Bureau。2008年は，"The Social Report 2010"。2009年は，アメリカ政府の統計機関。日本は厚生労働省「人口動態統計」。ただし，2010年は厚生労働省「人口動態統計月報年計（概数）」。
出所：内閣府，2011年「平成23年版 子ども・子育て白書」

時，「少子化対策」の言葉は，「女性よ家庭に帰れ」とばかりに女性の高学歴化，社会進出を抑制し，女性が妻や母として以外の生き方を選ぶ自由を束縛するのではないか，との強い懸念を女性に与えるものだった。

　エンゼルプランはそうしたなかで，子どもが健やかに生まれ育つことを社会として支援することを掲げ，「基本的方向」の第1に「子育てと仕事の両立支援の推進」を挙げた。「基本的視点」として「今後とも家庭における子育てが基本である」との記載もあるものの，ともあれ，エンゼルプランによって「生活のために母親が働かざるを得ない子ども」のための枠組みでしか進められなかった保育が，低所得者対策を超えた「子育てと仕事の両立支援」のための施策，子育ての社会的支援のための普遍的施策として位置づけし直されたのである。

それによって初めて「緊急保育対策等5カ年事業（1994年）」にあるように，低年齢児保育，延長保育，一時的保育，放課後児童クラブ，地域子育て支援センターなどの本格展開を始めることが可能となった。それまではニーズはあっても，「なぜそこまでしなければならない」「母親の甘え過ぎだ」という声も強く，手間も費用もかかるこれらのサービスには保育所も政府も消極的であったのである。

しかし，エンゼルプランでは，少子化対策を警戒する女性と，子育ては家庭つまり母親が行うことを基本とする層の両方の納得を得るために，少子化と子育て支援の関係はあえて曖昧なまま残されている。子育て支援が本当に出生率の回復につながるのか懐疑し，保育サービスの充実は女性の社会進出を促し，かえって少子化の傾向を助長するのではないか，という意見は根強かった。[2]

しばしば少子化対策について政府の取り組みの遅れを責める声を聞くが，政策担当者がこの問題に鈍感だったわけではない。ただ，少子化対策への世論の支持が高まってきていた2008年時点でも，女性を子どもを産む機械にたとえた厚生労働大臣の発言は国民世論の厳しい批判を受けた。一歩扱いを誤ると大変な反発を受けるセンシティブな問題である。諸外国をみても，出生促進を前面に打ち出して政策を展開している国は，3章にあるフランスのみであり，各国とも慎重な姿勢を崩していない。出生促進の必要性を認識はしていても，正面からの議論とそれに基づく本格対策に政府の腰が引けていたのは事実である。

(2) 議論の出発点——人口問題審議会97年報告

このようななか，1997年に人口問題審議会が少子化について正面から議論を始めたときには，厚生省（現厚生労働省）の人口問題審議会事務局に，官邸も含め政府部内から国民の反発を危惧する声が寄せられた。このため，審議にあたっては幅広い層の多様な意見が反映されるよう入念な意見聴取が行われた。

また，まとめられた報告の構成もきわめて慎重である。報告は，まず，少子化の現状と将来を見通したうえで，人口減少社会の到来は目前であり避けられない，という認識を示す。そのうえで少子化の影響を経済面，社会面に分けて論じ，プラス面の影響を指摘する意見もあるがおおむね影響はマイナスと結論

図表1-3　年齢別未婚率の推移（女性）

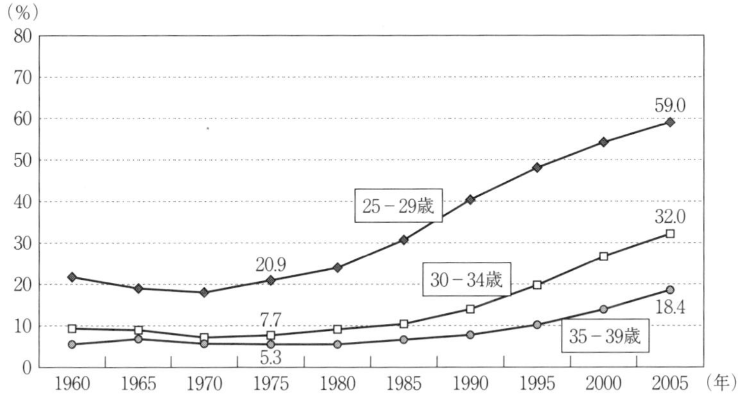

(%)
25-29歳　59.0
30-34歳　32.0
35-39歳　18.4
20.9
7.7
5.3

注：1960〜1970年は沖縄県を含まない。
資料：総務省統計局「国勢調査報告」
出所：内閣府，2011年「平成23年版　子ども・子育て白書」

づける。つぎに少子化の要因を，未婚率の上昇（→**図表1-3**参照），夫婦の平均出生児数と平均理想子ども数との開きの2つに分けて論ずる[3]。未婚率の上昇の要因は，①育児の負担感，仕事との両立の負担感と②個人の結婚観，価値観の変化等に求められる。夫婦の平均出生児数と平均理想子ども数との開きの要因は，①のほかに，子育てにかかる直接的費用と機会費用の増加等に求められる。さらに，これらの要因の背景に個人の生き方の多様化，女性の社会進出とそれを阻む固定的な男女の役割分業や雇用慣行等があるとする。

　報告は，つぎに対応策へと論を進める。まず，少子化の影響についての経済面，社会面での対応策を述べる。そのうえで，少子化の要因への対応の是非をまず論ずる。①産む産まないは個人の問題，②地球人口との関係から日本の少子化は望ましい，③対応は効果が期待できないとする反対論を個々に検討し，少子化の影響への対応とともに少子化の要因への対応も行うべきとようやく結論づける。その場合にも，妊娠，出産に関する個人の自己決定権を制約してはならないこと，男女を問わず，個人の生き方の多様性を損ねるような対応はとられるべきではないことを基本的な前提としておく。

　慎重な審議の進め方，結論に至るまでの迂遠ともいえるような報告書構成の

結果，懸念されていた世論の反発はほとんどなく，少子化対策として保育政策を始めるための環境が一応ここに整うことになる。

報告は，「家事育児は女性」とする固定的な役割分業や，「家庭よりも仕事を優先」させることを求める固定的な雇用慣行が，結婚や子育ての負担感を増しているとして，その是正を子育て支援と並ぶ対応の柱とした。子育て支援はエンゼルプランも含め従来から進められてきていたが，固定的な男女の役割分業やそれを前提とした雇用慣行の是正を打ち出したのは初めてであり，大きな特徴といえよう。

そのほか，報告で取り上げた論点は多岐にわたるが，本書のテーマとの関連で，注目すべき論点をつぎに挙げておく。

第1に，子育ての社会的責任論である。これについては，社会的責任との考え方をより深めるべきとしつつ，反対論も併記し，今後の国民的議論に委ねている。

第2に，仕事と育児の両立支援である。両立を望むのは一部の継続就業志向の女性に限られるので支援方策の効果は限定的，との指摘を紹介する。ここには，当時の「キャリアウーマン」的ライフスタイルへの反発の空気が読み取れる。しかし，報告は，女性のライフスタイル論争に踏み込むことなく，「少子化の影響への対応として，労働力人口の減少という局面において，女性の就労の拡大が時代の要請となる」として，仕事と育児の両立支援方策の推進を説く。ただし，乳幼児期に限っては，子どもの健全な発達という観点からの反対論に対して，多様な人がかかわる子育てのあり方，大家族制，農業社会での子育てにふれて，就労支援方策は否定されるべきものではないと述べるにとどまる。

第3に，経済的負担の軽減論である。子育ての社会的支援と公平性の観点から児童手当の充実や租税負担軽減の検討が必要という意見と，出生率回復への効果としては仕事と育児の両立支援のほうがはるかに有効という意見の両方を併記し，結論は避けている。

(3) 論点の敷衍—98年厚生白書

　人口問題審議会97年報告の路線は，1998年版厚生白書「少子社会を考える—子どもを産み育てることに『夢』を持てる社会を」に引き継がれた。白書は，人口問題審議会97年報告の論点を敷衍し，戦後の少子化の要因を時代状況ごとに分析し，家族，地域，職場，学校という場に即して幅広く論じた。

　先に述べた両立支援の論点との関連では，まず，乳幼児期の母親の就労支援について，白書は「子どもは3歳までは，常時家庭において母親の手で育てないと，子どものその後の成長に悪影響を及ぼす」という3歳児神話に，「少なくとも合理的な根拠は認められない。」と記述した。働く女性を中心に賛同の声が起こる一方で，この記述を問題視する意見も強く，2002年には国会質問が行われた[4]。

　また，白書は，育児と仕事の両立支援策が一部の継続就業志向の女性に限定されるとの考え方に対して，専業主婦志向の未婚女性の意識についての調査結果を紹介した。生活のために働く（パート），男性に伍して働く（キャリアウーマン）など既成の働き方への忌避がそこにはみてとれ，「男は仕事，女は家事」から「男は仕事，女は仕事と家事」を経て，「男は仕事と家事，女は家事と趣味（的仕事）」という新役割分業を志向し，そのために配偶者に，結婚退職をして失う自分の収入を補えるだけの充分な給料と家事への協力を条件として求める。しかし，当然ながら，そのような条件を満たす男性はきわめて稀であり，未婚化が進む。これら専業主婦志向の女性たちが結婚，子育てするための実現可能な条件整備は，結局のところ，彼女たちが忌避する既成の働き方を変えること，つまり，やりがいもあり，無理をしなくても結婚・子育てと両立できる働き方を可能とすることである。これは継続就業志向の女性の支援方策と重なる。白書では，政策の前提を生計維持労働者モデルから，性別にかかわらない共働きモデルである1.5稼働者モデルに変えたオランダの例も紹介した。

　そのほか，白書は，専業主婦の子育ての孤立感，負担感を詳述し，相談機関による積極的な子育て支援や親同士のネットワークづくりの必要性を指摘し，保育所・幼稚園に対し，通園児童に限らない地域全体の子育て支援を求めた。

　さらに，より多様な保育サービスに視点を広げ，認可外保育所や家庭的保

育，ベビーシッター等について論じた。認可外保育所は，認可保育所が応えていない需要に対応していること，家庭的保育やベビーシッターは，施設型保育より柔軟な対応が可能であること，しかし，認可保育所以外の保育サービスは，質のばらつきが大きく，一般に公的財政支援は行われていないことを指摘し，効率性，公平性の観点もふまえ，保育サービスに対する公的助成のあり方の検討が求められていると述べた。

このように，白書は，母親が生活のために働く低所得世帯のための保育所から仕事と育児の両立支援のための保育所へ，さらには専業主婦も含めた地域の子育て支援のためのサービスへと保育の目的と対象を広げ，また供給を認可保育所以外まで広げて論ずる，需給両面から保育サービスの普遍化を志向するものであった。対象者の普遍化と認可保育所に限らない多様かつ柔軟なサービス供給は，3章以下に述べられているとおりポスト工業社会の国々に共通する保育保障のあり方といえよう。

(4) 少子化対策の展開1—保育サービスの整備

少子化対策としての子ども政策は，1999年の少子化対策推進基本方針から本格的に始まった。これに基づいて，新エンゼルプランが策定され，低年齢児保育，延長保育等の新たな5年間の整備目標が定められた。さらに，2003年の少子化社会対策基本法の成立を受けて，2004年には「子ども・子育て応援プラン」(少子化社会対策大綱に基づく重点施策の具体的実施計画について)，政権交替後2010年には「子ども・子育てビジョン」と，ほぼ5年ごとに計画が策定され，保育サービスの量的整備が続けられた。

しかし，制度としては，利用の可否と保育所の認可についての行政庁の高い裁量性，市町村直営または市町村が委託した認可保育所からのサービス提供，所得の高い者は保育費用の100%が自己負担という低所得者対策を前提とした枠組みが，そのまま維持された。1998年に，行政庁による措置から法律的にも利用者の申し込みを前提とした保育の実施へ変更され，利用保育所の決定には原則として利用者の希望を容れることとなったほか，認可保育所の設置主体に企業を認めるなどの若干の規制緩和が行われたが，基本的な制度枠組みはほと

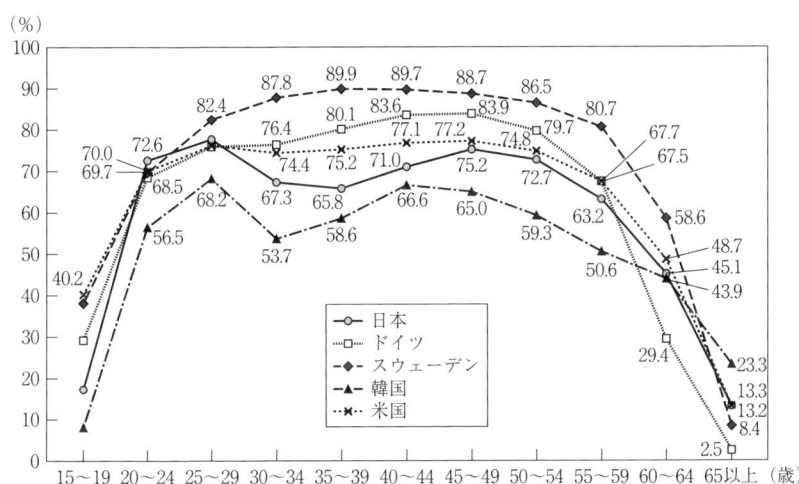

図表1-4　女性の年齢階級別労働力率（国際比較）

注：1．「労働力率」…15歳以上人口に占める労働人口（就業者＋完全失業者）の割合。
　　2．米国の「15～19歳」は，16から19歳。
　　3．日本は総務省「労働力調査（詳細集計）」（平成21年），その他の国はILO「LABORSTA」より作成。
　　4．日本は平成21年（2009年），韓国は平成19年（2007年），その他の国は平成20年（2008年）時点の数値。
出所：内閣府，2010年「平成22年版　男女共同参画白書」

んど変更されていない。

　この間特記すべきは「待機児童ゼロ作戦」（「仕事と子育ての両立支援策の方針について」2001年閣議決定）である。これは，中央省庁再編に伴い新設された内閣府で室から局に格上げとなった男女共同参画局が，最初の課題として採り上げたものである。保育所に入れない「待機児童の解消をめざし，潜在的な需要を含めて達成数値目標及び期限を定めて実現を図る」とした。保育所の定員を増やしても待機児童がなくならないのは，大幅な潜在需要があるからである。日本は欧米諸国に比して育児期の女性の就業率が低い（→図表1-4参照）。福島淑彦が2章で述べているとおり「保育サービスを利用できないがために働くことをあきらめている女性が依然として多数存在している」。したがって待機児童として顕在化している需要だけでなく，潜在需要も含めて対応する計画が必要である。そのために，待機児童ゼロ作戦では，「保育の拡充は公立および

社会福祉法人立を基盤としつつ，さらに企業，NPO等多様化を図る」，「基準を満たした保育所の設置認可を迅速に行う」，「保育ママ，自治体における様々な単独施策，幼稚園における預かり保育等を活用」することとしている。ここには，供給側である公立または社会福祉法人立の保育所の視点を中心とした従来の計画とは異なる，利用者側の視点の強調がみられる。既存認可保育所業界との関係が密な与党自民党議員から与党との事前調整が不十分だったと批判を浴びたといわれている。2008年の「新待機児童ゼロ作戦」は内閣府ではなく厚生労働省が定めたが，潜在的な保育ニーズへの対応の考え方は引き継がれ，2009年には，家庭的保育（保育ママ）について法改正による制度化が行われた。

　なお，2003年の「経済財政運営と構造改革に関する基本方針」において，規制改革の項目に「新しい児童育成のための体制整備」として「就学前の教育・保育を一体としてとらえた一貫した総合施設の設置」が盛り込まれた。あわせて幼稚園と保育所に関し，職員資格の併有や施設設備の共用の推進も記載された。この方針に基づき2006年に「就学前の子どもに関する教育，保育等の総合的な提供の推進に関する法律」が制定され，認定こども園が創設された。その目的は，文部科学省，厚生労働省連名の施行通知によれば，親の就労中断再開にかかわらず同一の施設の継続利用を可能とする，過疎地域における運営の効率化，都市部における待機児童の受け皿，低年齢児の子育て支援の受け皿とされている。

　2008年に設置された社会保障国民会議は，少子化を医療・介護，年金と並ぶ社会保障の柱とし，「おんな・子どもの問題」だった保育を初めて社会保障のメインストリームに載せて議論した。報告では，少子化対策を「未来への投資」と位置づけ，「大胆かつ効果的な財政投入を行ってサービスの質・量の抜本的拡充を図るべき。同時に，現在様々な制度に分かれている子育て支援関係サービスを再構成し，一元的に提供することのできる制度体系の構築が不可欠」とする。さらに，自民党政権の最末期，2009年6月にまとめられた安心社会実現会議報告でも優先課題の2番めに子育て支援の充実が挙げられ，一元的子育て支援制度の速やかな創設がうたわれた。

図表1-5　子どもの出生年別第1子出産前後の妻の就業経歴

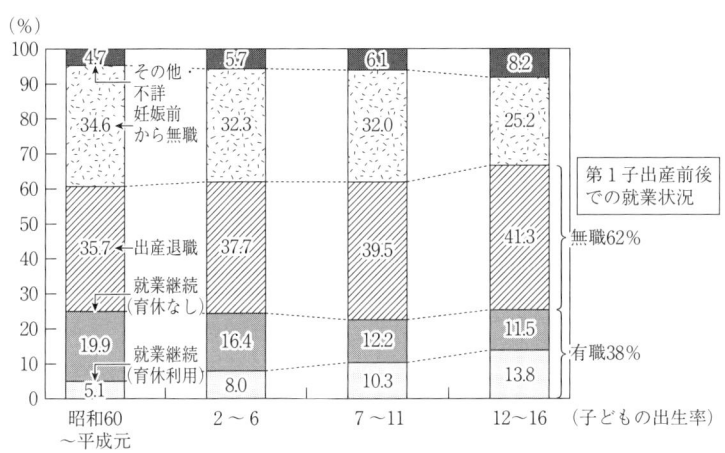

注：1．国立社会保障・人口問題研究所「第13回出生動向基本調査（夫婦調査）」より作成。
　　2．1歳以上の子を持つ初婚どうし夫婦について集計。
　　3．出産前後の就業経歴
　　　　就業継続（育休利用）－第1子妊娠前就業〜育児休業取得〜第1子1歳時就業
　　　　就業継続（育休なし）－第1子妊娠前就業〜育児休業取得なし〜第1子1歳時就業
　　　　出産退職　　　　　　－第1子妊娠前就業〜第1子1歳時無職
　　　　妊娠前から無職　　　－第1子妊娠前無職〜第1子1歳時無職
出所：内閣府，2010年「平成22年版 男女共同参画白書」

（5）少子化対策の展開2―働き方の見直し

　子育て支援と並ぶ少子化対策のもう1つの柱は，働き方の見直しである。1992年に育児休業法が施行され，1995年に育児休業給付の雇用保険からの支給（25％），休業中の健康保険，厚生年金保険料の本人負担分免除が始まった。2001年には育児休業給付率の引き上げ（25％→40％），育児休業にかかる不利益取扱いの禁止，2002年には就学前の子どもを育てる者の時間外労働の制限，子どもの看護のための休暇制度が創設された。しかし，女性の育児休業取得率は上がってきているものの，第1子出産後の女性の就業率は4分の1程度でほとんど変化していない（→図表1-5参照）。職場優先の雇用慣行や企業風土が改善されなければ継続就業は進まない。

　2005年に施行された次世代育成支援対策推進法で，仕事と子育てを両立しやすい雇用環境の整備等を進めるための行動計画の作成が301人以上の労働者を

図表1-6　仕事と生活の調和推進のための行動指針数値目標（部分）

		数値目標設定指標	現状（直近の値）	2020年
Ⅰ 就労による経済的自立が可能な社会	①	就業率 （Ⅱ，Ⅲにも関わるものである）	25～44歳　女性　66.0%	73%
Ⅲ 多様な働き方・生き方が選択できる社会	⑪	第1子出産前後の女性の継続就業率	38.0%	55%
	⑫	保育等の子育てサービスを提供している割合	保育サービス（3歳未満児） 24%（平成21年度末見込み）	44% （2017年度）
			放課後児童クラブ（小学1年～3年） 20.8%	40% （2017年度）
	⑬	男性の育児休業取得率	1.23%	13%
	⑭	6歳未満の子どもをもつ夫の育児・家事関連時間	1日当たり 60分	2時間30分

注：数値目標の設定にあたっては，以下の数値目標との整合性を取っている。
・①，⑪，⑫，⑬：「新成長戦略」（平成22年6月18日，閣議決定）
・①，⑪，⑬：「2020年までの目標」（平成22年6月3日，雇用戦略対話）
・⑫：「子ども・子育てビジョン」（平成22年1月29日閣議決定）
「新成長戦略」（平成22年6月18日，閣議決定）において，「2020年度までの平均で，名目3％，実質2％を上回る成長を目指す。」，「2％を上回る実質成長率を実現するためには，それを上回る労働生産性の伸びが必要である。」とあることをふまえたもの。
出所：ワーク・ライフ・バランス推進官民トップ会議，2007「仕事と生活の調和推進のための行動指針」

雇用する事業者に義務付けられた。また，同年，育児休業対象者の拡大や休業期間の延長，子の看護休暇の義務化が行われた。

　2007年には「仕事と生活の調和憲章」「仕事と生活の調和推進のための行動指針」（2007年ワーク・ライフ・バランス推進官民トップ会議決定）が定められ，そのなかで，仕事と生活が両立しにくい現実，共働き世帯の増加と変わらない働き方・役割分担意識が少子化の大きな要因の1つとして，仕事と生活の調和の実現に官民一体となって取り組むとされた。指針では，25～44歳の女性の就業率，第1子出産前後の女性の継続就業率，3歳未満児の保育サービス提供率，小学校3年以下の放課後児童クラブサービス提供率，男性の育児休業取得率，6歳未満の子どもをもつ夫の育児・家事関連時間について，目標値が定められ

た(→図表1-6参照)。同年,育児休業給付率の引き上げ(40%→50%)が行われた。

2010年には男性の子育て参加を推進するため,育児休業に関してパパ休暇[5],パパママ育休プラス[6]が創設され,政府により男性の子育て参加の社会気運を高めるイクメンプロジェクトが開始された。

(6) 少子化対策の展開3——金銭給付の拡大

上述のような,様々な会議体での幅広い関係者の協議に基づく子ども・子育て政策の拡充の動きとは別に,政治主導による金銭給付の拡大も繰り返された。2000年,2004年および2006年と,自民党との連立政権に入った公明党の主導によって児童手当支給対象年齢が3歳未満から就学前,小学校3年,6年までと順次拡大された。また,当選1回で抜擢された少子化対策担当大臣の主導によって,2007年に3歳未満の児童手当金額が5000円から1万円に引き上げられた。そして,2010年,民主党により児童手当を含めて1万3000円の子ども手当が創設された。

子育て支援のなかでは経済的支援よりもサービスの充実のほうが少子化対策としての効果が高いということについては,人口問題審議会97年報告以来,専門家の意見はほぼ一致している。最近でも,2008年の社会保障国民会議中間報告が「子育てに関わる経済的支援も重要であるが,まずは緊急性の高い保育をはじめとするサービスの充実を優先すべきである」と述べる。

金銭給付の充実は,理想の子ども数をもてない理由として経済的負担を挙げる者が多いことを理由としてしばしば提案される。しかし,子育ての経済的負担として大きいのは,子どもの衣食住・教育にかかる直接費用よりも,子育てのために仕事を辞めて所得を失う機会費用である。2005年版国民生活白書は,直接費用を1302万円,機会費用を2億2400万円(28歳に第1子出産を契機に退職,31歳で第2子出産,3年後にパートとして再就職した場合)と推計している。したがって,経済的支援として考えても,より有効なのは仕事と育児の両立支援であり,具体的には働き方の見直しと保育サービスの抜本的拡充である。

にもかかわらず金銭給付の拡大が政治的に繰り返されるのは,それがサービ

ス給付や働き方の変革などに比べるとはるかに実現が迅速かつ容易な政策だからである。財源さえ確保できれば確実に実現できる。しかし，サービス給付は財源だけあっても実現できない。サービスを供給する事業者，場所，人が必要である。補助金やサービスへの報酬を通じて事業者を動機づけ，場所を確保し，人を手配させる役割は地方自治体である。政府ができることは，財源確保およびサービス供給の仕組みをつくることであるが，給付の実現は自治体を通して，また事業者を通してであり，時間もかかるし，思うようには進まないことも多い。実現の確実性，迅速性，施策のわかりやすさを狙うなら，政治的には金銭給付に軍配が上がることになる。

3　社会的投資としての子ども・子育て政策

(1) 人的資源の育成

　日本においては，このように子ども・子育て政策は近年，少子化対策の文脈に位置づけられるが，前述のとおり，フランスを除く諸外国は出生促進策を掲げることに慎重である。日本で少子化対策として展開されている保育や働き方の見直しは，各国では女性労働力の確保を主たる目的として行われ，日本でも，前節(5)で述べたように，2007年には女性の継続就業率の引き上げが目標に掲げられるようになった。

　それとともに，各国が子ども政策に力を入れるもう1つの大きな理由は，3章以下でみるとおり，ポスト工業社会における変化のなかで人材の質がその国の将来を左右する重要な要因であるからである。しかし，この点について日本の認識は十分ではない。

　子どもは，年金制度や介護保険制度など高齢者扶養の社会化により親にとって経済学でいうところの「生産財」から「消費財」となったのだが，まさにそのことによって，今度は社会にとって「生産財」としての性格を強めたといえよう。子育て支援のための公的支出は，成人後に税・社会保険料として社会に収益をもたらす「投資」であり，逆に十分な費用を投入せず，子どもが能力を開花できずに不適応や犯罪に向かえば将来の社会にとって大きなマイナスをも

たらすこととなる。

　アメリカ合衆国のペリー・プリスクール研究でバーネットは，質の高い就学前プログラムの費用便益比率を7倍と推計している。スイスの保育サービスの費用便益分析であるチューリッヒ研究は，年間1800万スイスフランの公的投資は追加の税収と社会扶助費の減少により少なくとも2900万スイスフランをもたらすことを示している。アメリカ合衆国ノースカロライナ州の幼児期の介入を対象とした費用便益分析では，質の高い全日制の通年の就学前プログラムに対する1ドルの投資は，子どもやその家族や全納税者に対して4ドルの効果をもたらすということがわかった［OECD 2006］。

　4章で伊藤淑子は，「イギリスのみでなく欧米諸国において，保育・幼児教育には3つの社会的機能が認められている。それらは，女性労働力の確保，将来のマンパワーの質をあげるための人的投資，そして，子どもの社会的排除への取り組みと要約できる」と述べる。

　5章で秋朝礼恵は，「将来を託せるほどの天然資源をもたないスウェーデンにとって，人的資源の育成が，社会の持続可能性を握る鍵となる。このような社会や経済の変化のなかにあって，就学前学校は，教育政策の最初のステップに位置づけられるようになった」と述べる。

　このような観点から，各国における保育と幼児教育の統合は，保育の教育機能を高める方向で導入されている。しかし，日本では，保育・幼児教育の人材育成機能に果たす役割の大きさについての認識は十分ではなく，統合は，むしろ幼稚園に待機児童の受け皿として保育機能を求める方向で議論がなされてきており，政策的文脈はやや異なると考えられよう。

（2）社会的排除への取り組み

　日本においてさらに認識が不十分な点は，本章の冒頭に引いたOECDが挙げる第2の理由，伊藤がいう3番めの機能である「社会的排除への取り組み」である。

　従来，日本では家庭教育の重要性が強調され，母親が家庭で養育に専念することこそが子どもの成長に有益であり，保育サービスの充実が家庭での教育や

養育を損ねるかのような意見さえあった。「3歳児神話に少なくとも合理的な根拠はない」とした98年厚生白書が一部の層から強い反発を受けたのは前節(3)で述べたとおりである。しかし，どんな家庭環境かどんな保育環境かの内容を問うことなく，家庭での養育と保育所での保育の優劣を論ずることに意味はないだろう。OECDによると，調査に参加した20カ国すべてで，この30年間に家庭外保育に対する両親の態度は根本的に変化した［OECD 2006］。また，伊藤が4章で述べているとおり，「この重要な時期の成長を親に全面的に委ねてしまうと，家庭の状況が子どもの学習達成度にそのまま影響してしまう」「当然ながら，経済的にゆとりがあり，親自身も高い教育を受けている家庭では，子どもは早くから自然な学習機会をもつ可能性が高い。逆の条件にある家庭の子どもは，十分に恵まれない可能性がある」。格差が問題になるなかで，子どもを家庭での養育に全面的に委ねれば家庭環境の差がそのまま子どもの発達に反映されるのであり，すべての子どもへの質の高い保育・幼児教育の給付はこの格差を縮める働きをもつ。

　日本でもようやく低年齢児保育への反対意見は弱くなっているが，子どもの貧困が政治的課題として採り上げられてもなお，公的保育・幼児教育給付を子どもの貧困対策として捉える視点は希薄といわざるをえない。2010年の「子ども・若者ビジョン」において初めて「世代を超えた貧困の連鎖の防止」として「自立の前提となる子どもの学びの支援」が記載されたが，「学校，保育所等の公的施設を活用して，教育や福祉関係者，地域のボランティアなどが連携し，生活面での支援，学習面での支援，家庭への支援などを行う取り組みについて検討」という表現にとどまる。

　2010年の「社会保障改革に関する有識者検討会報告」は，「未来への投資としての社会保障」のなかで「次世代の能力が高まりその貧困リスクが減少することは，未来への投資としても大きな意味がある」と述べるが，保育・幼児教育が具体的政策手段として想定されているかは明らかでない。[7]

　以上，本章では，保育政策の政治・政策的文脈について国際比較を交えて概観した。2章で保育政策の経済分析を行い，3章以下では各国の保育保障の実

態と課題をみていく。それをふまえて9章で保育改革の方向性について述べてみたい。

【注】

1) にっぽん子育て応援団——2009年5月に安藤哲也，勝間和代，樋口恵子，堀田力を共同代表として設立された団体。「子どもと子育て家庭の声を聞き，共に活動をしながら，取り組むべき政策の実現のために必要な財源の確保について，世代や党派を超えた合意をとっていくことを目的」としている。http://nippon-kosodate.jp
2) 現実に日本では女性の労働参加率と合計特殊出生率の間に強い負の相関関係が存在している（→図表2-6参照）。
3) 国立社会保障・人口問題研究所「第13回出生動向基本調査2005」によると1992年の平均理想子ども数2.64，予定子ども数2.18。2005年では平均理想子ども数2.48，予定子ども数2.11。
4) 第154回国会衆議院決算行政監視委員会（平成14年7月10日）。
5) 「パパ休暇」とは，出産後8週間以内に父親が育児休業を取得した場合に，再度育児休業を取得することできる制度。
6) 「パパママ育休プラス」とは，両親が共に育休を取得したら育休可能期間が2カ月延長される制度。
7) 本稿は，平成20年度日本社会福祉弘済会の助成による研究を基にしている。ここに記して感謝申し上げる。

【参考文献】

大蔵・厚生・自治3大臣合意［1994］「当面の緊急保育対策等を推進するための基本的考え方」
閣議決定［2001］「仕事と育児の両立支援策の方針について」
厚生省［1998］『平成10年版厚生白書　少子社会を考える——子どもを産み育てることに『夢』を持てる社会を』ぎょうせい
国立社会保障・人口問題研究所［2008］「平成20年度社会保障給付費」
子ども・若者育成支援推進本部決定［2010］「子ども・若者ビジョン」
社会保障改革に関する有識者検討会［2010］「社会保障に関する有識者検討会報告——安心と活力への社会保障ビジョン」
人口問題審議会報告［1997］「少子化に関する基本的考え方について——人口減少社会，未来への責任と選択」
内閣府［2004a］『平成16年版少子化社会白書』ぎょうせい
――――［2005b］『平成17年版国民生活白書　子育て世代の意識と生活』ぎょうせい
文部省・厚生省・労働省・建設省［1994］「今後の子育て支援のための施策の基本的方向に

ついて」
ワーク・ライフ・バランス推進官民トップ会議［2007a］「仕事と生活の調和憲章」
─── ［2007b］「仕事と生活の調和推進のための行動指針」
OECD［2006］*Starting strong II early childhood education and care*
OECD *Family database* ホームページ（http://www.oecd.org/document/4/0,3746,en_2649_34819_37836996_1_1_1_1,00.html）

2章

保育政策の経済分析

福島 淑彦

1　はじめに

　日本をはじめとする OECD 諸国では1970年代半ば以降，働く女性が増加し続けている。2009年には日本の20歳から44歳の女性の約7割が仕事に就いている。また，日本では1970年代半ば以降，家族形態についても大きく変化している。すなわち，三世代世帯が減少し，夫婦のみの世帯，夫婦と未婚の子どもの世帯，ひとり親と未婚の子どもの世帯といった核家族世帯と単身世帯が増加し続けている。その結果，厚生労働省の「国民生活基礎調査」によれば，総世帯数は増加し，平均世帯人数は1953年の5.00人から2009年の2.62人にまで減少した。また，共働き世帯も1970年代半ば以降増加し続け，1997年以降は共働き世帯が非共働き世帯数を上回っている。

　このような社会状況を反映して，保育サービスの利用者および利用希望者も増加し続けている。つまり，女性の社会進出や家族形態の変化に伴い保育サービスの需要が年々高まっているのである。しかし，現実には保育所に空きがないために保育サービスを受けることのできない「待機児童」が，全国で2万6275人（2010年4月時点）も存在した。さらに，総務省統計局［2010a］によれば，仕事をしていない25歳から44歳の女性で，就職を希望していながら「家事や育児のために仕事が続けられそうにない」という理由から求職活動をしていない人が2005年以降毎年110万人以上存在している。つまり，保育サービスを

必要としているあるいは利用したいと考えている人は公表されている待機児童数よりも潜在的にかなり多く存在している。保育サービスを提供することによって働く女性が増加すれば，少子化のために近い将来起こりうる労働力の減少を緩和させることができる。生産活動を支える労働人口の減少は，社会全体の生産量や生産力の低下，国際競争力の低下，経済成長の鈍化・停滞を引き起こす可能性が高い。つまり，所得水準の低下を引き起こす可能性が高い。したがって，子どもをもつ家庭に対して保育サービスを幅広く提供することは，単に子どもをもつ親，日本の場合にはとくに女性に，「家庭」と「仕事」に対する選択の幅を広げるということだけではない。女性が働きやすい環境を整備することは，社会全体として将来の所得，消費，税収の増加という可能性を高めることなのである。

　本章ではこのような問題意識に立って保育制度・保育サービスに関して，経済学的視点で分析を行う。次節では，日本における女性の労働参加と保育サービスについて考察を加える。第3節では日本の保育サービスの現状を経済学的フレームワークを用いて分析する。第4節では保育サービスの充実がもたらすマクロ経済効果について検証し，第5節で結論を述べる。

2　日本の女性の労働参加と保育サービス

　第二次世界大戦以降，女性が高等教育を受ける割合は増加し続けている。文部科学省の「学校基本調査」によれば，1954年にはわずか4.6％であった短大と大学をあわせた女性の高等教育への進学率は2010年には56％までに増加した。とくに女性の四年制大学への進学は1980年代半ば以降急激に増加し始め，1996年には四年制大学への進学者が短大への進学者を上回った。それ以降，短大進学者は減少し続け，四年制大学へ進学する女性は増加し続けている。女性の高学歴化を反映して1970年代以降働く女性が増加し続け，2009年の女性全体の労働参加率は63％となった。20歳から44歳の女性の労働参加率は69％と女性全体の労働参加率よりも高い。しかし，年齢階層別に日本の女性の労働参加率を検証すると，日本の女性の就労の特徴が浮かび上がってくる。

図表2-1　日本とスウェーデンの年齢別女性労働参加率（1963年，2009年）

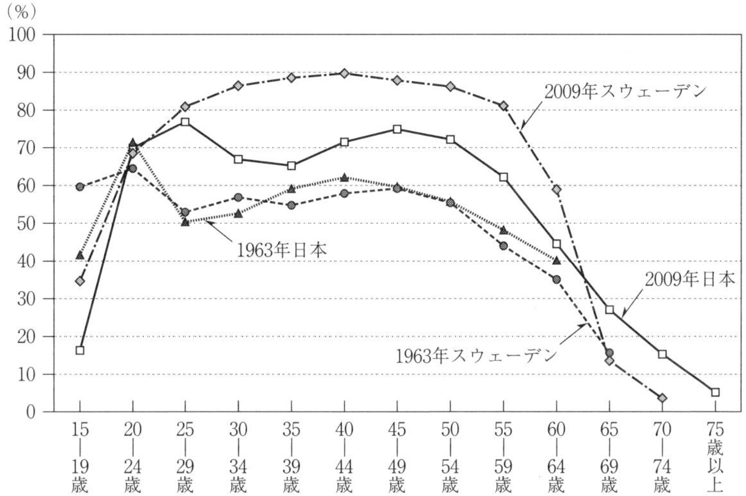

出所：OECD. Stat を基に作成

　図表2-1は1963年および2009年の女性の労働参加率について，世界で最も女性の労働参加率が高い国の1つであるスウェーデンと，日本とを年齢階層別に比較したものである。両国ともすべての世代について1963年よりも2009年のほうが労働参加率が高い。1963年時点では女性の労働参加に関して，日本もスウェーデンも同じような傾向がみられた。つまり，25歳から34歳の年齢で，女性が結婚，出産，育児のために一時離職し，その結果その年齢階層の労働参加率が大きく落ち込む。しかし，子育てが一段落した35歳以降の年齢では，再び労働参加率が上昇している。1963年時点での女性の年齢階層別労働参加率は，両国でいわゆる「M字型」のカーブを描いていた。しかし，2009年には両国の女性の年齢階層別労働参加率はまったく異なる形状となっている。つまり，日本の女性の年齢階層別労働参加率は25歳から39歳の年齢での落ち込みは少なくなるものの，依然として「M字型」のカーブを描いている。それに対して，スウェーデンのそれは，男性の年齢階層別労働参加率と同じような落ち込みのない「山型」のカーブとなっている。つまり，日本では依然として結婚や出産を行う25歳から39歳の女性が労働市場から一時的であるにしろ退出してしまっ

ているのである。それに対してスウェーデンでは，女性の出産，育児のためのサポート体制が充実していることもあり，日本のような大きな落ち込みはない。

　日本の女性の年齢階層別労働参加率が1963年と比べて2009年のほうが落ち込みが少なくなっている理由は，3つ考えられる。第1の理由は，経済状況の悪化で夫婦共働きで家計を支えなくてはならないという経済的要因である。国税庁の「民間給与実態統計調査結果」によれば，1990年代後半以降，19歳から44歳までの男性給与所得者の平均給与は減少し続けている。つまり，バブル経済崩壊後の経済停滞で男性雇用者の所得は減少し続けており，このことがそれまで専業主婦として就業していなかった女性が働き始める大きな契機となっている。

　第2の理由は，女性が働きながら子どもを産み育てられるための保育サービスの充実をはじめとする制度的・社会的環境が整ってきたため，女性の労働参加率が以前ほど落ち込まなくなったというものである。つまり，子どもを産んでも離職する女性が減少したということである。しかし，一方で，保育サービスを利用できないがために働くことをあきらめている女性が依然として多数存在している。総務省統計局［2010a］によれば，仕事をしていない25歳から44歳の女性で就職を希望していながら「家事や育児のために仕事が続けられそうにない」という理由で求職活動をしていない人が，2005年以降毎年110万人以上存在している。また，25歳から34歳の女性については，「家事や育児のために仕事が続けられそうにない」という理由が求職活動を行っていない理由の65％以上を占めており，35歳から44歳の女性についてはその割合が50％以上を超えている。働きたいと考えているにもかかわらず，家事や育児のために働くことをあきらめている25歳から44歳までの女性に対して，保育サービスを提供できればより多くの女性が労働市場に参入し，女性の労働参加率が高くなると考えられる。

　第3の理由としては，働く女性がそもそも子どもを産み育てるという選択をしなくなったために，出産・育児期の女性の労働参加率が高くなったということが考えられる。すなわち，子どもを産み育てるという選択をする女性が減少

図表 2-2 待機児童数と利用者数の推移

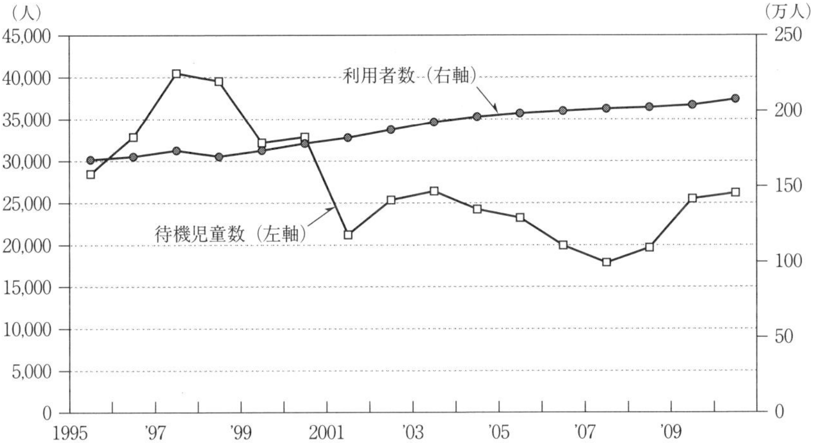

出所：厚生労働省「社会福祉行政業務報告」，「福祉行政報告例」，「保育所入所待機児童数調査」を基に作成

したということである。女性が子どもを産み育てるという選択をしなくなった第1の要因として，子どもを産み育てるために十分な収入を確保できるかどうかという経済的不安がある。第2の要因として女性の大学進学率の上昇，男女雇用機会均等法（「雇用の分野における男女の均等な機会及び待遇の確保等に関する法律」）や育児休業法（「育児休業，介護休業等育児又は家族介護を行なう労働者の福祉に関する法律」）等の法律が整備されたこと等を背景に，結婚後も働き続けたいと考える女性が増加したことがある。言い換えれば，女性の高学歴化に伴って出産・育児・保育によって犠牲にしなければならない機会コストが高くなったために，子どもをもつということをあきらめ，働くということを選択する女性が増加したということである。保育サービスの充実は第1の要因である「経済的不安」を軽減・解消することには寄与しないが，第2の要因である「高学歴女性の子どもをもつことの機会コスト」を減少させる。つまり，保育サービスの充実は出産・子育てと就労を同時に選択する女性を増加させるものと考えられる。

しかし，現実には保育サービスは十分に利用可能な状況であるとはいえない。図表2-2は1995年以降の，認可保育所の保育所の利用者数と待機児童数の推移を表したものである。保育利用者数は1995年4月に約168万人であったの

が，2010年4月には約210万人にまで増加した。しかし，毎年2万人以上が待機児童として保育所での保育サービスを受けることができない状況は，解消されていない。このような状況で，どうして両親が働くことと子育ての両立が可能であろうか。もちろん育児と就労との両立についても，就労による収入が非常に多ければ個人的にベビーシッターを雇い，日中子どもの世話をしてもらうことは可能である。しかし，そのようなことが可能なほど収入を得ている家計は非常に少ないのが現状である。むしろ，両親が共働きであるのは，夫婦2人で働かないと生活できない場合が多い。出産・育児のための休暇は年々取得しやすい環境にはなってきているが，それでもなお出産後に小さい子どもを預かってくれる保育サービスが十分に供給されているとはいえない。このことが，出産した女性が働くことをあきらめたり，働いている女性が子どもを産み育てることをあきらめたりする原因の1つである。(詳細は→ *8* 章参照)。

　働く女性が増加することは，少子化により，近い将来起こりうる労働力の減少に歯止めをかける効果がある。少子化に伴う労働人口の減少は，社会全体の生産量を減少させ，国際競争力の低下，経済成長の鈍化・停滞を引き起こし，最終的には国民の所得水準を低下させる可能性がある。つまり，子どもをもつ家庭に対して保育サービスを幅広く提供することは，たんに子どもをもつ親，日本の場合にはとくに女性に，「家庭」と「仕事」に対する選択の幅を広げるというばかりではない。女性が働きやすい状況をつくることは，社会全体として所得および消費の増加をもたらす可能性を高めることを意味する。実際，共働き世帯のほうが世帯主のみが働いている世帯よりも所得も消費も高い水準である。総務省統計局［2010b］では，夫婦共働き世帯と世帯主のみが働いている世帯との消費行動の比較を2009年について行っている。共働き世帯の実収入の月額平均が約58万円，消費支出が約34万円であったのに対して，世帯主のみが働いている世帯では月額平均実収入が48万円，消費支出が月額31万円であった。すなわち，共働き世帯は世帯主のみが働いている世帯よりも月額で10万円多い実収入があり，消費額では月額3万円ほど多く消費しているのである。このことは共働き世帯が増加することによって所得および消費が増加し，その結果，所得税および消費税の増収，社会保険料納付額の増加をもたらし，厳しい

日本の財政状況を改善に大きく寄与するものと期待できる。

3　日本の保育サービスに関する経済学的分析

本節では日本の保育サービスの現状がどのような状態であるのかを、保育サービスに対する需要、供給という観点から検証する。

図表2-3は現在の日本の認可保育所の状況を示している。縦軸を子ども1人保育所に預ける際の費用（保育料金）[1]、横軸を保育サービス量（保育所の総定員）とする。右下がりの曲線Dは、保育所のサービスに関する需要曲線である。保育サービスの需要曲線が右下がりなのは、保育料金が高く（低く）なればなるほど、保育サービスを利用したいと思う人が減少（増加）することを意味している。図表2-3では、保育サービスの需要量が保育サービスの価格（保育料）のみに依存しているように描かれているが、実際には保育サービスに対する需要の程度は、(1)保育サービスをどの程度必要としているか、(2)保育サービスへの支払い能力、(3)保育サービスの利用可能性（保育所の所在地、保育時間）、の3つの項目に依存している。つまり、保育サービスの必要性が高いほど、支払い能力が高いほど、保育サービスの利用可能性が高いほど、保育サービスに対する需要は高くなる。上記の(1)、(2)、(3)はさらにいくつかの要素に依存している。つまり、1つめの項目の「保育サービスの必要性の程度」は、(i)世帯の所得水準、(ii)世帯内の大人の数、(iii)世帯内の保育が必要な子どもの数、(iv)両親が共に就労しているかどうか、に依存している。(i)の所得水準については、所得の低い世帯ほど女性が働くことが必要となり、その結果保育サービスの需要も高くなる。(ii)については、両親以外に育児を手伝ってくれる人が家族内に居る場合には、保育サービスへの需要は減少する。(iii)については、子どもの数が多ければ多いほど保育サービスの必要が高くなり、保育サービスへの需要が高くなる。(iv)については、両親が就労している場合には保育サービスへのニーズはより高まる。

2つめの項目の「保育サービスへの支払い能力」は、(i)保育サービスの価格、(ii)世帯全体の所得水準、(iii)世帯の資産状態、に依存している。つまり、保

図表2-3　保育サービス市場

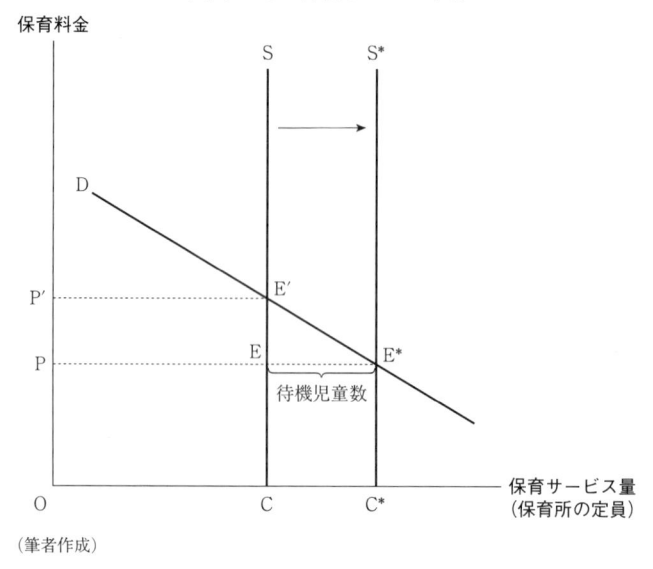

育料が低ければ低いほど，世帯全体の所得および資産が多ければ多いほど，保育サービスへの支払い能力は高くなり，結果として保育サービスへの需要は高くなる。

　3つめの項目の「保育サービスの利用可能性」については，住んでいるところや勤務先から保育所の所在地が遠い場合，保育時間が短い場合，あるいは保育時間帯が硬直的である場合には保育サービスの需要は低いものとなる。

　以上述べたように，保育サービスの需要量は保育料のみに依存するわけではないが，図表2-3では保育料の関数として需要曲線が描かれている。つまり，図表2-3の右下がりの需要曲線Dは，保育料以外の要素を一定とした時の保育サービスの需要量と保育料の関係を表している。

　垂直な直線Sは，許可保育所による保育サービスの供給曲線を表している。保育サービスの供給曲線が価格に依存する右上がりの曲線ではなく，価格に依存しない垂直な直線であるのは，許可保育所のサービス量が行政によって決定されているからである。つまり，垂直な供給曲線Sは，保育サービスの供給

の供給量が価格水準とは独立に決定されている状況を表している。

このような状況でどのように保育サービス市場の均衡が決定されるのかを以下でみていく。もし保育料に関して行政による規制が行われない場合には、図表2-3の保育サービス市場の均衡は、保育サービスに対する需要と供給が一致するE'となる。つまり、提供される保育サービスの量はOC、保育料はP'となり、待機児童が発生するような状況は生まれない。しかし、現実には利用者が保育サービスを安く利用できるように、保育料は補助金等で低く抑えられている。図表2-3では、行政による規制によって保育料がPの水準に規定されているケースが描かれている。この時の保育サービスに対する需要はOC*である。しかし、実際に供給される保育サービスの量はOCなので、CC*が保育所サービスを受けることができない超過需要となる。いわゆるこれが待機児童数である。現在、低く抑えられている保育料金を上昇させれば、保育所を利用したいと希望する人は減少し、待機児童の問題は解消される。なぜなら、高い保育料でもそれを負担できる家計のみが保育所を利用することとなり、所得の低い家計は保育所の利用をあきらめるからである。図表2-3でいえば、保育サービスの需要と供給が等しくなるE'が均衡となり、提供される保育サービスの量はOC、保育料金はP'となり、待機児童が発生することはない。

保育料Pを維持して待機児童の問題を解消するためには、保育所を増設して保育サービスに対する超過需要を解消する必要がある。つまり、図表2-3においては、保育サービス供給曲線SをS*まで右側にシフトさせることができれば、待機児童の問題は解決される。現在の待機児童の問題は、保育サービスの供給量が限られているにもかかわらず、行政が設定している保育サービスの価格が低すぎるために保育サービスに対する超過需要が発生しているのが原因である。待機児童の問題を解決するためには、保育サービスに関する需要と供給が等しくなるように保育料を高くする価格調整による解決か、あるいは保育サービスの供給量を増加させる保育サービス量による調整しかない。図表2-3でいえば、均衡点をEからE'へ移動させる価格調整か、あるいはEからE*へと移動させる保育サービス供給量を増加させる調整を行えば、待機児童の問題は解消できる。

しかし，ここで重要なのは待機児童数をゼロにすることではない。現行の価格あるいはそれよりも低い価格で保育サービスが利用できる状況にすることによって，就業している有配偶女性の子育てによる機会費用を軽減させることが重要なのである。さらにいえば，女性が経済的な理由から働かなくてはならないのは，世帯所得が低い世帯の女性である。その意味では，保育料金を上げて需給を均衡させ，待機児童を解消することは求められていない。たとえ待機児童が発生しても，低い保育料金で少しでも多くの世帯が保育サービスを利用できるようにすることが，最優先されるべきである。言い方を換えれば，待機児童解消のための保育料金の上昇は，むしろ低所得世帯の保育所利用を排除し，低所得世帯を経済的に追い込むこととなってしまう。つまり，現在求められている待機児童問題解決の方策は，保育サービス価格の調整による待機児童解消ではなく，保育サービス量の調整による待機児童解消の方策なのである。

　図表2-2でみたように，2010年4月時点での認可保育所の定員数は215万7890人，待機児童数は2万6275人であった。図表2-3にあてはめれば，OCが215万7890人，CC*が2万6275人である。待機児童の割合は，許可保育所の定員の約1.2%とそれほど大きな割合ではないという印象を受ける。しかし，実際には潜在的な保育サービス利用の希望者は2万6275人よりもはるかに多いといわれている。なぜなら，2万6275人という待機児童数は，実際に順番待ちリストに名前を残している児童数の総数だからである。保育所利用の条件（詳細は→*8*章参照）に適合せず順番待ちリストに名前を残していない潜在的待機児童は，現在公表されている数よりもはるかに多いと推測できる。さらに今後，共働き世帯が増加し続けることにより入所資格をもつ世帯が増加していくことを考えると，待機児童はさらに増加していくものと考えられる。

　また，規模は大きくないが，保育サービスの充実は，新たな雇用を創出する。かりに，待機児童1人に対して保育士等が1人必要であるということであれば，3万人弱の新たな雇用が生まれる[2]。

4 保育サービス充実の経済効果

本節では,保育サービスの供給を量および質を共に充実させることが,経済,社会全体にとってどのような効果をもつのかについて検証する。育児・保育について男性(父親)も女性(母親)と同じ負担と責任を負うべきであるが,本節では女性(母親)に焦点を絞り,育児・保育が女性の行動にどのような影響を及ぼすのかについて検証する。

女性の効用(幸せ)が,(i)自分(女性)自身が働くことによって得られる効用,(ii)非単身世帯であることによる便益(M),(iii)女性が就労していることとは独立に発生する子どもがいることによる純便益,に依存し,女性が自分の効用を最大にするように行動するとする。(i)は働くことによる便益(W)と,就労に伴う追加的な家事,育児,保育のコスト(C)から構成されている。(ii)には,自分以外の世帯構成員が獲得する所得,非単身世帯であることによる安心感,煩わしさ等の要素が含まれている。(iii)には子どもがいることによって発生する便益(D)と,育児,保育のコスト(E)から構成されている。この時,女性の効用関数は,

$$U = U(W - C, M, D - E)$$

と表現することができる。かりに女性が働くことを希望してもそれに伴う追加的な家事,育児,保育のコストが大きい場合には,つまり $W - C < 0$ となる場合には,女性は働く場合よりも働かない場合のほうが効用が高くなるため,就労という選択を行わない。また,結婚しているということは $M > 0$ ということであり,$M \leq 0$ という状況では単身であることを選択する。つまり,単身である場合には,$M = 0$ となる。$D - E < 0$ という状況では,女性は子どもをもたないという選択を行う。子どもがいない場合には子どもに関連するコストおよび便益は発生しないので,$C = D = E = 0$ となる。保育サービスの充実は育児や保育の費用を軽減させる。つまり,保育サービスの充実はCおよびEを減少させる。単身世帯か否か,共働き世帯か否か,子どもの有無,

図表 2-4 　世帯の分類

女性のタイプ	①	②	③	④	⑤	⑥
世帯内成人数	1人 (単身世帯)	1人 (片親世帯)	2人以上			
有業者	1人（女性のみ）		1人（男性のみ）		2人（共働き世帯）	
子どもの有無	無	有	無	有	無	有
効　用	U_1	U_2	U_3	U_4	U_5	U_6
効用関数	$U(W,0,0)$	$U(W-C,0,D-E)$	$U(0,M,0)$	$U(0,M,D-E)$	$U(W,M,0)$	$U(W-C,M,D-E)$

(筆者作成)

という3つの観点から，女性を6つのカテゴリーに分類し，まとめたのが図表2-4である。

保育サービスの充実はCとEを低下させる。つまり，保育サービスの充実は図表2-4の③および⑤のタイプの女性に子どもをもとうというインセンティブを与える。就業している有配偶女性のなかには，出産・育児に起因する様々なコストが大きいため，子どもをもつという選択をしていない人がいる。もし，保育サービスの充実が女性の出産・育児に伴う機会費用を軽減できるのであれば，就業している有配偶女性に対して，子どもを産み育てようというインセンティブを与えることができる。その意味で，保育サービスは少子化に歯止めをかける効果を有している。一方，保育サービスの充実は，④のタイプの女性に対しては仕事に就こうというインセンティブを与え，労働力人口の増加を促す効果がある。保育サービスの充実は，子どもがいるために働くことをあきらめていた女性を，労働市場へ引き込む効果も有している。つまり，保育サービスの充実は，「女性の労働参加率の上昇」と「少子化の緩和」にとってプラスの効果を有しているのである。

図表2-5は，日本について1995年から2008年までの女性の労働参加率と保育所定員数のデータをプロットしたものである。図表2-5から明らかなように，保育所の定員数と女性の労働参加率との間には有意な強い正の相関関係がある。この正の相関関係は，「保育所の定員数が多い（少ない）状態と働く女性も多い（少ない）状態が強く対応している」という関係を表している。第2節お

図表2-5　女性の労働参加率（WLPR）と保育所定員数

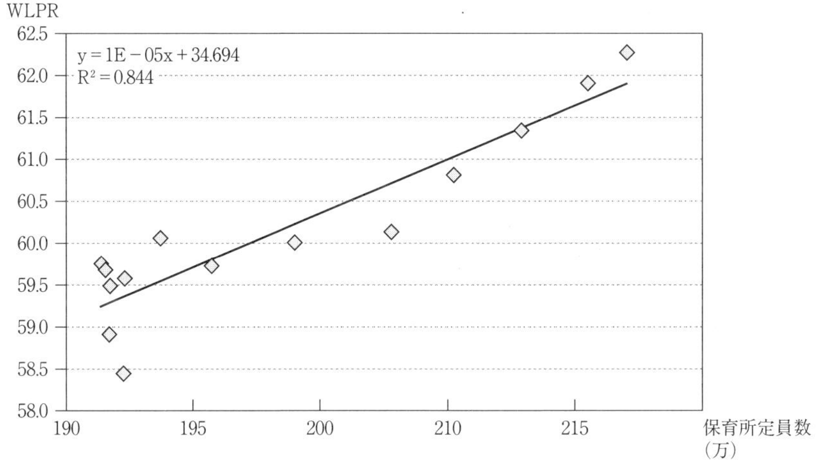

WLPR
$y = 1E-05x + 34.694$
$R^2 = 0.844$

横軸：保育所定員数（万）

相関係数：0.7741，有意確率0.001

出所：厚生労働省「社会福祉行政業務報告」，「福祉行政報告例」，「保育所入所待機児童数調査」，およびOECD.Statを基に作成

よび第3節で論じたように，保育サービスを受けることができず働くことをあきらめている人が多数存在し，さらに，少なくとも1995年以降保育サービスの利用者と希望者が増加している。このことと「保育サービスと女性の就労との間に有意な正の相関関係」があることを考え合わせると，現在の日本においては「保育サービスの増加は，女性の労働参加率の増加をもたらす（もたらしうる）」といえるであろう。

図表2-6は日本とスウェーデンに関して，1980年から2007年の期間で女性の労働参加率と合計特殊出生率のデータをそれぞれプロットしたものである。図表2-6から明らかなように，日本では女性の労働参加率と合計特殊出生率との間には，有意な強い負の相関関係が存在している。これは，日本では女性が社会進出することによって子どもを産まない，という意思決定をしている傾向が強いことを意味している。つまり，日本では，女性の社会進出が子どもを産み育てるというインセンティブに対してマイナスの影響を及ぼしているのである。それに対して，スウェーデンでは，女性の労働参加率と合計特殊出生率と

図表2-6　女性の労働参加率(WLPR)と合計特殊出生率(TFR)との関係（1980～2007年）

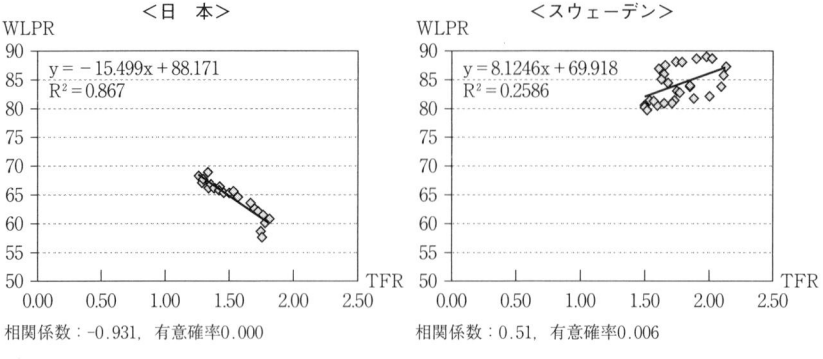

＜日　本＞
WLPR
y = －15.499x + 88.171
$R^2 = 0.867$
相関係数：-0.931，有意確率0.000

＜スウェーデン＞
WLPR
y = 8.1246x + 69.918
$R^2 = 0.2586$
相関係数：0.51，有意確率0.006

出所：OECD. Stat のデータを基に作成

の間に有意な正の相関関係が存在している。すなわち，女性が働くことが子ども産み育てるというインセンティブにプラスに作用しているのである。これはスウェーデンでは，子どもを産んでも女性が働き続けられるような育児・保育のサポート体制が整っているからである。スウェーデンでも育児・保育のサポート体制が整っていなかった1980年以前は，日本と同じように，女性の労働参加率と合計特殊出生率との間には負の相関関係が存在していた。

　図表2-5と図表2-6の関係をあわせて考えると，日本では保育所の定員数と女性の労働参加率には正の相関が存在するので，保育サービスをより充実させることによって，スウェーデンにみられるような，女性の高い労働参加率と合計特殊出生率の正の相関を達成することが可能であろう。言い換えれば，保育サービスの充実によって今後減少するであろう労働力不足を女性の労働参加によって補い，さらには少子化に伴う生産年齢人口の減少に歯止めをかけることが可能となる。

　最後に，女性の労働参加と経済成長の関係について検証する。図表2-7は日本とスウェーデンの1970年から2009年までの期間で，女性の労働参加率と1人当たりGDPのデータをそれぞれプロットしたものである。図表2-7から明らかなように，日本およびスウェーデンの両国において，女性の労働参加率と1人当たりGDPとの間には有意な正の相関関係が存在している。つまり，女性

図表2-7　女性の労働参加率(WLPR)と1人当たりGDP(GDPpc)との関係 （1970～2009年）

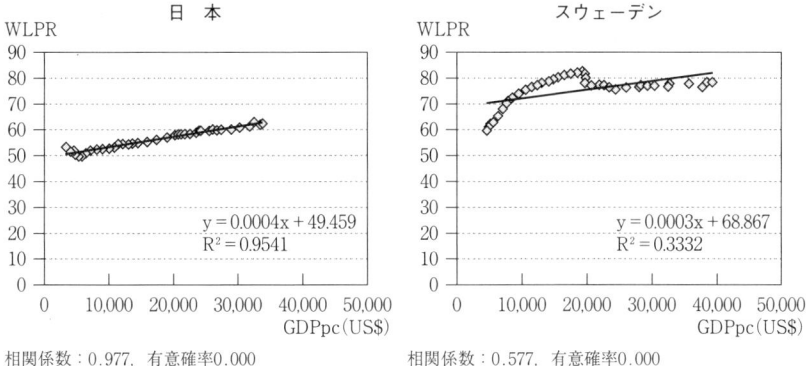

日本　　　　　　　　　　　　　　　スウェーデン

日本: $y = 0.0004x + 49.459$, $R^2 = 0.9541$
相関係数：0.977, 有意確率0.000

スウェーデン: $y = 0.0003x + 68.867$, $R^2 = 0.3332$
相関係数：0.577, 有意確率0.000

出所：OECD. Stat のデータを基に作成

の労働参加率が高い状況は，同時に1人当たりGDPの高い状況，つまり経済成長と対応している。図表2-7から明らかなように，スウェーデンの相関係数が0.577であるのに対して日本のそれは0.977で，スウェーデンよりも日本のほうが女性の労働参加率と1人当たりGDPとの間の相関は強い。さらに，日本の女性労働参加率がスウェーデンと比べて低いことを考え合わせると，日本の女性労働参加率の上昇はさらなる1人当たりGDPの増加をもたらす可能性がある。[3] つまり，保育サービスを充実させる政策は，経済成長に寄与する政策なのである。

5　おわりに

本章では，保育サービスの経済効果について分析を行った。1995年以降，日本では保育サービスを希望する待機児童が，2万人を超えている。待機児童が存在するのは，行政が設定している保育サービスの価格が保育サービスの供給量に対して低すぎることが原因である。待機児童の問題を解決するためには，保育料を高くするか，あるいは保育サービスの供給量を増加させるしかない。しかし，ここで重要なのは待機児童数をゼロにすることではない。現行の価格

あるいはそれよりも低い価格で保育サービスを利用できる状況にすることによって、就業している有配偶女性の子育てに関連する機会費用を軽減させることが重要なのである。つまり、現在求められている待機児童問題解決方法は、保育サービス価格の調整による待機児童の解消ではなく、1人でも多くの希望者に保育サービスを提供できるようにする保育サービスの供給量を増加させることによる待機児童の解消なのである。実際、仕事をしていない25歳から44歳の女性で、就職を希望していながら「家事や育児のために仕事が続けられそうにない」という理由で求職活動をしていない人が、2005年以降毎年110万人以上存在している。このことは、潜在的な保育サービス利用希望者が、実際の待機児童数よりもはるかに多いことを物語っている。

　日本の保育所の定員数と女性の労働参加率との間には、有意な強い正の相関関係が存在している。つまり、保育所の定員数が多い（少ない）状態と働く女性も多い（少ない）状態が強く対応している。潜在的待機児童が多数存在していることを鑑みると、この関係は、保育サービスを充実させることによって女性の労働参加率をさらに高めることが可能であることを、示唆している。また、規模は大きくないが、保育サービスの充実は新たな雇用を創出する。かりに、待機児童1人に対して保育士が1人必要であるということであれば、3万人弱の新たな雇用が生まれる。

　日本では、女性の労働参加率と合計特殊出生率との間には、有意な強い負の相関関係が存在している。このことは、日本では、女性が社会進出することによって子どもを産まないという意思決定をしている傾向が強いことを意味している。つまり、日本では、女性が就労か出産・子育ての二者選択を強いられているのである。保育サービスの充実は、日本の女性が就労か出産・子育てのいずれか1つ選択せざるをえない状況から、両方を選択できる環境を提供することを意味している。すなわち、保育サービスの充実は、ワーク・ライフ・バランスの実現に寄与することとなる。ワーク・ライフ・バランスがより推し進められれば、女性が就労と出産・子育ての両方を選択するようになり、1980年代以降のスウェーデンにみられるような、「高い女性の労働参加率と高い合計特殊出生率」を同時に達成することが可能となるであろう。

女性の労働参加率と1人当たりGDPの間に，正の相関関係があることも本章で示した。日本の女性労働参加率が他のOECD諸国と比べてまだ低いことを考え合わせると，日本の女性労働参加率の上昇は，さらなる1人当たりGDPの増加をもたらす可能性がある。その意味で，保育サービスを充実させる政策は，経済成長に寄与する政策なのである。

【注】
1) 日本の保育所の保育料は，所得水準に応じて保育料を負担する応分負担である。したがって，縦軸を保育料ではなく，「所得に対する保育負担率あるいは負担額」としたほうが現状を正確に表しているといえるかもしれないが，縦軸を保育料としても議論の本質は変わらない。
2) 約3万人の新規雇用は，2000年以降300万規模で推移している失業者の約1％，約6600万人の総労働人口の約0.05％に相当する。
3) Goldin［1995］およびMammen & Paxson［2000］が示したように，女性の労働参加率と国の経済的豊さ（1人当たり所得GDP）との間にはU字型の関係が存在する。つまり，農業を主産業とする貧しい国では，女性も重要な労働力であり，家族労働においてある一定の責任を有したポジションにいるので，女性の労働参加率が高い。ある程度近代化された中所得国においては，女性の労働参加率は最も低い。家事から離れて仕事をするための環境が十分に育っていないため，女性の労働参加は最も低いのである。高所得国では，女性の労働参加率は再び高くなる。これらの国では女性の教育水準が高くなり，出産・保育・育児による離職の機会費用は高くなる。その結果，高い女性の労働参加率と低い出生率という状況が生まれる。さらに社会が成熟してくると，主に女性が負担してきた出産・保育・育児による離職の機会費用の損失を社会が軽減するようなシステムや制度が整備されるようになり，北欧諸国のように女性の労働参加率と出生率との間に正の相関が生まれるようになる。

【参考文献】
厚生労働省［1986-2009］国民生活基礎調査（http://wwwmhlw.go.jp/toukei/list/20-19.html）
国税庁，民間給与実態統計調査結果－長期時系列データ（http://www.nta.go.jp/kohyo/tokei/kokuzeicho/jikeiretsu/01_02.htm）
総務省統計局［1998-2001］労働力調査特別調査（http://www.stat.go.jp/data/routoku/index.htm）
――――［2002-2008］労働力調査（詳細集計）（http://www.stat.go.jp/data/roudou/2.htm）
――――［2010a］平成21年 労働力調査年報（詳細集計）（http://www.stat.go.jp/data/rou-

dou/report/2009/index.htm)

―――［2010b］家計簿から見たファミリーライフ（http://www.stat.go.jp/data/kakei/family/pdf/10f.pdf）

文部科学省，学校基本調査（http://www.e-stat.go.jp/SG1/estat/List.do? bid = 000001015843&cycode = 0）

Goldin, C. [1995] The U-shaped female labor force function in economic development and economic history, In T. P. Schultz (Ed.), *Investment in women's human capital and economic development*, Chicago, IL: University of Chicago Press

Mammen, K. and C. Paxson, [2000] Women's work and economic development, *The Journal of Economic Perspectives*, 14

OECD, OECD. Stat（http://stats.oecd.org/index.aspx?r=354229）

3章

フランス
▶多様な保育サービスにみる子育ての社会化

大場静枝

1 はじめに

　フランスは，先進諸国のなかで少子化を克服した数少ない国の1つである。2000年以降，合計特殊出生率はつねに1.9前後から2.0の間で推移，2010年は2.01となった。15歳未満の年少人口の割合も18.5％程度で安定しており，フランスはアイルランドと並びヨーロッパ一の多産国といっても過言ではない。[1]

　日本を含め，合計特殊出生率が1.3前後で低迷している国々における超少子化は，多くの女性が子どもをもたないという生き方を選択したことに原因があるのではない。それは，①第1子の出産を遅らせ，②それに伴って第2子，第3子を産み控える，という2つの現象に起因するといわれている。そしてこの「晩産化」や「産み控え」の理由の1つに，出産・育児がキャリア形成の時期と重なり，女性にとってその両立が困難になっているという点が挙げられる。

　もちろん，フランスでも晩産化は進行している。2010年の女性の平均出産年齢はついに30.0歳に達し，20年前に比べると2歳も遅くなっている。また高齢出産の数も増大しており，2008年には，新生児の21.5％が35歳以上の母親から産まれている。

　とはいえフランスでは，25～49歳の女性の労働力率が84.0％（2009年）と高く，出生率が低迷している国々に特有のM字カーブはみられない。子ども（3歳未満児）を1人しかもたない母親に限ると，79.0％が就労している。これ

▲パリのリュクサンブール公園でピクニックを楽しむ2家族。フランスでは，子どもが3人以上いる家族もめずらしくない。2009年8月，横島朋子氏撮影。

は，フランス人女性が出産・育児期にも労働市場から退出せず，就労を継続していることを如実に物語っている。こうした子育て期にある，30代を中心とした女性たちの高い就業率を支えているものは，いったい何だろうか。

　この疑問を解く鍵は，フランスの家族政策にある。フランスの家族政策の特徴は，出生促進を前面に打ち出した積極的政策であると同時に，社会全体の連帯による次世代育成支援および格差是正のための社会政策という側面を有している点にある。したがって，政策運営は一般社会拠出金などの国庫負担と事業主の拠出金によって支えられ，運営機関である「全国家族手当金庫」および全国に123カ所ある「家族手当金庫」を中心に行われる。

　しかしながら，フランスの政策運営は行政の一方的な意思決定で行われるものではない。まず，国には「家族高等評議会」が設置されている。これは，首相をはじめ関係省庁の大臣，家族運動にかかわる団体，労使団体および社会保障にかかわる団体の代表者などで構成される国家的な組織で，毎年，ここで家

族政策の方針が協議されている。また，運営機関にしても，内部に事業主や被保険者の代表が理事を務める理事会が設けられ，各関係者の意見が反映されている。

さらに，実際の運営は国と運営機関，運営機関と基礎自治体の間の合意に基づいた「契約」に従って遂行される。たとえば，国と全国家族手当金庫の間では「目標・管理協定」(COG)が締結され，各種の給付やサービス，質の向上が実現されている。他にも，各県の家族手当金庫と市町村の間では「子ども・青少年契約」が締結され，市町村を通して各保育施設にその整備・運営に関する補助がなされている。

こうしたフランスの家族政策と政策運営のあり方が，今，世界の注目を集めている。本章では，フランスの子育てを取り巻く環境とその家族政策，なかでも近年，フランスが最も力を傾注している保育政策について考えてみたい。

2　子育てを取り巻く良好な環境

(1) 子育て費用と諸手当

日本において子育ては，女性にとって精神的，身体的に大きな負担となるばかりか，家計にも重い負担を強いるものとなっている。こども未来財団の「子育てコストに関する調査研究」(2003年) では，6歳までにかかる直接的な子育て費用を約440万円と試算している。さらに同財団は，子どもの出生から大学卒業までにかかる費用を典型的な就学パターン（私立幼稚園⇒公立小学校⇒公立中学校⇒公立高校⇒私立大学）に基づいて計算すると，約2421万円に達すると推計している。日本では，こうした重い教育費の負担が間違いなく「産み控え」の原因の1つとなっており，経済的支援は少子化問題を克服するうえで欠かせない要素となっている。

一方，フランスでも子育て費用に関して，有子世帯は無子世帯に比べて家計への負担が20～30％増大するとの認識があり，有子・無子による世帯間の格差を是正するために様々な子育て費用の軽減措置がとられている。まず，フランスには家族手当金庫という仕組みがある。家族手当金庫は，社会保障拠出金

（事業主負担は賃金の5.4％）や一般社会拠出金（うち1.1％が全国家族手当金庫分）など異なる財源を一元化し，制度の継続性を担保するとともに，地域の実情にあわせて有効な支援を行う組織で，ここから養育の負担を軽減するための多種多様な給付が行われている。

例を挙げると，「出産・養子手当」（出産や養子受け入れのための一時金），「乳幼児基礎手当」（3歳未満の子の養育にかかる費用補償），「家族手当」（2子以上の子どもの養育に伴う費用補償。所得制限がなく，対象年齢は20歳まで），「障がい児教育手当」（障がい児の養育に伴う費用補償），「保育方法自由選択補足手当」（子どもの保育に伴う費用補償）などがある。さらに，「就業自由選択補足手当」（職業活動の停止に伴う所得喪失の補償），「親付添手当」（病気や事故などで子どもの世話をするために職業活動を停止した場合，休業に伴う所得喪失の補償）など機会費用の軽減にも力を入れている。

なかでもとくに，育児休業制度にリンクした「就業自由選択補足手当」に言及したい。まず育児休業制度は，職場復帰を前提とした「労働時間の選択制」となっている。そのため，子どもが3歳になるまでは，週4日勤務や毎日午後3時半までの短縮勤務のような80％労働，週3日勤務や毎日半日勤務のような50〜80％労働，週2日勤務のような50％以下労働あるいは全面休業など，個人のライフスタイルにあわせて労働時間を選択することができる。

この手当は，出産後，育児休暇の取得，短縮勤務への移行や退職に伴う所得喪失の補償を目的としているため，所得要件はない。6歳未満の子をもつ親であれば，誰でもその恩恵に与ることができる。受給金額は，全面停止，50％停止，20〜50％停止など職業活動の停止状況に応じて変わる。ただし，失業手当との併給は認められない。受給期間は子どもの数によって変わり，6カ月〜最長3年である。近年では，育児休暇を短縮することで手当を増額する制度も導入されている。

さらに，多子家庭向けの臨時給付や補助手当も充実している。たとえば，第3子から支給される「家族補足手当」（3子以上の多子家庭に対する追加の費用補償）や，「新学期手当」（進級時に発生する費用の補償）などがある。いずれも所得制限はあるが，手当の種類によっては制限がゆるやかなものもあり，より多

くの家庭が恩恵を受けられるようになっている。

　フランスでは離婚の増加に伴い，ひとり親家庭が増大している。2005年現在，フランスには176万のひとり親家庭があり，40年前に比べるとその数は2.5倍にもなっている。ひとり親家庭の85％がシングルマザー家庭で，その30％は月950ユーロ以下で生活する貧困家庭である。そうしたひとり親家庭向けの手当として，2009年6月1日より従来の「ひとり親手当」に代わる「就業連帯所得保障」（低所得の家庭に対する最低所得の保障）が導入された。これは，これまで「就職促進最低所得保障」と「ひとり親手当」に分散していた貧困対策を統合し，より包括的な助成を行うことができるようにしたものである。その特徴は，①家族構成にかかわらず，すべての低所得・無所得家庭が対象になっていること，3カ月ごとに見直しがあるが，②支給期間が定められていないこと，③支給額が固定化されることである。

　また，経済的負担の軽減措置の代表的なものとして，子育て家庭への公共および民間サービスの利用料の減免制度や所得税の減税措置がある。まず，フランスには，「大家族カード」とよばれる政府発行の割引カードがある。これは18歳未満の子どもが3人以上いる家庭を対象にしたもので，国鉄，地下鉄およびバスの運賃，デパート，スーパー，レストラン，ホテル，レンタカー，国立美術館・博物館など96の企業や施設で割引が受けられるカードである（2009年）。

　さらに，子育て世帯に対して所得税を軽減するために，「N分N乗方式」という独特の世帯単位課税制度を導入している。これは，世帯全体の所得を合算し，家族係数N（世帯で大人は1，子どもは2人目までは0.5，3人目以降はそれぞれ1として，全員分を合計した数値）で割った後，累進税率を適用して係数1当たりの税額を算出し，それにNを掛けて納税額を求めるもので，累進課税のもとでは世帯人数が増えればそれだけ世帯の所得税負担が軽減される仕組みになっている。さらに，6歳未満の子どもを自宅外に預けた場合，年間子ども1人当たり2300ユーロを限度として，支払った賃金の50％を控除できるなど，保育費用の控除も受けられる。

　ところで，日本で最も負担の大きい教育費・学費についてはどうだろうか。

フランス人も日本人と同様に教育費・学費を負担に感じている。しかし，それは学費そのものではなく，子どもに習い事をさせるための費用や余暇保育の費用，書籍・文具代などである。というのも学費それ自体については，高校までは原則無料，大学も公立であれば，数万円程度の登録手続き料および健康保険料のみで，ほぼ無料に近いからである。さらに大学生に対しては，返還義務のない奨学金の給付もある。10月1日時点で28歳未満という年齢制限はあるものの，所得要件などは比較的ゆるく，2010年度は，約52万7000人（3人に1人の割合）の学生が月額160～446ユーロの奨学金を受けて，学業に励んでいる。また，親元を離れてアパート暮らしをする学生には，住宅補助費も支給される。

以上のように，フランスの経済的支援の特徴は，広く社会的な理解を得て，出産・子育てにかかる直接費用の補償，機会費用の軽減，減税，公共・民間サービスの利用料の減免など，あらゆる子育てコストの軽減を図っている点にある。

（2）労働時間の短縮と男性の家事・育児参加

第1子の誕生は，夫婦にとってそれまでのライフスタイルを大きく変化させる出来事である。家庭において家事・育児の負担が増えるだけではなく，時間の使い方もまた，赤ちゃんの生活リズムや保育施設の利用時間によって多大な制約を受ける。そして，変化の影響を被るのは主に女性である。

たとえばわが国では，妊娠・出産を契機に6割以上の女性が退職し，家事・育児に専念しているが，その3割は仕事と育児の両立が困難であることを退職の理由に挙げている。しかも，日本労働研究機構の「育児や介護と仕事の両立に関する調査」（2003年）によると，妊娠・出産を理由に退職した女性のうち，「仕事を続けたかったが，仕事と育児の両立の難しさでやめた」と答えた女性の多くが，「自分の体力がもたなそうだった（もたなかった）」とも述べている。この回答から，女性たちが，家事や育児の面で夫の協力を当てにできず，就労を継続した場合，仕事に加えて家庭内での責任を一身に引き受けなければならない厳しい現実が浮かび上がってくる。

フランスでも育児休業を取得したり，パートタイム労働に移行したりと子育

てのために働き方の調整をするのは，たいてい女性である。「就業自由選択補足手当」を受給する人の97％が女性であることや，パートタイム就業者の85％が女性であることからも，その点については明白である。しかしだからといって，フランスの女性たちは，日本のように家事・育児の負担がすべて自分たち女性にのしかかるとは思っていない。フランスでは，女性が就労を継続している場合も，そうでない場合も，男性の家事・育児への参加がごく日常的な風景として見られるのである。

　男性の家事・育児への参加を可能にしているのが，短い労働時間と長い有給休暇である。1936年に週40時間労働制と2週間の有給休暇が導入されて以来，フランスはつねに，労働時間の短縮と有給休暇の延長のために法改正を重ねてきた。その結果，有給休暇は5週間に延長され，法定労働時間は週35時間制となった。

　しかしながら，2008年7月に，労働時間に関する改革法案が可決され，各企業に対し勤務時間や代替休暇について，従業員と直接交渉して決定する権利が付与された。ただし，法制度のうえでは，週35時間制，労働時間の上限（週48時間）や休憩時間の規定などは堅持されている。今後は，労働時間の長時間化が懸念されるが，これまでのところ一般のサラリーマンが，恒常的な残業や休日出勤を行っている，という報告はなされていない。なお，2008年のフルタイムの就労者の平均労働時間は，39時間15分であった。つまり，この方面において，近年，法制度が多少変更されたといっても，フランスではワーク・ライフ・バランスを実現しやすい環境が整っているということが指摘できる。

　したがって，子をもつ家庭では，男性も遅くても夜8時までには帰宅し，家事や育児を分担するのが一般的である。とはいえ分担の割合となると，女性により多くの負担がかかっていることは否めない。『平成19年少子化白書』の「6歳未満児のいる男女の育児，家事関連時間（週全体）」の調査では，フランス人女性が家事・育児に使う時間は5時間49分であるのに対し，男性は2時間30分である。育児にのみ限ってみると，女性の1時間57分に対し，男性は40分しか育児をしていない。ちなみに，家庭における家事・育児時間の不足は家事代行サービスを利用する，ベビーシッター兼ハウスキーパーを雇うなどして補

図表3-1　あるフランス人ママの1日（2010年9月5日ヒアリング）

時刻	内容	時刻	内容
5:45	起床	18:15	保育所にニノを迎えに行く
	朝食，身支度，簡単な片づけ，洗濯		保育士さんとニノの1日について話す
6:45	パパの出勤		パンを買う
7:00	ニノを起こし，ミルク・離乳食を与える	18:40	帰宅
	ニノの身支度を済ませる		ニノの離乳食を用意する
7:50	家を出る		ニノを風呂に入れる
8:00	ジャン・カルヴァン保育所に到着	19:15	ニノに夕食を食べさせる
	保育士さんとニノの健康状態について話す	19:30頃	パパの帰宅
			パパがニノの子守り
8:05	保育所から職場へ		この間，夕食の準備
8:15	出勤	20:15	パパがニノを寝かせる
8:30	仕事開始	20:45	夕食
14:00	昼食休憩（この間に，買い物）		夕食後は夫婦で映画を見たり，友人に電話をかけたりする
15:00	仕事再開		または，部屋の片づけやアイロンがけなどの家事をする
18:00	仕事終了	23:00	就寝

（筆者作成）

っている。

　ここで，3歳未満児をもつ母親の1日を紹介しよう。家族は，30代前半の夫と本人，15カ月の息子ニノ君の3人で，現在，パリの5区に在住している。夫の職業は建設会社の中間管理職で，本人はエステティック・サロンでエステティシャンとして働いている。フルタイムの共働き家族であるため，ニノ君は8時から18時まで，近所のジャン・カルヴァン保育所に預けられている。

　母親の平日の1日当たりの家事時間（洗濯，食事の支度と片づけ，買い物，アイロンがけ）および育児時間は約4時間で，そのうち2時間以上が育児に充てられている。一方，父親の家事時間はほぼ皆無で，育児のほうは，帰宅後，子守りや寝かしつけのため，1日平均1時間～1時間30分ほど行っている。住居の清掃については，週に3時間ハウスキーパーを雇って必要な掃除をしてもらっている。

　フランス国立統計経済研究所の調査によると，フランスにおいても男女の性別役割分担意識が依然として残っており，女性が就労を継続しているか否かにかかわらず，男女間で家事や育児の分担に差がある。とりわけ育児について

は，女性の負担が大きい。これは，子育ては女性がするものだという固定観念が社会に根強く残っているからだと考えられる。こうした固定観念が反映されているためか，フランスの保育サービスは母親の不在を補償するものとして位置づけられ，その結果，保育従事者の97％が女性となっている。

しかしながら，この現象はなにもフランスに限ったことではなく，多くのヨーロッパ先進諸国に共通してみられるものである。フランスでは，①家事代行サービスを比較的低料金で，容易に利用できること，②低年齢児保育の社会化が進んでいること，③家庭における男女の役割分担の意識が徐々に変わりつつあり，分担量の多寡にかかわらず，男性の家事・育児参加が社会通念となっていることなどから，女性の家事・育児の負担はある程度軽減されている。現在，女性の早期復職の促進とともに，育児クォータ制導入の議論が進められており，今後は，さらなる政策努力で，男女間においてより公平なワーク・ライフ・バランスを実現することができるだろう。

3　保育環境の整備

(1) 保育政策の歴史

男女間で伝統的な分業意識が依然として残るフランスでは，早くから女性の仕事と育児の両立にこそ，少子化を克服する鍵があると考えられてきた。戦後，女性の社会進出が進み，それに伴って1970年代には早くも「育児休業法」を整備し，働く母親の権利を積極的に擁護した。その結果，共働き家族が増大し，以後，フランスの典型的な家族の形態となっていった。

1980年代に入ると，結婚を急がない未婚女性や，結婚していても子どもより仕事を優先するキャリア志向の女性が多く出現し，「晩婚化」「産み控え」がみられるようになった。こうした女性たちの多くは，必ずしも経済的な理由で仕事をしているのではない。仕事は自己実現の手段であり，経済的自立を保障するものである。だからこそ，キャリアの追求と家庭・子育ての両立の困難さにジレンマを感じる女性たちにとって，現金支給を柱とした従来の経済的支援だけでは，子どもを産む直接的な動機にはならない。その証拠に，2人以上の子

をもつことでより手厚い支援が得られるにもかかわらず，現在でも無子および1子のみの家庭が69.8％（25歳以下の子ども，2006年）を占めている。

　フランス政府が妊婦の採用拒否・解雇の禁止令の制定，育児休業法の改正など，女性の就労と育児の両立を支援する法制度を整備する一方で，家族手当金庫は保育施設に補助金を交付することで，都市部における保育サービスの拡充に尽力した。1983年からは，各県の家族手当金庫は，保育所を開設する基礎自治体との間で「子ども契約」を締結する制度を創設した。これは，同金庫が財政的な支援を行うことで，サービスの質を確保するとともに，施設数を増大させることを目的としている。2006年に制度改革が行われ，「子ども・青少年契約」の名称のもと，18歳未満の子どもの保育および放課後の受け入れ先の拡充を図っている。

　しかしながら，こうした政策努力にもかかわらず，低年齢児の保育施設の充足率は，昔も今も決して高いとはいえない。そのため，施設型集団保育を利用できない場合の代替保育として，保育ママ（家庭的保育者）の育成と雇用を推進してきた。1977年，従来の「乳母（ベビーシッター）」が「保育ママ」に名称変更され，法によって規定される職業になった。さらに家族手当金庫は，1980年から，保育ママを雇用する親が経済的支援を受けられるようにした。また，1989年には保育費用の控除ができるようになった。

　その後，右派政権のもとで，1990年に「認定保育ママ雇用援助手当」が創設され，認定保育ママの利用者がさらなる優遇措置を受けられるようになった。こうした家庭的保育の促進政策は，裕福な家庭が優遇される反面，家族雇用の発展に大きく貢献するものであった。家族雇用は，従来，家庭内で主に女性が担ってきた家事や育児，老人介護などをアウトソーシング化するもので，学歴や資格のない女性の失業対策にもなっている。研修制度や認定制度を設け，かつて闇労働であった乳母（ベビーシッター）を正規雇用とすることで，家庭的保育の拡充を推進した。

　2004年，既存の制度に代わり，新たに「保育方法自由選択補足手当」が生まれた。これは，子どもを保育ママに預ける場合に受給できる手当である。雇用する保育ママが認定保育ママである必要はないが，子どもを預ける親はその保

育ママを正式に雇用しなければならない。そのため，要件として所得に下限が設けられている。実際の支給額は，前々年の収入や子どもの年齢，専門機関を通して保育ママを雇用するかどうか，保育ママが認定されているか否かなど個々の事情を勘案して決定される。

　以上のように，フランスでは，仕事と子育ての両立を実現するための政府の支援は，子どもの預け先の確保にも向けられてきた。これは，保育サービスの多様化，施設型保育所の受け入れ児童数の拡大など，有効かつ利用可能な保育制度の確立が女性の就労維持には欠かせない条件となっている，との考えがあるからである。しかし残念ながら，まだ十分とはいえないのが現状である。

（2）保育政策における重点課題

　フランスには，3歳以上の児童に対する早期の就学制度が確立されており，この点については他のヨーロッパ諸国に比べて，仕事と育児の両立がしやすい環境にある。しかしその一方で，低年齢児（0～3歳未満児）の預け先が慢性的に不足している。2000年以来，フランスでは6歳未満児の人口が増え続けており，毎年80万人以上の新生児が出生している。人口のダイナミズムは，女性の労働力率の増加とあいまって，保育場所の確保が緊急の課題として浮上していることをはっきりと示している。

　とりわけ，フランス本土に9129カ所（2007年）ある集団保育施設（地域保育所，親保育所，一時託児所，幼児園，複合保育所等）の充足率は低い。社会性が早くから育まれること，公的補助を受けた施設であれば，自己負担は実際の保育コストの10～15％ほどしかかからないことから，集団保育施設へ子どもを預けたがる親は多い。しかしながら，パートタイム労働に移行した母親の13％が，その理由を集団保育施設に空きがなかったからだと答えていること，また，子どもを優先的に集団保育施設に預けることができるのは①ひとり親世帯，②共働き世帯であるが，後者の20％しか預けることができないという現状からも，集団保育施設が著しく不足していることは否めない。

　2008年1月1日現在で，政府が算出した机上の受け入れ枠は33万1929人分で，3歳未満児の14.29％をカバーするものであったと発表した。しかし，保

育士不足による受け入れ児童数の制限など様々な理由から，2007年の実際の集団保育施設利用率は10％にとどまっている。

とはいえ3歳未満児の受け入れ数は年々増加しており，2004年の30万8000人から2007年には33万2000人へと拡大した。現在は，「目標・管理協定（COG）2009－2012」の枠組みのなかで，2012年までに新たに10万人の受け入れ児童数の増大をめざしている。そのために，従来の地域保育所の拡充のほかに，とくにミニ保育所，企業内保育所の新設や複合保育所への形態転換を推進している。

しかし，公立の保育施設の拡充には用地の確保を含め莫大な予算が必要となるため，近年，フランスは認定保育ママの育成にも力を入れている。2007年12月31日現在，認定保育ママは，フランス本土で40万6445人いるとされるが，2008年11月時点で稼働していたのは28万3000人で，80万人強の子どもを保育していた。これは1人当たり約2.8人の子どもを預かったことを示しているが，まだ十分とはいえない。

こうした現状をふまえ，フランス政府はやはり2012年までに5万人分の保育枠の拡大をめざしている。そのため保育ママの新規育成とともに，現在稼働している保育ママの保育児童数の増大を推進している。つまり，まず4人までの保育認可を得ている保育ママに対して，預かる児童数を4人に増やすことを奨励しているのである。さらに，3人までの認可を受けている保育ママに対して，4人の認可を得られるよう10年間無利子のリフォーム資金（上限1万ユーロ）の貸付など，様々な措置をとっている。

以上のようにフランスでは，保育学校就学までの預け先の確保が最重要課題となっている。そのため，6歳未満児の保育および保育学校にかかる予算として，国内総生産の1％以上（2009年度は約260億ユーロ）を支出している。

4　多様な保育サービス

フランスの義務教育就学前の保育方法は，就学率がほぼ100％に達する保育学校（国民教育省の所管で，義務教育ではないが，初等教育体系に位置づけられる学校）の入学の前と後で，大きく2つに分けられる。0～3歳未満の低年齢児を

対象とする保育事業（労働・雇用・保健省の所管）では，労働時間の選択制度を取り入れた育児休業制度と組み合わせて，利用者の多様なライフスタイルや要望に応えられるよう様々なサービスが提供されている。一方，保育学校入学後は，保育学校と余暇保育（預かり保育）や家庭型個別保育との併用になるので，余暇保育の充実が図られている。

多様化したサービスを上手に選択するためのツールとして，全国家族手当金庫が開設したサイト「mon-enfant.fr」が存在する。これは0～12歳までの子どもを対象にした保育サービス関連の情報を提供するホームページである。このサイトでは，最寄りの保育施設の検索ができたり，利用者が希望の預け先と条件を入力することで簡単にコストシミュレーションをすることができるようになっている。このサイトから，フランスの多様な保育サービスの一端を紹介したい。

(1) 低年齢児の保育

3歳未満児の保育は，集団保育を行う施設型と個別保育を行う家庭型，その両方をあわせた折衷型と大きく3つに分かれる。以下にそれぞれの保育の特徴や利点，アクセス方法，利用時間，料金などを紹介する。

(i) 施設型集団保育

集団の保育施設とは地域保育所（最も一般的な保育所），ミニ保育所（小規模の地域保育所，企業内保育所），親保育所（親の会が運営する保育所），職場保育所（従業員のために事業主が設置する保育所），一時託児所（パートタイム保育所），幼児園（幼児教育を行う保育所），複合保育所（地域保育所に一時託児所の機能をもたせるなど，異なるタイプの保育所の機能が合体した保育所）などのことで，全国に約1万カ所ある。ここでは2カ月～3歳未満の低年齢児を受け入れ，専門のスタッフが食事や睡眠の世話，オムツ替え，遊戯，知的発育活動などを行っている。

運営主体には基礎自治体，非営利団体，民間企業などがある。各保育施設は，国の定める公共建築および幼児教育施設の基準に基づいて設計される。県の母子保健センターの意見書をもとに，県議会議長の認可または指令を受けた

図表3-2　フランスにお

		定員	対象年齢	利用時間	利用料金
施設型保育	地域保育所	60名	2カ月〜3歳未満	7時30分〜18時30分 土・日・祝日閉所	運営母体による ＊ただし，保育所が公的援助を得ている場合，利用料は家族手当金庫が定める自己負担率によって算出される。
	ミニ保育所	10名		7時30分〜18時30分 土・日・祝日閉所 ＊原則的には，地域保育所と同じであるが，より柔軟な設定も可能である。	
	親保育所	20名 （特例措置で，25名）		親の会によるが，日中の8〜12時間	
	複合保育所	60名	6歳未満	運営母体による ＊深夜・早朝保育など変則的な保育時間を設定できる。	
	幼児園	80名	2〜6歳未満	運営母体による	
	職場保育所	60名	2カ月〜3歳未満	職場による ＊従業員の勤務形態にあわせ，利用時間を柔軟に設定できる。	運営母体や職場による ＊ただし，保育所が公的援助を得ている場合，利用料は家族手当金庫が定める自己負担率によって算出される。
	一時託児所	60名	6歳未満	週10時間，週3日など制限が設けられており，登録時に制限内で，週何曜日，1日何時間通うかを決める。	利用料は1時間/半日/1日で設定されている。 ＊ただし，保育所が公的援助を得ている場合，利用料は家族手当金庫が定める自己負担率によって算出される。
家庭型保育	認定保育ママ	4名	6歳未満	保育者と相談の上，利用者が設定 ＊ただし，週45時間以内	認定保育ママに支払う賃金 ＊ただし，時間給は子ども1人当たり，2.94ユーロ以上。
	自宅保育	─	─	保育者と相談の上，利用者が設定	ベビーシッター（無認定の保育ママ）に支払う賃金
折衷型保育	家庭保育所	150名	4歳未満	保育者と相談の上，利用者が設定 ＊ただし，週45時間以内。	運営者による ＊ただし，保育所が公的援助を得ている場合，利用料は家族手当金庫が定める自己負担率によって算出される。
	保育ママの家	16名	4歳未満		認定保育ママに支払う賃金 ＊ただし，時間給は子ども1人当たり，2.94ユーロ以上。
学校	保育学校	─	3〜6歳未満	8時30分〜16時30分 水・土・日・祝日休み 希望者には，給食有（有料）	なし ＊給食費は自己負担。ただし，家庭の所得に応じて，基礎自治体の補助有。
余暇保育	学期中	7〜300名	3〜18歳未満	始業前，放課後，昼休み，水曜日および土曜日	運営者によって設定された利用料金 ＊ただし，団体が公的援助を得ている場合，利用料は利用者の収入・家族構成に応じて変わる。
	休暇中	7名以上		夏休み，冬休み，春休みなどの休暇	

出所：全国家族手当金庫（CNAF），Françoise Desprès, Choisir sa garde d'enfant, éditions Déclins を基に作成。

ける義務教育就学前施設

	概　要
	運営母体は基礎自治体（81%），非営利団体（18%）が多い。費用が安く，子どもの社会性を育むのに最適な環境であることから，最も人気が高いが，充足率はきわめて低い。急な延長保育などの対応はない。感染病以外の病児の受入れは，各保育所長の裁量に任される。
	原則的には，地域保育所と同等であるが，小規模の保育所であるため一部規制が緩和されている。利用時間などもより柔軟な設定が可能であり，近年は，福利厚生の一環として，この形態の保育所を社屋内に設置する企業も増えている。
	親の会（非営利団体）によって運営される保育所であるため，スタッフとして親の参加が認められている。少人数制による知的発育を優先した保育をめざす。利用料金に加え，別途，食費やおやつ代など雑費がかかるため，費用はやや高めになる。近年は，複合保育所，一時託児所の形態も増えている。
	運営母体は基礎自治体（52%），非営利団体（41%）が多い。従来の保育所に一時託児所，家庭保育所など他の保育所の機能を合体させたもの。深夜，早朝など変則的な時間の保育や長時間保育に対応するところもある。家庭保育所を兼ねる場合，定員は100名になる。
	保育のほかに，子どもの身体的・知的発育を促すカリキュラムを取り入れており，保育学校と同等の役割を担う幼保一体化施設。ただし，乳児保育は行わない。幼児教育専門の教諭が常勤する。現在では，3〜5歳児の通園はほとんどなく，幼児園の数も年々減少傾向にある。
	事業所内保育所，病院内保育所などのように従業員のために事業主が用意する保育所。従業員のための保育所であるが，余裕があれば地域の子どもにも門戸を開いている。事業主の直接運営または外部委託があり，公的補助を受けていない保育所も多い。一般に保育所は社屋内か至近に設置される。
	運営母体は基礎自治体（50%），非営利団体（50%）が多い。いわゆるパートタイム保育所。自宅で親が子育てをしている子どもに対し，集団生活を体験させ，社会性を育む機会を与えることを目的としている。そのため，定期的な通所が奨励されている。
	居住する県の認定を受けた保育ママが自分の居宅で保育する。利用者は雇主となるため，保育ママの給与・社会保障費を負担する義務が生じるが，公的補助でその負担は軽減される。利用時間が柔軟に設定できること，病児にも対応してもらえることなどから，最も利用の多い保育方法である。
	ベビーシッター（無認定の保育ママ）が子どもの自宅で保育する。利用者は雇主となるため，ベビーシッターの給与・社会保障費を負担する義務が生じるが，公的補助でその負担は軽減される。
	主として，基礎自治体（85%）によって運営される。別名「家庭型保育サービス」。施設型集団保育と家庭型個別保育の折衷型。家庭保育所に所属する認定保育ママが，自分の居宅で保育を行う。ただし，社会性を養うため子どもを週1〜2回，家庭保育所に連れて行かなければならない。給料は家庭保育所から支給されるため，利用者にとっては給与支払い等にかかわる煩雑な事務作業が不要になる。
	乳幼児保育全体の受け入れ枠の拡大をめざして，2010年6月から新たに制度化された新しい形態の託児方法。最大4人までの認定保育ママが集まって，共同で託児を行う。複数の認定保育ママが共同で子どもを預かるため，子どもに目が行き届き，家庭内事故が減少するなどのメリットもあるが，反面，施設の維持費（賃貸料，光熱費等）により，保育費が増大するなどのデメリットもある。
	義務教育ではないが，初等教育体系に位置づけられ，国民教育省の管轄下におかれる。3歳以上の子どもの就学が100%保証されており，自治体によっては，2歳児の就学を認めているところもある。学校生活に慣れることで，スムーズに小学校につなげることを目標にしている。
	日本の学童保育，預かり保育に相当する。余暇保育を運営する団体は県の「青少年・スポーツ局」に届出を行う。なお，6歳未満児の預かり保育の場合，母子保健センターへも届出を行う。運営者およびスタッフには専門の資格が必要となる。小学校や地域のコミュニティセンターなど利用施設の状況や児童の年齢に応じて，教育的な遊び，文化的および社会的な活動などを行う。休暇中には，居住地を離れ，数日〜数週間，泊りがけで行う教育キャンプ，サマーキャンプなどもある。

後，同センターの監督のもと開設される。

　保育施設のスタッフの構成は，施設の種類によって若干の差異がある。たとえば公立の地域保育所の場合，所長は5年以上の職業経験を有する保育士（保育学の教育を受けた看護師または助産師），小児科の医師，または幼児教育の教諭（3年制の幼児教育の専門学校を卒業した有資格者・国家資格）が務め，スタッフは保育士，保育士補助員（保育士補助員養成学校を卒業した有資格者・国家資格），幼児教育の教諭，職員，調理師などで構成される。一方，親保育所は親の会によって運営されるため，スタッフとして親の参加が認められている。

　保育士および保育士補助員の数は，保育施設に共通しており，歩行前の乳幼児5人に対し1人，幼児8人に対し1人の割合で配置することが規定されている。その他，医師，心理カウンセラーや精神・運動機能に関する専門家などは，非常勤での勤務が認められている。

　利用時間は各保育所によって異なるが，たとえば一般的な地域保育所の場合，土・日・祝日以外の毎日，7時30分〜18時30分である。とはいえ，近年では，6時から預かってくれる早朝保育や22時までの深夜保育を行っている複合保育所も少なくない。ただし，日によって深夜保育あるいは早朝保育をお願いするということはできない。つまり，たとえば，契約書に月曜日〜金曜日，8時〜18時までと記載されている場合，その時間帯以外の利用は原則的に認められないということである。したがって，急に子どもを長時間預けなければならない事態が生じたときは，必要に応じて，他の保育方法を探さなければならない。

　利用料は，公立の保育所の場合，家族手当金庫が規定する自己負担率に基づいて自己負担額が決定される。自己負担率は，家族の所得が低く，構成員が多ければ，それだけ利用料が低く抑えられるように設定されている。1時間当たりの自己負担率は，養育する子どもが1人の場合，0.06%，2人の場合，0.05%，3人の場合，0.04%，4人以上の場合，0.03%となっている。たとえば，課税申告所得が3万5000ユーロ，養育する子どもが1人で，月に145時間預けたとすると，計算式は次のようになる。

自己負担金：35,000ユーロ÷12カ月×0.06％＝1.75ユーロ／時間
月額の利用料：1.75ユーロ×145時間＝253.75ユーロ

　民間の保育所については，運営者が料金を設定するが，市町村に一定の保育枠を提供し公的補助を受ける場合，前述の自己負担率を適用することが義務付けられる。いずれの場合でも，6歳未満の児童の保育費は，所得控除の対象になっている。

　利用へのアクセスに関しては，基礎自治体が運営する地域保育所やミニ保育所，一時託児所であれば居住地の役所に問い合わせ，民間の保育所については直接保育所に申し込む。近年では，集団保育施設への入所希望が多く，妊娠中の事前登録が必要不可欠となっている。居住地の役所または直接保育所と連絡をとり，登録書類を提出する。さらに出産後に，出産証明書など必要書類を提出し正式登録を行う。登録は，複数の保育所に対して行うことができる。

　さらにフランスには，一般的な保育所とは別に幼児園がある。幼児園は，他の保育所に比べ子どもの知的発育をより重視した保育が行われることから，保育所と保育学校の中間のような存在であるが，保育所の1つであることに変わりはない。運営主体は基礎自治体，非営利団体，民間企業など様々であるが，各種設置基準，受け入れ条件や利用までのアクセス，利用料，利用時間などは，基本的に他の施設型保育所と同じである。ただし，2歳未満児の受け入れを行わないこと，保育所では義務付けられなかった幼児教育の教諭（保育士を代用することも可能）の配置（幼児15人に対し，1人の配置）が必要となることなどが異なる。現在では，幼児園の利用は減っており，その数はフランス全土で187カ所（2006年）しかなく，2002年に比べても13.9％減少している。

　最後に，施設型集団保育の利点と弱点について言及したい。利点は，何よりも保育料が安いこと，子どもの社会性が養われること，保育の質が保証されていることであるが，現在のところ施設数が十分ではないため，子どもを保育所に預けることが困難である点が大きな弱点である。そのほかにも，契約書で決められた曜日，時間しか預かってもらえない，急な保育の延長に対応してもらえない，子どもが病気になった場合は他の保育方法を探さなければならないな

どのデメリットもある。

(ii) 家庭型個別保育

家庭型個別保育には，認定保育ママを雇いその保育ママの居宅に子どもを預けるケースと，ベビーシッター（無認定の保育ママ）に自宅に来てもらって子どもの面倒を見てもらうケースがある。家庭型個別保育は，施設型集団保育に比べて費用が高い，子どもの社会性が育まれないなどのデメリットもあるが，急な延長保育，長時間や変則的な時間の保育など利用時間を柔軟に設定できること，子どもが病気になったときにも重篤な場合を除き，面倒を見てもらえることなど利点は多い。そのため，フランスでは最も利用の多い保育方法である。

【認定保育ママ】

認定保育ママとは，120時間の研修を受けたうえで，県議会による認定を受けた保育のプロである。60時間の研修を終えた時点で，子どもを2人まで預かることができるが，2年以内に残りの研修をすべて終了しなければならない。里親の認定を受けている，保育士や幼児教育の資格をもっているなどの場合は，120時間の研修は免除される。

認定保育ママは子どもを自分の居宅で預かるため，認定されると，家族手当金庫から設備費として300〜500ユーロが支給される。また，自宅を改修する必要があれば，同金庫からリフォーム資金を有利な条件で借りることができる。

認定保育ママは，4歳未満の子どもを最大4人まで預かることができるが，認定時に，保育ママ1人ひとりに対して，保育できる子どもの数，年齢などが厳密に定められる。保育ママはその認定証のコピーを雇用者に提出し，労働条件を話し合ってから契約を結ばなければならない。

認定保育ママへのアクセスについては，民間の仲介業者から紹介してもらう，居住地の役所で認定保育ママのリストをもらう，保育ママセンター（RAM）を訪ねるなどの方法がある。保育ママセンターは，家族手当金庫の主導で設立された情報提供および交流のためのセンターであり，全国に500カ所ほど存在する。

認定保育ママに子どもを預けることは，すなわちその認定保育ママを正式に

雇用することを意味する。したがって、子どもを預ける親は給料のほかに、認定保育ママの社会保障費を負担しなければならない。給料については、税込の時間給が子ども1人当たり2.49ユーロ以上と定められている。しかし、「保育方法自由選択補足手当」（家庭の所得や家族構成によって支給額が変わる）や所得控除、社会保障費の負担の免除などが受けられるため、実際にかかる費用はかなり軽減される。とはいえ、実際の雇用費用の15％は自己負担となる。

【自宅保育】

　自宅保育の最も一般的な形態は、専業のベビーシッター（無認定の保育ママ）に自宅で子どもの面倒を見てもらう、というスタイルである。前述した家庭型個別保育の利点に加え、子どもの送り迎えがない、子どもの世話以外に家事も頼めるなど利便性も高いが、その代わり費用も高くつく。というのも、認定保育ママの雇用に比べて、社会保障費の負担の減免（最大50％）や「保育方法自由選択補足手当」が少なくなることや、ベビーシッターの交通費、雑費などもかかるため、保育コストが高くなるからである。そのため、1人のベビーシッターを複数の家族でシェアするという形態もみられる。その場合、託児場所として、自宅とシェア家族の家を交代で利用したりする。

　ベビーシッターへのアクセスは、民間の仲介業者から紹介してもらう、知り合いから紹介してもらう、三行広告を利用するなどの手段がある。民間の仲介業者から紹介してもらう場合、業者によっては雇用契約書の作成、給料の支払いなどの雑務を肩代わりしてくれるところもある。

　そのほかに、地方出身の学生や海外からの留学生を下宿子守りとして雇い、下宿代とベビーシッター料を相殺する「オペアー」制度などもあるが、専業のベビーシッターではないため、低年齢児の保育には向かない。

(ⅲ)　折衷型保育

　折衷型保育とは、家庭型個別保育と施設型集団保育の両方のメリットを融合させた保育サービスである。折衷型保育には、家庭保育所と2010年6月から新たに制度化された「保育ママの家」（MAM）がある。折衷型保育の利点は、主に時間の延長や病児の面倒など個別保育のもつ柔軟性と、子どもの社会性や知

的発育を促す集団保育，低額料金（家庭保育所の場合）など施設保育のもつメリットをともに享受できることにある。

【家庭保育所】

別名「家庭型保育サービス」とよばれるもので，施設型の保育所の充足率の低さを補うために考案された折衷型の保育方法である。家庭保育所は，その運営主体が自治体であるか，非営利団体であるかにかかわらず，各種の設置基準，受け入れ条件や利用までのアクセス，利用料，利用時間などは基本的に施設保育所と同じである。他の施設保育所との違いは，ここで子どもの世話をするのは保育士ではなく，認定保育ママであること，子どもは毎日，保育所で過ごすわけではないということである。

各保育ママは家庭保育所に登録し，そこから預かる子どもを紹介され，給料も家庭保育所から支給される。しかしながら，日常的に子どもの世話をする場は保育ママの居宅であり，家庭保育所ではない。ただし，子どもの社会性を養い知的発達を促すために，あるいは保育ママと保育士，幼児教育の教諭，医師が連携し，よりきめ細かな保育を実現するために，週1～2回，家庭保育所への通所が義務付けられている。

メリットとしては，まず，①親は保育ママの自宅に子どもを預けるため，利用時間をより柔軟に設定でき，②料金は大多数の家庭保育所が施設型保育と同等の低料金となっている，ということが挙げられる。さらに，③個人の認定保育ママに比べ，常時，専門家のサポートが得られるため，子どもをより安心して預けられること，④家族雇用ではないので，雇用主に義務付けられる煩雑な事務作業が必要ないこと，⑤重篤な場合を除き，病児でも預かってもらえること，⑥反対に保育ママが病気のときは，代わりの保育ママを手配してもらえることなどがある。

デメリットとしては，現在，家庭保育所の数が少なく，申請しても受け入れてもらえる可能性が低いことである。なお，2007年12月31日現在，家庭保育所および複合保育所で稼働する保育ママの数は，2万3194人で，保育可能児童数は，あわせて6万521人であった。

【保育ママの家】

　保育ママの家とは，最大4人までの認定保育ママが集まって，共同で託児を行う私設の託児所のことである。これは，自宅が託児を行う場として基準を満たしていないため，保育ママとして認定されない専業のベビーシッターに，保育ママとして稼働する機会を与えるとともに，乳幼児保育全体の受け入れ枠を拡大することをめざして創設された新しい形態の託児方法である。

　保育ママの家を開設できるのは認定保育ママに限られるため，認定を受けていない場合は，開所までに認定を受ける必要がある。また，保育ママの家を開設するにあたって，県議会に届出を行い，各認定保育ママは預かることのできる子どもの数，年齢について修正認定を受けなければならない。なお，認定保育ママが預かることができる子どもの数は，1人当たり4人までなので，ここでは最大16人の子どもを託児できる。

　各認定保育ママは従来どおり子どもの親による個別雇用となり，原則として，契約を交わした親の子どもの面倒だけを見る。とはいえ，子を預ける親は，ほかの保育ママが一時的に担当の保育ママの代わりをすることにあらかじめ同意しなければならない。その他，受給できる各種手当，所得税の控除，アクセスの方法や利用料金などは一般の認定保育ママに預ける場合と同じである。

　保育ママの家は導入されたばかりの制度であることから，その評価を行うには時期尚早であるが，すでに次のようなメリットとデメリットが想定されている。まずメリットとしては，①数人の認定保育ママが共同で子どもを預かるため，子どもに目が行き届き，家庭内事故が減少する，②利用時間をより柔軟に設定できるうえ，病児保育にも対応してもらえる，③子どもたちの社会性や知的発育が促されるなどの点が挙げられる。反対にデメリットとしては，①施設の維持費（賃貸料，光熱費等）により保育費が増大する，②法制度が完全に整っていないうえ，この形態の保育の有効性が実証されていない，③集団保育に関して，認定保育ママの経験不足によるトラブルの発生などが想定されている。

（2）3歳児〜6歳未満児の保育

　フランスでは，育児休業期間が終了する3歳児以上の保育は，保育学校への

就学と，有料の余暇保育（預かり保育）あるいは家庭型個別保育の併用が中心となる。というのも，保育学校は国民教育省が所管する幼児教育施設であり，住民登録している3歳以上の子どもの就学が無償で，100％保証されているため，3～5歳の就学率がほぼ100％となっているからである。ただし，保育学校は週4日，8時30分から16時30分までなので，それ以外の時間は有料の余暇保育やベビーシッターなど，他の保育サービスを利用することになる。以下に，保育学校および余暇保育について，その概要を紹介する。

(ⅰ) 保育学校

保育学校は，日本の幼稚園に相当するもので，義務教育就学前教育施設である。3歳児がほぼ100％就学する学校制度は，世界でもフランス以外にあまり例がない。集団保育施設の充足率の低いフランスでは，この保育学校が幼児保育の一端を担っている。公立と私立の保育学校があるが，70％が公立校で，いずれの場合も授業料は無料である。また，家族の要請があれば，障がい児の就学も3歳から認められている。施設に余裕があれば2歳児の就学も可能であるが，2歳児の場合，おしめがとれていること，通学ができるだけの心身の発達が認められることなどの条件がある。近年は，政府の保育サービスの拡充政策により保育枠が拡大されたため，2歳児の就学は減少傾向にある。なお，2009年度の2歳児の就学率は11.6％で，2002年度の32％，2008年度の18.1％から比べても大幅に減少している。

保育学校は初等教育体系に位置づけられ，小学校と同じ敷地内に併設されていることが多く，カリキュラムも国民教育省で定められている。2008年度からカリキュラムや授業時間数が変わり，年36週，週24時間となり，水曜日を除く月曜日から金曜日までの週完全4日制になった。さらに，週2時間の補習時間が設けられ，必要な生徒に対し指導を行うこともできるようになった。教師がカリキュラムに従って，数え歌，リズム遊び，粘土，お絵描き，物語の読み聞かせなど様々な活動を指導する。

保育学校教員の資格は，小学校教諭と同じである。クラスは「年少」「年中」「年長」と年齢によって分けられており，2009年度の1クラス当たりの平均生

図表3-3　ヴァル・ド・マルヌ県サン・モーリス市のある保育学校の1日（年少組）

7:30	開所	11:30	下校（お迎え）
	預かり保育（希望者）	11:40	預かり保育（希望者）
6:45	（自由遊び）		（給食）
8:20	登校		（自由遊び）
	自由遊び	13:20	登校
8:40	日常の事物の理解		自由遊び
	（日付，曜日，天気等）	13:30	昼寝
9:00	アトリエ（少人数のグループ活動）		
	（書き方，読み方，数，図画，工作等）	15:00	自由遊び
9:45	言葉の学習	15:45	言葉の学習
	（数え歌等）		（お話，絵本の読み聞かせ等）
9:55	おやつ後，自由遊び	16:30	下校（お迎え）
10:30	運動		預かり保育（希望者）
	（体操，ダンス，集団遊び等）		（おやつ後，自由遊び／集団遊び）
11:15	歌と音楽	18:30	閉所

（筆者作成）

徒数は，25.9人であった。担任制で，1クラスを1人の教師と1人の保育アシスタントが担当する。

　入学方法であるが，まず出生証明書，居住証明書，予防接種証明書を持って居住地の役所に出向き，入学証明書の交付を受ける。その後，役所から指定された学校に赴き，入学手続きを行う。入学手続きは，前年度の6月までに済ませなければならない。

(ii)　余暇保育

　余暇保育とは，日本の保育サービスにたとえると，宿泊を伴わない学童保育および預かり保育，あるいは宿泊を伴う臨海学校や林間学校などに相当し，保育学校以上の就学児童が対象となる。余暇保育は学期中のみならず，夏休みや冬休み，春休みなどの中・長期休暇中も運営されている。運営主体は主に県の認可を受けた非営利団体や民間団体で，運営者やスタッフには専門の資格が必要となる。なお，本章では，学期中の預かり保育，学童保育に限って言及する。

　学期中の余暇保育には，保育学校の生徒のための預かり保育，小学生のための学童保育がある。預かり保育の所管は母子保健センターで，保育者には施設

型保育の場合と同様，保育の資格が必要となる。一方，学童保育は県の青少年・スポーツ局の所管となる。保育時間は始業前，放課後，昼食時間および学校が休みとなる水曜日と土曜日である。施設は一般に保育学校，小学校が使われるが，地域の余暇センターやコミュニティセンターなども利用される。スタッフの配置については，原則として3～6歳未満の児童8人に対し1名，6歳以上の児童12人に対し1名のスタッフが必要となる。

　預かり保育や学童保育の利用時間や料金については，運営主体によって多少の差異があるが，一般的に，早朝の預かり保育は7時から始業まで，放課後は19時までである。料金は，早朝保育と放課後保育で金額が異なり，どちらか一方の利用も可能である。たとえば，朝は1～2ユーロ／日，放課後はおやつ代込みで2～5ユーロ／日である。基礎自治体が上限金額を設けたり，家庭の収入によって減額措置をとっており，多くの場合，1カ月の負担が20～30ユーロ程度で済むようになっている。また，家族手当金庫の補助を受けている場合，利用金額は同金庫が定める基準を考慮して設定されなければならない。

5　日本への示唆

（1）フランスの保育政策の特徴

　以上，フランスでは，多様な保育サービスが提供されている。これは，子育て家庭，とりわけ働く母親の利便性や要望を考慮してきた結果である。つまり，フランスの保育政策は，つねにサービス受給者のニーズに応える形で行われてきたといえる。その点については，2006年から2007年にかけて保育施設において5000人の受け入れ増が実現したが，その多くが長時間保育や変則的な時間の保育に対応する複合保育所での受け入れ枠であったことからもうかがえる。

　しかも保育サービスの具体的な提供は，基礎自治体，各県の家族手当金庫に委ねられているため，それぞれの地域の実情にあわせたサービスの展開ができるようになっている。たとえば，都市部ではミニ保育所の開設や既存施設の複合保育所への形態変更などを推進し，農村部では認定保育ママの育成に力を入

れている。

　したがって，フランスの保育政策の特徴を簡潔にまとめると，①政府と関係機関が連携し，子育て家庭のニーズに応えて柔軟に制度改革に取り組み，②地方が主体的に有効な保育サービスを提供する仕組みを構築しているという２点に集約されるだろう。

（２）フランスの保育保障の課題

　しかしながら，保育保障という観点からは，まだ解決すべき点が数多く存在する。というのも，フランスではたしかに多くの女性が出産後も仕事を継続しているとはいえ，育児休業明けに適当な預け先を見つけられず，一部の女性の職場復帰が困難になっている，という問題が報告されているからである。たとえば毎年，約38万人の女性が３歳未満の子どもの育児を理由に退職しているが，そのうちの半数は可能であれば仕事を継続することを望んでいる。

　フランスの大都市部では，市内に用地を見つけることが困難なため，保育所の増設が阻害されていること，認定保育ママにしても４人保育の基準を満たす住宅の確保が容易ではないことから，待機児童が生じているのである。したがって，保育サービスの量的な拡充と保育を支える人材の育成・確保が，相変わらず最重点課題の１つとなっている。

　とはいえ，保育の問題は政策面だけで解決できるものではない。近年，フランスでは企業の積極的な関与が今後より重要になっていくと考えられている。もちろんすでに多くの企業が，出産祝い，ヴァカンス・チケットの配布，クリスマス・パーティーの開催など，社員とその家族のための福利厚生に努力している。

　しかし残念ながら，その福利厚生に保育費用の補助を組み込む，企業内保育所を開設する，在宅勤務制度を導入するなど，仕事と家庭の両立に実効的な支援となると消極的な企業も多い。ミニ保育所の形態での企業内保育所の開設など，企業への働きかけが強まっていることからも，今後，保育政策の分野において政府や基礎自治体，家族手当金庫と企業との連携が重要になってくると思われる。

(3) 日本への示唆

　今後，日本でも女性が労働市場においてますます重要な役割を果たしていくと考えられる。しかし，女性の労働力を持続的かつ有効に活用するためには，妊娠・出産・育児による就労の長期間にわたる中断を招いてはいけない。とはいうものの，子どもの預け先が確保できないと，女性の職場復帰は不可能となる。だからこそ，子育ての社会化と保育サービスの整備・拡充は緊急の課題となっている。

　フランスでも保育所の充足率は低く，待機児童の数も決して少ないとはいえない。しかし，フランスは保育ママ制度という代替保育を確立することで，保育欠如の問題を解決してきた。とりわけ，施設型保育所が十分とはいえない都市部では，集団保育のメリットと個別保育のメリットを共に享受できる「家庭保育所」が発達しているが，これは日本にもいずれ導入できるシステムではないだろうか。

　もちろんそのためには，財源の確保も必要になるだろう。この点に関していえば，フランス並みの対ＧＤＰ比3.0％（2005年）とはいかないまでも，少子化対策の予算をせめて対ＧＤＰ比1.5％まで引き上げ，その分を保育政策に回すべきではないだろうか。家庭をもち子をもつ女性が，働きながら安心して子育てができる環境づくりこそが，未来を切り開く礎となる。今こそ，そのための先行投資が何よりも求められている。

　フランスの事例が必ずしも理想的であるとはいわないが，それでも保育サービスを多様化し，施設型保育所に入れない待機児童のために，安価な代替保育の確立を推し進めたフランスの保育政策のあり方は現実的であり，わが国にとっても学ぶべきことは決して少なくないと思う。

【注】

1)　本章のデータは，主としてフランス国立統計経済研究所（INSEE），フランス国立人口研究所（INED），フランス全国家族手当金庫（CNAF），調査・評価・研究・統計局（DREES），フランス国民教育省が公表している統計データに依拠している。なお2010年のデータは，2011年1月1日現在での速報値である。

【参考文献】

江口隆裕［2011］『「子ども手当」と少子化対策』法律文化社
岡澤憲芙・小渕優子編［2010］『少子化政策の新しい挑戦——各国の取組みを通して』中央法規出版
佐藤　清［2010］『フランス——経済・社会・文化』中央大学出版部
佐藤博樹編［2008］『ワーク・ライフ・バランス——仕事と子育ての両立支援』ぎょうせい
汐見稔幸編［2008］『子育て支援の潮流と課題』ぎょうせい
中島さおり［2008］『パリママの24時間——仕事・家族・自分』集英社
藤井穂高［1997］『フランス保育制度史研究——初等教育としての保育の論理構造』東信堂
丸山　茂［2005］『家族のメタファー——ジェンダー・少子化・社会』早稲田大学出版部
横田増生［2009］『フランスの子育てが日本よりも10倍楽な理由』洋泉社

コラム 1　スペイン
▶相互扶助システムの弱体化と伝統的家長制度のなかで

齊藤明美

スペインは，世界有数の少子高齢社会（合計特殊出生率：1.38%，平均寿命：男性78.7歳，女性84.7歳〔2010年スペイン統計局〕）という点で日本と同じ問題を抱えているといえよう。スペインの保育，幼児教育サービスをめぐる背景として，第１に伝統的家長制度やカトリック主義，「男は仕事」「女は家庭」という性役割分担意識の根強い影響が挙げられる。2004年の統計局アンケートによると，女性は１日当たり平均4.45時間「家事と家族」に費やしているが，男性はその半分以下で，育児や介護などの主な担い手は未だ女性であることがうかがえる。

1975年のフランコ独裁政権終焉やその後の民主化のなかで，女性の教育や就労意識も大きく変化し，社会における女性参画が飛躍的に増大したが，依然として女性就業者割合の低さ（42.9%，2008年）や高い非正規雇用率（80%，同年）は改善されず，スペイン女性の仕事と家庭の両立の困難さを表している。

また他の南欧諸国同様，公的な保育育児支援は不足気味で，それを家族（姑や実母，姉妹）や近隣住民等のインフォーマルな集団が肩代わりしてきたことも大きな特徴である。しかし核家族化や少子化等の影響で，従来の相互扶助システムは脆弱化しつつあり，法や公的サービスによる両立支援の充実が近年求められている。

現在，産休は最大16週間申請でき（産後6週間は義務，残りの10週は前後に取得可能。社会保険による給料全額保証），父親休暇15日，また育児休暇（無給）は最大３年間申請できるが最初の１年間のみ元のポストが保障される。また子どもが８歳になるまで５割までの時間短縮労働の申請が可能（給料はその分減額）となり，職場の両立支援は少しずつ改善しつつある。

このようななか，両立支援における保育・幼児教育サービスの果たす役割は年々重要になっている。スペインの義務教育対象年齢は６〜16歳（初等教育１年から中等教育４年）であり，就学前教育として０〜２歳までの保育園（第１段階）と３〜５歳児対象の幼児学校（第２段階）が位置づけられている。これらは義務教育ではないが，０〜２歳児は20%ほど，３歳以上はほぼ100%と非常に高い就学率を示している。経営形態は公立，半公立，私立の３種類であり，多くの公立幼児学校は小学校の敷地内に併設されている。教員資格は，保育園では保育士資格が，３歳以上の幼児学校では文部省や各自治州に認可された大学の教員養成講座卒業資格が必須となっている。

またスペインには17の自治州があり，教育，社会保障の分野で幅広い自治権が付与されている。各自治州の教育局が主管となり独自のカレンダーや入学定員数，補助金等の教育政策を実施し，その内容も居住地によって大きく異なるのが特徴である。

保育サービスをめぐる問題点として，教

育費の高さと待機児童問題が挙げられる。たとえば2007年度実施の国立統計局のアンケート調査によると，0～2歳児の保育費が1人当たり年間1581ユーロと2位の大学生（1255ユーロ）を大きく上回っており，経済的に大きな負担となっている（公立，半公立，私立の順で）。学費の内訳は授業料（公立では無料），教科書代，給食費，通学バス代，課外授業，諸経費などであり，家計の負担を緩和させるために，自治州単位で様々な就学援助制度が設置されている。たとえば，2011年の時点でマドリッドでは，私立認可保育園（0～2歳児）に通う乳児向けに，年間1100～1760ユーロの就学援助金が給付されている。さらに幼児学校と小学校，中学校の児童対象に年間275～525ユーロの給食補助金が，また教科書・教材費援助金として小学生に年間90ユーロ，中学生110ユーロが援助されている。また，通学バスが通っていない地域や学区外の幼児学校以上の義務教育期間の児童に対しても，270ユーロ（5キロ以内の場合）が交通費として支給されている。しかしこれらの援助も，希望者全員に支給されるものではなく，親の賃金や収入，家庭環境等をポイント化し上位の者から優先的に付与されている。

　授業料の安さから公立を望む者が多いが，公立における外国人移民児童の増加への危惧やバイリンガル教育の人気で，近年私立の人気も高くなっている。各校で入学定員があり，入学希望者の親の賃金，家族構成，障がいの有無などが審査，ポイント化され，低賃金，共働き，兄弟も通学，学校近隣に住む者に優先権が与えられている。一方，希望校に入学させるため，虚偽の所得証明や住民票を提出するなど悪質なケースが増えており社会問題化している。

　0～2歳児を中心にスペインの保育をめぐる公的サービスはまだまだ改善の余地があるが，従来のインフォーマルな相互援助の習慣が辛うじてその不備を補完しているといえよう。実際，仕事をもつ育児中の女性の多くは，低コストで外国人女性移民のベビーシッターを週に幾度か雇ったり，母親や姉妹に子どもの送り迎えなどを頼んだりしながら仕事と家庭の両立を図るために日々努力している。

　また街中では，バスの乗り降りや階段の上り下りで困っているベビーカーに幾人もの人が一斉に手を貸したり，さりげなく育児に関するアドバイスをしている光景をよく見かける。もちろん高齢者や障がい者などの社会的弱者に対しても同様に援助の手を差し伸べている。

　このような家族や近隣住民を中心としたインフォーマルなセーフティーネットはスペイン社会の強みといえるが，ここでも担い手の中心は祖母，母，姉妹などであり，いつかはその限界が来るのではと危惧されており，公的援助のいっそうの充実が求められている。

4章

イギリス
▶普遍的かつ的をしぼって

伊藤淑子

1 イギリスの保育・幼児教育の社会的な位置づけ

　本章ではイギリスの保育サービスを取り上げる[1]。本書に述べられる他の国々と比較すると，イギリスの保育環境の整備は，大きく遅れていることは否定できない。

　遅れの最大の原因は，1979年から97年までの保守党政権が整備に非常に消極的であった点にある。とくに，79年から90年まで首相であった M. サッチャーは，伝統的な家族主義を重視しており，同じ時期に他のヨーロッパ諸国でなされていた女性の雇用や保育の環境整備に，ほとんど関心を示さなかった。

　1997年に政権を引き継いだ労働党は，20年間近く手をつけられなかったサービスの充実に緊急に取り組む必要性にせまられた。その後の労働党政権下では，子どもの教育と福祉に関する予算の大幅な拡大がみられたものの，20年間の遅れを取り戻すには至っていない。図表4-1は，欧米諸国と日本の保育・幼児教育に関する支出の対国民純所得比を比較したものである。政権交代後8年が経過しているにもかかわらず，イギリスの支出は他のヨーロッパ諸国と比較して目立って小さい。とくに，保育にかかわる支出の少なさが特徴的である。

　政権担当時の労働党が負ったもう1つの政策課題が，子どもの社会的排除への取り組みであった。1979年に12.6％であったイギリスの子どもの貧困率は，1995年には32.9％に達していた［Gregg, P. et al. 1999：167］。社会的排除とは，経

図表4-1　保育・幼児教育支出の対国民純所得比

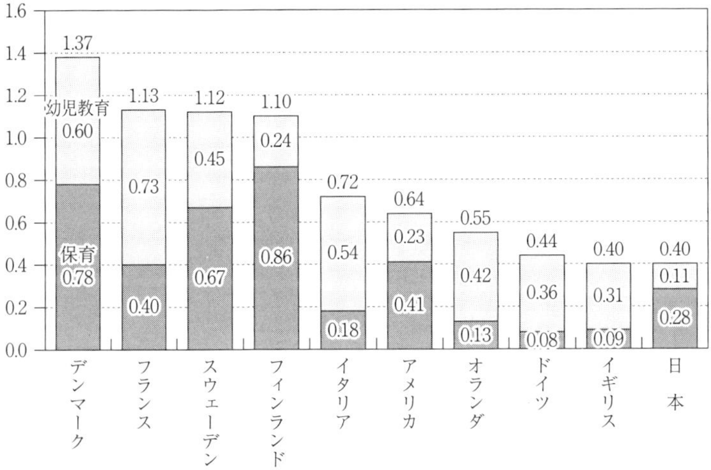

国	保育	幼児教育	合計
デンマーク	0.78	0.60	1.37
フランス	0.40	0.73	1.13
スウェーデン	0.67	0.45	1.12
フィンランド	0.86	0.24	1.10
イタリア	0.18	0.54	0.72
アメリカ	0.41	0.23	0.64
オランダ	0.13	0.42	0.55
ドイツ	0.08	0.36	0.44
イギリス	0.09	0.31	0.40
日本	0.28	0.11	0.40

出所：Society at a Glance 2009（2005年データを使用）

済的な貧困に加えて，失業，差別，低い技能，貧弱な住宅，不健康，家族崩壊といった一連の問題を意味している。拡大した貧困のなかで，子どもたちが排除の状態におかれたまま成長する状況を転換することが，労働党の重要な課題だったのである。

厳しい財政状況のなかで，幾多の課題に取り組まなければならないという条件が，イギリスの保育政策に特徴を与えることになった。その特徴は「普遍的かつ的をしぼる（Universal and targeted）」と表現される。具体的には，すべての子どもが利用できるようにサービス提供体制は整備するが，それに伴う費用の免除あるいは軽減などの優遇措置は，社会的排除の状態におかれている子どもと家族に優先的に向けることを意味している。

他方で，社会的排除の状態にある子どもに対しては，保育料の免除に加えてさらにきめ細かい家族支援も提供された。一連の施策はシュアスタート（確かなスタート）と名づけられた。

イギリスのシュアスタートは潤沢な財源を背景としたものではなく，限られた財源を必要な集団に向けようとする，いわば苦肉の策と理解される。イギリ

スのこうした状況は，むしろ日本の読者の関心をそそるといえよう。図表4-1をみると，その配分は異なるものの，日本の財源の規模も，イギリス同様に限定的であることがわかる。また，子どもの貧困，格差の深刻さは，イギリス同様日本にも存在することが近年指摘されている。サービスが決して充実していないイギリスであるからこそ，そこでなされている試行から日本が受ける示唆も少なくないのではないか。

このような問題意識を前提として，本章では第2節から第6節において，イギリスのサービスを概観する。さらに第7節ではシュアスタートと政策について，第8節では政策からくみとる日本への示唆についてふれていきたい。

なお以降では，イギリスのサービスの実態に即して，保育という用語に限定せず，保育・幼児教育という表現を用いていく。

2　保育・幼児教育の概要

現在のイギリスのサービスを具体的にみていこう。主要な5種類のサービスの対象年齢，運営主体，サービス内容を整理すると，図表4-2のようになる。

(1) 日本のサービスとの類似点と相違点

図表4-2に示されたこれらサービスには，日本でもごく一般的に見受けられるものと，日本であまりみられないものがある。

(i) 日本と類似しているサービス

チャイルドマインダー（I）は，日本の家庭的保育（保育ママ）事業と類似している。しかし，家庭的保育が保育所保育の補完的な存在である日本とは異なり，イギリスでは家庭的保育が長く保育サービスの中心に位置してきた点が，多少異なっている。子どもが家庭に似た環境で養育されること，保育時間の設定などもフレキシブルにできることなどから，チャイルドマインダーへの信頼は現在でも厚く，とくに乳児期の利用希望は多い。

日本のサービスとさらに類似しているのが，日本の保育所にあたるデイナー

サリー（Ⅱ）と，幼稚園にあたるナーサリースクール（Ⅴ）であろう。デイナーサリーは働く親への支援という福祉施策，ナーサリースクールは幼児教育という教育施策として異なる領域内で発展してきた経緯も，日本と共通している。

(ⅱ) 日本のサービスとの相違点

イギリスで発展しているが，日本には同様のものが見受けられない存在の1つがⅢの就学前プレイグループである。これは親のグループが自主的に運営する方式で，運営方法やプログラムも自由に決められている。親がボランタリーに運営するために，費用も実費程度にとどめられている。就学前プレイグループはチャイルドマインダーと同様に，長くイギリスで重要な位置にあった。近年では女性の就労が進んだために閉鎖するグループもあるようであるが，依然として主要なサービスの1つに位置している。イギリスのコミュニティに根づいてきたボランタリズムの伝統は，確実に残っているといえよう。

もう1つ現在の日本には見受けられないのが，Ⅳの小学校に併設されているナーサリー・レセプションクラスの存在である。これは単に，小学校の敷地に幼稚園が建てられているということを意味しない。ここで実際に起きているのは，小学校の入学年齢の引き下げである。従来，イギリスの小学校の入学年齢は5歳であったが，1999年には4歳に，2004年には3歳に引き下げられた。この年齢の子どもたちにとって，1日2.5時間，週5日の無料教育は法的な権利となったのである。[2]

このようにイギリスのサービスは，個別処遇の色彩が強いチャイルドマインダー，コミュニティ内の相互扶助として存在している就学前プレイグループといった伝統的な方式に加えて，日本の保育所にあたるデイナーサリー，幼稚園にあたるナーサリースクールという集団処遇の方式をおりまぜながら，多様性を維持しつつ展開されている。そこに新たに，小学校にナーサリー・レセプションクラスが併設された。その意味は前述したように，就学年齢の引き下げである。

(2) 保育か早期教育か

　就学年齢の引き下げは，子どもたちに対して早くから学習の機会を与えることを意味している。早期教育は，イギリスのみならずEU諸国全体の関心事であり，その理由はEUが主張している知識基盤経済（Knowledge-based economy）と深くかかわっている。すべての人びとが知的能力や社会的スキルを十分に身につけ発揮することを，健全な経済社会の前提とするならば，幼児期の重要性はいくら強調してもしすぎることはない。この重要な時期の成長を親に全面的に委ねてしまうと，家庭の状況が子どもの学習達成度にそのまま影響してしまうからである。当然ながら，経済的にゆとりがあり，親自身も高い教育を受けている家庭では，子どもは早くから自然な学習機会をもつ可能性が高い。逆の条件にある家庭の子どもは，十分に恵まれない可能性がある。

　早期教育は一義的に，すべての幼児に学習機会を提供する「未来への投資」であるとともに，条件に恵まれない子どもたちと恵まれている子どもたちのギャップを埋める「社会的包摂」の役割も果たすのである。むろん子どもたちの親の職業継続を可能にし，とりわけ「女性労働力の活用」を促進するという本来的な意義が基本にあることは，いうまでもない。

　こうした考えのもと，北欧諸国やフランスでは，すでに無料の全日制早期教育制度を発展させてきた。北欧やフランスと比較すると，ここでもイギリスの取り組みが遅れている点は否定できない。イギリスでは就学年齢をようやく3歳に引き下げはしたものの，そこで提供できているのは週12.5時間という限られた時間でしかない。

　イギリスの早期教育を考える際に，留意すべき点が3点あろう。1点めは，小学校併設の幼児教育クラスのみではなく，**図表4-2**に掲げたすべての形態のサービスにも，早期「教育」という要素を取り入れることが求められるという点である。それを可能にするために，サービスの登録と監査・指導を教育基準局（The Office for Standards in Education, Children's Services and Skills, 以下Ofsted）に集約するという方法がとられた。具体的には次節でふれていく。

　2点めは，「教育」という言葉には，狭い意味の「読み書き算数」などの学習能力にとどまらず，さらに広いコミュニケーション能力や人間関係の形成能

図表4-2　イギリスの保育・幼児教育サービスの種類と内容

	サービス種類	対象年齢	運営主体	サービス内容
I	チャイルドマインダー	0〜8歳	個　人	自宅で複数の子どもを預かり、家族的な環境で養育する。預かる子ども数は、自分の子も含めて5歳以下は3人、それ以上は6人まで。保育時間も比較的自由に設定できる。
II	デイナーサリー	3カ月〜5歳	営利（企業）営利（個人）非営利団体自治体など	日本の保育所にあたる。1日最高10時間まで預かる。
III	就学前プレイグループ	2.5〜5歳	親の集まりボランティアなど	教会やコミュニティセンターなどを用いて、1回4時間未満、週5日まで遊びや教育の機会を提供する。最低1名の資格保持者が必要。
IV	ナーサリークラスレセプションクラス	3〜4歳4〜5歳	公立小学校私立小学校	小学校に併設された幼児教育クラス。3歳児は遊び中心、4歳児はクラスに分かれて学習する。原則として1日2.5時間のセッションだが、2セッションあるいは延長利用ができるクラスもある。小学校と同じ長期の休みがある。
V	ナーサリースクール	2〜5歳	私　立	学校併設でなく単独に開設しているもので、日本の幼稚園にあたる。学校併設のクラスと同じく、原則として1日2.5時間のセッションだが、2セッションあるいは延長利用ができるクラスもある。小学校と同じ長期の休みがある。

（筆者作成）

力、社会的スキルの形成などが含まれており、むしろそちらのほうが重視されている点である。しかしその一方で、「読み書き算数」も、達成目標のなかに明記されている。この点は、小学校入学前の「読み書き算数」を家庭に全面的に委ねている日本の保育・幼児教育施設とは、対照的である。

　3点めに、「読み書き算数」を教える場合も、その他の能力形成を図る場合も、画一的な集団教育といった方法はとられないという点である。イギリスの保育・幼児教育施設は、広いスペースの中に様々なコーナーが設けられ、子どもたちは自分の興味に応じて、自由に活動を選択していく。就学年齢の引き下げや、一見詰め込みにもみえるゴール設定は、あくまでも子どもの自主性を尊重したうえで行われている点を、理解しておく必要があろう。

3　保育施設の量的側面

(1) サービスの利用状況

　以上を念頭においたうえで，各サービスの利用状況の近年の変化をみてみよう。図表4-3は，1997年の政権交代後のイギリスの保育サービスの提供者数と定員数の推移をみたものである。チャイルドマインダーは，2003年までに提供者数，定員数共に減少しているが，2007年にはわずかであるが増加をみている。保育所にあたるデイナーサリーの提供者数，定員数は，1997年の約6100カ所，19万3800人から，2007年には約1万3814カ所，59万8700人へと激増している。一方，ナーサリースクール，ナーサリー・レセプションクラスの提供者数，施設数はほとんど半減している。これらのサービスの子どもの受け入れ時間は原則として半日（2.5時間）であり，学校と同じく長期の休みがあるために，フルタイムの仕事をもつ親のニーズにはほとんど対応していないことが，その理由と考えられる。半日のスクール，クラスの利用者減少と，デイナーサリーの利用者の急増は，多くの親がフルタイムでの就業継続を望んでいるという事実の反映とみてよいだろう。

　デイナーサリーの需要増に対応して提供者数，定員数を短期間で増加させるために，サービス提供は主に営利民間部門に委ねられた。2004年時点のデイナーサリーの設置主体は，営利民間部門が85.9％（うち41.7％は企業，44.3％は

▲左右：ロンドンのナーサリー（Montpelier Nursery）。2011年6月17日．須貝優子氏撮影。

図表 4-3　保育サービスの提供者数と定員数の推移

		1992年	1997年	2003年	2007年
チャイルドマインダー	提供者数	109,200	98,500	68,200	69,925
	定　員	254,300	365,200	300,900	317,700
デイナーサリー（全日）	提供者数	4,100	6,100	9,600	13,814
	定　員	116,800	193,800	381,600	598,700
ナーサリー（半日）	提供者数	17,500	15,800	11,600	8,998
	定　員	414,500	383,700	280,800	221,600

出所：岩間［2006：14］，伊藤［2009：129］を基に作成

図表 4-4　保育サービス料の年齢・地域別比較（2005年，2009年）

（単位：£）

	デイナーサリー				チャイルドマインダー			
	2歳未満		2歳以上		2歳未満		2歳以上	
	2005	2009	2005	2009	2005	2009	2005	2009
ロンドン市内	197	226	175	200	142	196	146	180
イギリス平均（ロンドンを除く）	138	167	129	156	126	156	125	152

注：保育サービス料は週当たり。
出所：伊藤［2006：186］，Daycare Trust［2009：2］を基に作成

個人・パートナーシップ），非営利民間部門が8.7％，自治体5.3％となっていた［伊藤 2006：184］。いずれの場合も，サービスは提供者と利用者の契約により開始され，利用者は定められた費用を支払う。

（2）サービスの費用

　営利民間部門に委ねられたイギリスの保育料は，日本と比較すると驚くほど高額になっている。図表4-4は，2005年と2009年の保育料を年齢・地域別に比較したものである。とくに高額なのが，ロンドン市内のデイナーサリーにおける1歳児保育の費用であり，2005年には週当たり197ポンド（約3万9400円）[3]となっている。2005年から2009年にかけての上昇率も大きい。

　保育料は原則として親の負担に委ねられる。ただし，子どもをもちながら一定以下の所得で働く親に対しては，勤労税額控除（Working Tax Credit）にさら

に保育加算がなされるために、実際の負担は軽減される。しかし、軽減率は最大80％であり、多くの低所得家庭にとって、20％の保育料の支払いは大きな負担となっている。それ以上の軽減あるいは免除を受けられるのは、第7節で述べる「ニードをもつ子ども」だけである。

4　保育・幼児教育の質的側面

このように、イギリスの3歳、4歳児が受けるサービスは、日本と比較すると多様である。しかし、もう1点日本と異なっているのは前述したように、いずれのサービス提供者も、Ofsted に登録し、評価と指導の対象となっているという点である。イギリスでは後に述べる子どもセンターなどを除いて、日本のような「幼保一元化」は検討されていないが、サービスを管轄する行政組織が統一されたという点で、イギリス独自の一元化がなされたという理解も可能であろう。

(1) 基準の設定

イギリスの保育・幼児教育施設の基準は、2000年に制定されたケア基準法により定められている。ケア基準法は子どものみではなく、高齢者や障がい者が利用する施設についても、詳しい基準を設定した。

保育・幼児教育施設の基準は、「8歳未満児の保育、チャイルドマインディングのための全国基準 (National Standards for under 8s Day Care and Childminding)」と称されている。基準の内容は、①職員、②組織、③ケア、学習と遊び、④物理的環境、⑤設備、⑥安全性、⑦健康管理、⑧飲食物、⑨差別の禁止、⑩とくに配慮を要する子ども、⑪子どもの行動への対応、⑫親と職員の協働、⑬子ども虐待への配慮、⑭記録の14領域に分けられて、さらに詳細な内容が記述されている [DfES & DfWP 2003]。

(2) 監査と情報公開

14項目のすべてにかかわるサービスの質を監査し、指導を行っているのが

Ofstedである。イギリスでは，子どもを1日2時間以上預かる個人あるいは組織には，Ofstedへの登録が義務付けられる。

　最初の監査は，登録の申請時に行われる。審査は，「施設がこの時期の子どものニーズに適合しているか」「効率的なリーダーシップとマネジメントが実施されているか」「サービスの質」「教育効果」の4領域に分けて行われる。監査の結果は，「大変良い」「良い」「満足するべき」「不十分カテゴリー1」「不十分カテゴリー2」の5段階に分けて評価される。

　監査の結果，「大変良い」「良い」「満足するべき」の評価を受けた施設は，3年後に再監査を受けることになる。「不十分カテゴリー1」と評価された施設は，文書で改善事項を送られ，その結果について適当な時期に再監査を受ける。「不十分カテゴリー2」の評価を受けた場合には，緊急の改善が勧告され，結果によっては，登録が抹消されるという結果になる［Ofsted 2009a：18-19］。

　各施設の監査結果は，Ofstedのホームページに公開される。また各自治体は自治体管内にある保育・幼児教育施設の全体のなかで，どれだけの割合の施設がどのような評価を受けたか，公表する義務も負っている。

（3）早期学習の到達目標

　監査の4領域に含まれている「教育効果」は，「早期教育基礎段階基準（Early Years Foundation Stage）」にてらして評価される。早期教育を修了する5歳の時点で子どもたちが到達するべき目標を設定しているのが，「早期教育ゴール（Early Learning Goals）[4]」であり，図表4-2に示したすべてのサービス提供者は，目標を満たす努力が求められる。

　ゴールは「人格的・社会的・情緒的発達」「コミュニケーション・言語・リテラシー」「問題解決・推論・算数」「世の中についての知識と理解」「身体発達」「創造性に富んだ発達」の6つの項目から構成されている。それらのもとに，さらに多数の小項目がおかれている。

　前述したように，「読み書き算数」の能力もここに含まれているが，具体的に示されているのは，「自分の名前やラベル，タイトルなどが書ける，簡単な文章（時にカンマやピリオドが入る程度の）を書き始める」「周囲のものを確実に

10まで数えられる」といった,意外なほどささやかな内容である。ただしこれは,このゴールに達しない子どもが1人もいないようにするという基準であり,平均的能力ではない点に注意する必要はあろう。

「ゴール」にある他の項目をみると,自己理解,自己主張,質問,交渉,問題解決などの能力が重視されていることがわかる。楽しむこと,関心をもち続けることなども,不可欠な要素である。また,異なる文化や民族の人びとが暮らすイギリス社会を反映して,自身と他者の文化や信条を理解することなども「ゴール」に含まれている。職員は,1人ひとりの子どもについて個別に観察し,バランスがとれた発達ができるように子どもを誘導する。結果については個別の記録を残すことが求められている。

Ofstedの監査は,単に施設の物理的環境や職員配置などの外的条件の整備にとどまらず,こうした学習機会が個々の子どもに対して適切に提供されているかどうかにも注目しながら行われている。

5　保育者とその育成

14領域の基準のなかでも,サービスの質を決定する重要な要素は,サービスに従事するマンパワーの人数と質であるといえよう。全国基準のなかでは,①の職員の項に職員の資格が,②の組織の項に配置基準が明記されている。それらを整理したのが図表4-5である。

保育・幼児教育にかかわる職員の資格は「子どものケア・学習・発達資格(Children's Care, Learning and Development, 以下CCLD)」とよばれており,職能団体である子どもケア・教育資格委員会(Council for Awards in Children's Care and Education)によって付与されている。一部の資格は,イギリスの他の職業資格と共通してもうけている全国職業資格(National Vocational Qualification, 以下NVQ)中に位置づけられている。

NVQ資格は,1886年にイギリスで,細分化した多くの資格を共通の枠組みのもとに整理する目的でつくられた。[5)]資格はレベル1から5に分けられ,レベル4が4年制大学卒業程度とされている。ほとんどの既成の資格は,必要と

図表4-5　職員の配置と資格の全国基準

	グループ最高定員	職員の資格	職員1人当たりの子ども数
デイナーサリー（0～2歳）	12人	半数以上がこの業務についてのトレーニングを受けていること	2歳未満：3人 2歳児：4人
デイナーサリー（3～5歳）	26人	管理職：NVQレベル3を保持 他スタッフ：半数以上がNVQレベル2を保持	8人
ナーサリークラス レセプションクラス ナーサリースクール （3～5歳）	26人	教師：教師資格を保持 補助教師：NVQレベル3を保持	教師2名：児童20人 （職員が教師でない場合はデイナーサリーに準じる）

（筆者作成）

図表4-6　CCLD資格とNVQ資格の対応表

	CCLD資格と従事可能な業務	NVQ資格のめやす
レベル1		ルーティーンな形態で，何が起きるか予測可能な職務における遂行能力。
レベル2	・デイナーサリー，ナーサリースクールなどの補助的職員 ・チャイルドマインダー	ルーティーンな形態でなく複雑な職務の遂行能力。ある程度の責任と自律性がある。
レベル3	・デイナーサリー，ナーサリースクールなどの中心的職員 ・チャイルドマインダー	さらに広範囲の熟練した遂行能力。職務は複雑なものが大部分である。自律性と責任が高まり，職種によっては監督，管理，ガイダンスの能力も必要となる。
レベル4	・チャイルドマインダーネットワークコーディネーター ・施設マネージャー	複雑で，技術的，専門化した職務もしくは知的専門職の遂行能力。設計・計画および問題解決に責任をもつ。しばしば部下の仕事および資源の配分・配置の責任が必要となる。
レベル5		根本原理および複雑な技術の応用に際して，きわめて重要部分にかかわる遂行能力。分析・診断，計画・立案，実行・評価を行うに際してさらに強い自律性を求められる。

（筆者作成）

される実務能力に応じて，このNVQに位置づけられた。CCLD資格とNVQ資格の対応は図表4-6のようになる。

　CCLD資格は，レベル2から4まで整備され，レベルはそのままNVQのレベルに対応している。レベル2から4に至るまで，CCLD資格は，教室での講義を受けることなく，すべて現任訓練で取得可能である。

　しかし，この様な職能団体の位置づけと現状の間には若干のずれがある。サービス基準を実際に定めている「全国基準」（→86頁参照）は，デイナーサリーの管理職と，ナーサリースクールの補助教師にはNVQレベル3の保持，デイナーサリー（3～5歳）の職員の半数にはレベル2の保持を求めている。現在のところ，「全国基準」では，レベル4の資格保持は求められていない（→図表4-5参照）。

　管理職に求められる資格が，レベル1から5の中間にあるレベル3におかれているという状況は，イギリスにおける保育・幼児教育の職員が，必ずしも高い専門的知識や技術を求められてはいないことを意味している。とくに，レベル2の資格保持者が「半数以上」であればよいという点は，日本の保育所と比較しても，不十分であると考えざるをえないだろう。

　全国基準などによる詳細なガイドラインの設定は，ある意味で，こうした職員の熟練度の低さを補完するためになされているという面は否定できない。岩間は，イギリスの早期教育の詳細なガイドライン化に対して，「乳幼児教育の工業化モデル」であり，「他のヨーロッパ諸国では，規則が少なく高度の資格を持つスタッフがより専門的な判断を行っている」との批判が存在することを報告している［岩間 2006：31］。しかしイギリスでは当面この傾向に大きな変化は期待できそうもない。

6　関連する雇用政策

（1）出産・育児休暇

　労働党政権が，保育・幼児教育の充実とともに取り組んだのは，ワーク・ライフ・バランスを支援するための雇用政策の整備である。1999年に出産および

育児休業規則（Maternity and Parental Leave Regulations）が制定された。

さらに，2002年雇用法（Employment Act）により，出産休暇の拡充，有給の父親休暇，両親を対象とした育児休暇の導入がなされた。この時点で，出産休暇は有給26週間，無給26週間と，あわせて1年の休暇取得が可能となった。2007年から有給期間は39週間にまで延長されている。

（2）柔軟な働き方

2002年雇用法で定められたいま1つの制度が，6歳以下の子どもをもつ親に対して，柔軟な働き方を申請する権利を認めたことである。柔軟な働き方には，フレックスタイム，在宅勤務，ジョブ・シェアリング，時差出勤・終業など，様々な形態が含まれる。

親は希望する柔軟な働き方，開始予定日などを明らかにした文書を雇用者に提出する。雇用主は提出後28日以内に話し合いをもたなければならない。雇用主は申請を断ることはできるが，その旨を文書で通知する義務がある。

7　シュアスタート政策と社会的包摂

（1）政権交代，社会的排除対策室の設置，シュアスタート

ここまでみてきたように，1997年以降の労働党政権は多くの限界を抱えながらも，保育・幼児教育のサービス提供体制の確立，サービスの質を維持するための諸政策の展開，ワーク・ライフ・バランスの保障などの諸課題に，矢継ぎ早に対応してきた。それらと並行してなされたのが，冒頭に述べた社会的排除の状態にある子どもたちの支援，つまり社会的包摂に向けての努力であり，それを具体化したのがシュアスタート政策であった。

1998年には，シュアスタートの担当ユニットが設置された。シュアスタートは，14歳（障がい児は16歳）までの子どもを対象とした子どもケアにかかわるサービスであるが，重点は親の負担が大きい乳幼児期におかれている。1999年には，アーリーエクセレンスセンターが設置され，実験的なサービスが始まっている。さらに，実験的なサービスの効果測定から出された結論を受けて，第

2期労働党政権下で、子どもセンター（Children's centre）が本格的な実施に移された。

（2）ニードをもつ子ども（Children in need）

　政権交代の翌年にシュアスタートが開始され、さらにその翌年に実験的なセンターが設置されたのは、非常に早い展開であるといえる。それを可能とした理由として、保守党政権下ですでに、熱意のある研究者や行政官らにより、法律上の整備が進んでいた点が指摘される。なかでも重要なのが、1989年児童法であった。1989年児童法の意義の1つとして、「ニードをもつ子ども」という概念のもとに援助を必要とする子どもを包括的に特定したうえで、援助を自治体に義務付けた点にある。

　ニードをもつ子どもとは、すなわち社会的排除の状態におかれている子どもたちを意味している。具体的には1989年児童法の第17条において、(a)地方自治体によるサービスの提供がなければ、適切な水準（a reasonable standard）の健康あるいは発達に達する見込みがない、あるいはそれが維持できない、あるいはその機会をもつことができない子ども、(b)地方自治体によるサービスの提供がなければ、健康あるいは発達に重大な障がいがある、ないしは、そのことが繰り返されるおそれがある子ども、(c)障がい児、と定義されている。(a)は、家族支援の対象となる子ども、(b)は、虐待が疑われる子どもを意味している。さらに障がいをもつ子どもとあわせ、子どもたちと家族の支援を自治体に義務付けた。

　法が成立した時点では、概念が整理されたのみで、実際の政策は大きく変化していない。しかしその後の労働党政権の発足に際して、整理がなされていたことが、新しい政策の開始を容易にした。

　また、すでに1980年代にヨーロッパで「社会的排除」が注目されるようになり、幾多の実証研究がなされていたことも政策に理論的な根拠を与えている。とくに、成長期の子どもが社会的排除の状態にあることは、社会の未来にかかわる問題であること、そうした子どもを支援するには、家族全体の支援が必要であることなどが、すでに共通の理解となっていたのである。

(3) シュアスタートと子どもセンター

　シュアスタートの中心的なプログラムとなったのは，子どもセンターの設置である。子どもセンターは，2002年から2006年までは，最も必要性が高い地域で，65万人の学齢期前の子どもたちを対象として開設された。その後は徐々に範囲を拡大し，すべての地域に約3500カ所のセンターが設置されるという計画がなされた。2010年のイングランドの人口は5000万人であるので，人口約1万5000人に対して1カ所，設置されることになる。

　子どもセンターとは，保育・幼児教育サービスと家族支援を並行して行う多目的センターであり，そのサービス内容は以下のように説明されている[6]。

① 早期教育と保育の統合：すべてのセンターにおいて，有資格教師により少なくとも半日の早期教育が提供されている（センター開設後18カ月後までには全日制となる）
② 親のサポート：子育てに関する助言，地域内のチャイルドケアについての情報提供，家族に対する専門家サービスへのアクセスなど
③ 親と子どもに対する健康上のサポート：健康診断から母乳育児のための保健指導など
④ 親の就労支援：地域のジョブセンターとの協力など

　実際のサービス内容は，センターごとに異なり，きわめて多様である。図表4-7は，シェフィールドの貧困地域にある子どもセンターのサービス一覧である。このサービス内容は，イギリスの子どもセンターのなかでも最も充実している部類に属するだろう。サービス内容に示されているように，このセンターでは，親が直面する可能性が高いすべての生活問題に，きめ細かく対応している。こうしたサービスは，センターのスタッフだけが行っているのではなく，必要に応じて同じ地域にある他の機関や職員とも協力する。

　子どもセンターの利用は，ニードをもつ子どもに限られるわけではない。また，センターの保育あるいは幼児教育部門を利用した場合の利用料は，通常のデイナーサリーやナーサリースクールと変わらない。ニードをもつ子どもについては，状況に応じて保育料の負担が免除されるというだけである。言い換えればニードをもつ子どもは，子どもセンターを無料で利用する権利をもってい

figure 4-7　シェフィールド子どもセンターの子ども・家族支援サービス

保育関係	保育（102定員），学童保育（早期・放課後・休暇中），チャイルドマインダー計画，託児
医療関係	地域小児科医療相談，物理療法・整骨・足治療・健康促進・子どもフィットネス，栄養・食生活・外科，フィットネス一般。メンタルヘルス（カウンセリング，芸術療法，遊戯療法，箱庭療法），文化的アイデンティティ支援（グループ・個人），メンタルヘルス支援グループ，医療訪問支援，運動による健康促進，苦痛軽減・ターミナルケア，薬物中毒患者の家族支援，その他（女性の健康，HIV支援，男性の健康）
子どもと家族関係	親業，家庭訪問，研修，ワークショップ，多文化教材（本，おもちゃ），ビデオ・フィルム制作，遊びトレーニング，休暇計画，保険訪問員セッション，緊急，継続支援，原語，コミュニケーション支援，啓発，福祉相談，法律相談，生活用品バンク，借入金制度，LETS計画，芸術工芸グループ，連絡センター，社会的活動
治療／ソーシャルワーク支援サービス	犯罪者とその家族の支援，ケアラーとしての男性支援，スペシャル・ニーズ対応，メンタリング活動，コンサルタント（家族，人種，ジェンダー，人権問題に関して），ビジネス支援，人種・ジェンダー差別関連活動，子ども委員会，ホームレス・難民支援，職業訓練，ひとり親グループ，ドメスティック・バイオレンス被害者支援
そ の 他	服喪（死亡と葬儀関連）サービス，（宗教・道徳活動），海外交流，高齢者サービス，美容，子どもの芸術文化国際交流

出所：埋橋［2007］

るということになる。

　子どもセンターの最大の意義は，親にとって最もなじみのある保育・幼児教育の提供施設のなかで，包括的なサービスが受けられるという点にある。支援を必要とする親ほど，自ら相談に出向くことに消極的になりがちだという事実は，どこの国でも変わりはない。異なるサービスを「1つ屋根の下」で提供している子どもセンターでは，こうした問題は解消される。

　国立会計検査院は，2006年に30カ所の子どもセンターを対象とした調査をした。その結果，子どもセンターは本来対象とするべき要援助家族にではなく，中産階級の家族により多く利用されているという結果が出た。その後，Ofstedが20カ所の子どもセンターで行った訪問調査からは，子どもセンターの活動状況は，当初の設置の意図にみあうものであるとの肯定的な評価が出されている［Ofsted 2009b］。

(4) すべての子どもを見守る—統合子どもシステム

(i) 統合子どもシステムの発展

　子どもセンターの評価は肯定的であるとしても，人口1万5000人に対して1カ所の設置では，すべての子どもの必要性を満たすことはできない。このままでは，子どもセンターの利用者と通常のデイナーサリー利用者の間には，大きなギャップが存在してしまう。

　こうしたギャップを埋めるために，もう1つ外側におかれている見守りのシステムが，統合子どもシステム（Integrated Children System，以下 ICS）である。ICS は，2006年4月から部分的にスタートし，2010年には，すべての自治体で実施されるようになった。

　ICS の基本は，現在のイギリスに約40万人存在しているニードをもつ子どもを取り巻く機関と職種の連携である。連携は，機関レベルと職種レベルの2層としておかれ，それぞれ多職種パネル，多職種チームとよばれる。パネルとチームにかかわる管理職と職員は，連携の意義と方法，情報を共有する意義と留意点，つぎに述べる共通アセスメントのたて方，リード専門職の機能と援助方法などについて，共通の研修を受ける。

(ii) 共通アセスメントフレームワーク

　ニードをもつ子ども，あるいはそれが疑われる子どもについては関係者が集まり，子どもと必要であれば家族の同席のもとに，共通アセスメントが行われる。アセスメントに際しては，子どもがおかれた状況を総合的に評価するツールとして開発された，共通アセスメント・フレームワーク（Common Assessment Framework，以下 CAF）という様式が，使用される。

　CAF は，子どもの発達のための必要性，親の可能性，環境にかかわる要因という，3つの側面を総合的に評価するためのA4用紙9枚組（2010年現在）のツールである。記入した結果は，自治体により電子管理されている[7]。

　ICS は事実上，2010年にほぼ全国で実施されるようになった。新しい制度であるために，結果を評価できる段階には至っていないが，いくつかの成功例は報告されている。従来は保育士や教師など，子どもの身近にいる人びとが問題

を発見しても，親に外部の諸機関への相談をすすめるなどの間接的な対応になりがちであった。ICSにより，子どもの最も身近にいる人びとが直接家族支援にかかわれるようになった。

(5) 2010年政権交代の影響

　以上，イギリスの保育・幼児教育サービスの現状を整理した。ここで，2010年のイギリスにおける政権交代が，保育・幼児教育政策に与える影響にふれたい。2010年5月の総選挙で，イギリスの政権は労働党から保守・自由民主党の連立政権へと変わった。しかし少なくとも当面は，イギリスの保育・幼児教育の政策が大きく変わることは予想しがたい。保守党は従来からシュアスタート政策それ自体は支持する姿勢をみせている。また他のヨーロッパ諸国と比較したイギリスのサービスの限界について国民の不満は高まっており，現在以上の負担の上昇や，サービスの質の低下などは受け入れられない可能性が高い。しかし，労働党政権時代に次々と行われてきた改革の勢いは，大きく減速するであろうことが予想される。

8　日本への示唆

(1) イギリスの政策の特徴

　これまで概観してきたイギリスの保育・幼児教育の特徴を整理してみよう。前述したように，イギリスのみでなく欧米諸国において，保育・幼児教育には3つの社会的機能が認められている。それらは，女性労働力の確保，将来のマンパワーの質を上げるための人的投資，そして，子どもの社会的排除への取り組みと要約できる。

　本章では主に，1997年から2010年に至る労働党政権が，3つの機能を高めるために行った政策をみてきた。そこでの特徴として指摘できるのは，限られた時間と財源で行われた政策の優先性が，3つめの子どもの社会的排除への取り組みにおかれてきたという点である。

　子どもの社会的排除への取り組みを具体化したのが，シュアスタート政策で

あり，子どもセンターの設置であった。さらに広く子どもを囲み見守る仕組みとして，統合子どもシステムが実施されていた。これらのサービスに共通しているのは，社会的排除の状態で子どもを育てている家族を支援するために，保育・幼児教育に加えて保健医療，雇用までを含んだ包括的な相談体制を整備している点である。この相談体制は，地域の諸サービスと直結しているために，相談効果が上がりやすい。

（2）日本の可能性

これまで指摘してきたイギリスのサービスにみられる特徴は，そのまま日本のサービスのあり方を検討する素材となりうる。

2007年のユニセフ報告によると，子どもの貧困率はイギリスが16.2%，日本が14.3%となっていた。フランスの7.3%，スウェーデンの3.6%などと比較すると，英日の子ども貧困率は著明に高い［Unicef Innocenti Report Centre 2007：42］。しかしイギリスで展開されているような政策は，現在の日本ではほとんど検討されていない。現在の日本では保育・幼児教育の意義は，ほとんど女性労働の支援という点に絞って議論されている。子どもと家族の社会的排除への取り組みは，重要な政策課題となっていない。

イギリスの例にみられるように，社会的排除の状態にある子どもと家族の支援に必要なのは，彼らの身近にある良質な相談体制である。子どもセンターは，保育・幼児教育の機能と相談体制を結びつけたサービスを成功させている。

この点について考えるならば，日本の保育所は，発展の歴史，サービスの質，経済的負担の妥当性などの面からみて，イギリス以上に社会に定着している点に注目する必要があろう。こうした既存の制度を活用して，日本なりに子どもの社会的排除に取り組める可能性は，十分に存在するのではないか。保育・幼児教育の機能の多面的な理解のもとに，日本がすでに育ててきた資源を活かしながら，イギリスの経験から学ぶ余地は決して少なくないと考えられる。

【注】
1) 本章の表題は「イギリス」とされているが，説明の内容は，主にイングランドに限られている。
2) 労働党政権は，12.5時間の無料保育・教育を2010年に15時間に引き上げると約束していた。しかし2010年8月時点では12.5時間のままとなっている。
3) ここでは1£＝200円として換算している。
4) http://nationalstrategies.standards.dcsf.gov.uk/eyfs/site/requirements/learning/goals.htm
5) 現在のイギリスでは，資格をさらに9段階に分割した全国資格枠組み（National Qualification Framework, NQF）への移行が進んでいる。
6) Every child matters, URL：http://www.everychildmatters.gov.uk/（2010年8月）
7) 共通アセスメントの実際については内閣府政策統括官『英国の青少年育成施策の推進体制に関する調査報告書』2009年，第3章を参照のこと。

【参考文献】
伊藤淑子［2009］『21世紀イギリスの子どもサービス――日本への示唆』ドメス出版
伊藤善典［2006］『ブレア政権の医療福祉改革――市場機能の活用と社会的排除への取り組み』ミネルヴァ書房
岩間大和子［2006］「英国ブレア政権の保育政策の展開――統合化，普遍化，質の確保へ」『レファレンス』56（4）
埋橋玲子［2007］『チャイルドケア・チャレンジ――イギリスからの教訓』法律文化社
Day care trust［2009］Child Care Cost Survey 2009
DfES & DfWP［2003］National Standards for under 8s Day Care and Childminding――Full Day Care
Gregg, P. et al.［1999］Poor Kids：Trends in Child Poverty in Britain, 1968-96, *Fiscal Studies* vol. 20, no. 2
Ofsted［2009a］Are you ready for your inspection?
――――［2009b］The impact of integrated services on children and their families in Sure Start children's centres
Unicef Innocenti Report Centre［2007］ Innocenti Report Card 7：An Overview of child well-being in rich countries

コラム 2　カ　ナ　ダ
▶オンタリオ州のキンダーガーテン改革

須貝優子

　カナダのオンタリオ州は，いま幼児教育改革の真ただ中である。改革とは，キンダーガーテン（Kindergarten）の授業時間を，従来の半日制2時間半から全日制6時間に延長するものである。キンダーガーテンは小学校（Elementary School）に付属する学年で，オンタリオ州では4歳児と5歳児を対象とする2学年をさす。2010年から全日制に移行する公立のキンダーガーテンを段階的に増やし，2014年9月には，州内の4歳児と5歳児全員の受け入れを可能にする予定である。ただし，オンタリオ州の義務教育は6歳からで，キンダーガーテンへの入学は任意である。したがって，6歳までは他の教育・保育機関や親戚知人宅に預けることも，自宅で親と過ごすこともできる。しかし，実際には4～5歳児のほとんどがキンダーガーテンに入っている。

　子どもの育成と教育に関する政策は，連邦政府ではなく州政府の責任であり，州によって，異なっている。キンダーガーテンの全日制への移行は，オンタリオ州のほかにブリティッシュコロンビア州とプリンスエドワードアイランド州でも同時期に開始された。ここではカナダ経済の中心であるオンタリオ州に焦点を絞り，就学前の子どものケアと教育について考察することにする。キンダーガーテンは，教育法（Education Act）に基づいて設置される教育施設であり，州政府の教育省（Ministry of Education）の所管である。教育省が作成したキンダーガーテンのカリキュラムには，人格の形成および社会性の発達，言語，算数，科学技術，体育，芸術の5つの領域がある。遊びながらカリキュラム内容の習得をめざしている。

　今回の改革は，4～5歳児をもつ働く親にとっては朗報であろう。親が仕事をするためには，これまではキンダーガーテンの2時間半の利用時間の前後に，別のところに子どもを預けなければならなかった。主な預け先は，デイケア（Day Care）である。

　デイケアは，託児所法（Day Nursery Act）に基づいて，子どもにケアと保護を提供することを目的としている。州政府の子ども・青少年省（Ministry of Children and Youth Services）の所管である。デイケアは，容易に利用できるような環境でないのが現状だ。以下にあげるようなハードルがあるのが，その理由である。

　第1のハードルは，定員が少ないことである。認可を受けたデイケアの定員は，4～5歳児の人口の約9％しかない。母親が就労している子どもに限定しても約14％しかない。利用者の選抜の際，所得や就業状態は問われず，基本的に申し込み順で決まる。妊娠を知って間もなく，デイケアに利用申請する人も少なくない。

　デイケアに空きがあっても，高額の料金が第2のハードルとなる。カナダ最大の都

市トロント市では、1日当たりの料金は安くて乳児54ドル、幼児43.5ドルである。法定最低賃金が1時間当たり10ドル25セントであることを考慮すると、経済的に余裕がないとデイケアの利用は難しそうだ。低所得者には補助金が支給されるが、希望者が多く順番待ちになっている。

第3に、無認可のデイケアに関しては、保育者と施設の質に対する不安も別のハードルとなるかもしれない。ホームデイケア（Home Day Care）の大多数は、無認可である。ホームデイケアとは、個人の家で他の人の子どもを預かり世話をするところで、定員は最大5人である。トロント市には約930のホームデイケアがあり、そのうち認可されているのは20カ所しかない。認可された施設は、定期的に立入調査が行われる。デイケアもホームデイケアも、最低1年に1度は調査員が調査に出向く。しかし、5人未満のホームデイケアは、認可を受ける必要がなく、保育者の資格や施設の安全性に関して公的な基準もない。

前述のハードルは、オンタリオ州のデイケアの特徴とも言い換えられる。さらに、公営のデイケアが少なく、NPOの運営が多いことも特徴として挙げられる。2011年トロント市の認可デイケアの運営は、市営が6％、NPOが69％、民間企業が25％である。働く親に代わって、子どもをケアする公的な施設はかなり少ない。

デイケアが利用しにくい環境であるにもかかわらず、オンタリオ州の女性の就業率は高いほうである。2010年の統計局の調査では、25〜44歳の女性の雇用率は76.7％であった。OECDの調査報告によると、カナダは、北欧5カ国に次いで雇用率の男女差が小さい国である。女性も男性並みに労働市場に参加しているといえよう。他方、カナダの合計特殊出生率は2000年以降増加傾向にある。2008年は1.68％であった。子どもを産み育て、仕事もするには、デイケアの増設と定員の増加が求められる。

2010年から始まったキンダーガーテンの改革は教育改革であり、一義的には子どものよりよい発達と社会の向上をめざすものである。しかし、結果的にはデイケア不足を補い、仕事をもつ親に対するサポートの拡充をもたらすと期待できる。将来的には、すべての4〜5歳児の受け入れが可能になる予定である。しかも、公立のキンダーガーテンは無料である。延長プログラム（Extended Day Program）も、同じ場所で利用できる。延長プログラムは、第三機関が有料で子どものケアを提供するもので、時間は大体午前7〜9時と午後3〜6時である。半日制のキンダーガーテンでは、教育にデイケアやベビーシッターなどのケアを継ぎ足さなければならなかった。全日制のキンダーガーテンに入れば、就学時間前後も同じ場所で、ケアしてもらえる。教育とケアの継ぎ目が目立たなくなり、親には便利である。しかし、4歳未満の子どもをもつ人への、子育てサポートは依然として不十分であり、今後の課題となる。

5章

スウェーデン
▶人的資源育成策としての保育・教育サービス

秋朝礼恵

1 はじめに

　「スウェーデンは，先駆的な知識国家をめざす。より豊かな生活と夢とを実現させるには，これまで以上に教育や知識が必要になるだろう。高度な能力は，世界市場におけるスウェーデン企業にとって重要となろう。……スウェーデンの就学前学校はユニークな広がりと質を備えている。就学前学校の教育面での役割を発展させ，すべての子どもがそこに通えるよう，段階的に整備する……」――1999年9月14日，ヨーラン・ペーション首相（当時）は施政方針演説のなかでこう述べた［Prot. 1999/2000：2：Anf. 3］。

　グローバリゼーション，欧州化や高度情報化といった外的環境の変化は競争圧力を高める。高負担国家スウェーデンは多くの先進工業国と同様，少子高齢化社会である。より付加価値の高いモノを生み出すことで国際競争力を強化することが，成長を実現する有力な選択肢となろう。その際，頼みとなるのは人的資源である。将来を託せるほどの天然資源をもたないスウェーデンにとって，人的資源の育成が，社会の持続可能性を握る鍵となる。

　このような社会や経済の変化のなかにあって，就学前学校は，教育政策の最初のステップに位置づけられるようになった。就学前学校は，ひとり親家庭の子どもを預かる救貧事業的性格をもった託児所に始まり，その後の女性の労働力化の進展に伴い増設された保育所の時代を経て，今や，すべての3歳以上の

未就学児を年間525時間無料で受け入れる保育・教育サービスへと変貌を遂げている。この展開過程やその背景をふまえると，以下の2点において，就学前学校が，普遍主義型福祉政策を志向する社会の，人的資源育成機能を担うと考えられる。

1つは，すべての子どもに等しく，成長と人生の良いスタートを切る環境を保障すること。福祉国家建設を主導した社会民主党は，格差のない平等社会を目標とした。未就学児に対する保育・教育サービスの一般化は，すべての子どもに同等の良い成育環境を提供しようというものであり，その点で，平等社会実現の礎石となりうる。2000年以降，平均可処分所得が上昇する一方で，失業者やひとり親家庭を含む低所得層[1]の割合が増加している［SCB 2010］。この現実にてらせば，「格差のない平等社会の創造」は再び説得力をもちえよう。

2つめは，外的環境との関係，つまり国際競争圧力が高まるなかで北欧の小さな国が生き抜く戦略としての人材育成策である。1990年代以降，就学前学校の教育機能が重視され，強化されてきた。このことは，高負担国家スウェーデンが，グローバリゼーションや欧州化といった外的環境の変化に対応しつつ，少子高齢化という内的変化のもとで産業構造の高度化を進めて，成長と福祉の両輪を回していくための，人的資源育成の国家戦略であるとみることができる。

本章では，これらの観点から，就学前学校を中心に，未就学児や就学児に対する保育・教育サービスを概観する。

2　未就学児や就学児に対する保育・教育サービス

(1) サービスの種類

未就学児に対する保育・教育サービスは，就学前学校，教育的ケアそして開放型就学前学校で実施され，これらを就学前学校活動（förskoleverksamhet）とよぶ。

また，就学児を対象とするサービスは学童ケア（skolbarnsomsorg）とよばれ，学童クラブ，教育的ケア，学童クラブ活動で実施される。

(i) 就学前学校（förskola）

　受け入れの対象となる未就学児（カッコ内は受け入れ時間数）は，①3歳以上（年間525時間以上），②親の就労，就学その他の理由により保育等の必要がある1歳以上（就労や就学に応じた時間数），③親が失業または育児休業中の1歳以上（1日3時間または週15時間以上），④障がい等により特別な支援が必要な子ども，である。

　つまり，親の状況にかかわらず3歳以上は①により一定時間数の受け入れが保障される。1, 2歳児は，親が一時的に就労していない期間は③により受け入れられる。親が就労・就学している場合には，年齢にかかわらず，1歳から5歳までの子どもは，必要な時間数受け入れられる。

　また，④については，特別な支援を満たす方法がほかにない場合，優先的に就学前学校や教育的ケアで保育・教育サービスが受けられる。コミューンは[2]，これらの子どもが就学前学校に入れるよう取り計らう義務を負う。

　就学前学校は，1998年8月に，ダーグヘム（daghem）と短時間グループ（deltidsgrupp）を統合した制度として発足した。ダーグヘムは，親の就労・就学を要件とするいわゆる「保育所」で，短時間グループは，親の状況にかかわらず1日3時間程度の活動を実施する「幼稚園」に相当する制度であった。就学前学校の運営主体には，コミューン，民間企業，親協同組合，職員協同組合，財団，教会がある。以下，コミューン以外が運営するものを「民間の」就学前学校等と表記する。

(ii) 教育的ケア（pedagogisk omsorg）

　教育的ケアには，家庭的保育を行う家庭保育所（familjedaghem）や3家庭保育所（3つの家庭が協同運営する保育所）がある。対象は，1歳から12歳までである。

(iii) 開放型就学前学校（öppen förskola）

　就学前学校に入っていない未就学児が，保護者等の大人同伴で参加できる活動である。教育的ケアの補完にもなりうるサービスである。

(iv) 学童クラブ等の学童ケア

学童クラブ（fritidshem）は，親が就労・就学している12歳までの就学児を対象とする活動で，教員や指導員のもと，集団的活動を実施する。公開学童クラブ活動（öppen fritidsverksamhet）とは，10歳から12歳までの子どもが，指導員の監督のもと，スポーツ，宿題，工作，ゲームなどをして過ごす場である。学童クラブと異なるのは，何をして過ごすかを子どもが選択できる点である。

（2）児童ケアの諸制度にかかわる行政組織等とその役割

(i) 国

法令の制定・改廃を通して，保育・教育サービスの目標や方向性についての枠組みを定める。教育省（Utbildningsdepartementet）は内閣の一部として，就学前教育，初等中等教育，学童ケアおよび成人教育といった，教育政策全体を所管する。未就学児や就学児に対する保育・教育サービスの具体的な実施にかかる事項は，つぎの3つの独立行政機関が担当している。

学校庁（Skolverket）は，教育の質や成果を改善するため，コミューンや各学校の活動状況を評価し，指導し，フォローアップするほか情報提供活動を実施する。

学校監督庁（Skolinspektionen）は，学校やコミューンに対し，その活動が法令にてらして適切か否かを監査し監督する。

特別教育庁（Specialpedagogiska skolmyndigheten）は，障がいをもつ者の教育に関し，教師や学校への助言・指導・研修の実施，教材の案内や手配などを担当するほか，全国8カ所で障がいをもつ子どものための学校を運営する。

なお，就学前学校活動や学童ケアが教育省の所管となったのは1996年のことで，それ以前は社会省が担当していた。98年には，就学前学校活動等に関する諸規定が社会サービス法から学校法に移されるとともに，監督官庁が社会福祉庁から学校庁になった。

(ii) コミューン

コミューンは，国が定めた学校法，学習計画（läroplan，政令），通達その他

の枠組みのなかで保育・教育活動を実施する責務を負う。実施のための組織編制，人員配置，予算配分などの面で大きな裁量をもっている。また，民間の就学前学校や教育的ケアその他学童ケアに補助金を支給し，監督する権限も有する。なお，民間の就学前クラス（後述），基礎学校[3]，高等学校については，学校監督庁が管轄する。

　コミューン議会のもとには，議会の決定の実施や行政執行，議会の審議案件の準備を担当する専門委員会があり，それは文化委員会，環境委員会，社会委員会というように業務

▲ 9階建てマンションの1階にある就学前学校 Spöket（おばけ）。ストックホルム市。2010年9月29日，筆者撮影。

分野別に組織されている。学校庁調査によれば，96％のコミューンで就学前学校と基礎学校とが同じ専門委員会で扱われているほか，98％のコミューンでは両者を共通の行政事務が担当している［Skolverket 2008：18］。未就学児の保育・教育と，義務教育課程との連携を図りやすい組織づくりがなされているといえよう。

3　就学前学校等の量的側面

（1）在籍児童数の変化

　就学前学校等の在籍児童数の変化をみると，7歳未満の子をもつ女性の労働力率が上昇するにつれて，ダーグヘム／就学前学校の児童数が増加する一方，短時間グループが減少している（→図表5-1参照）。98年にダーグヘム／就学前学校の児童数が減少しているのは，同年，6歳児を対象とする就学前クラスの制度が導入され，これが基礎学校内の任意の形態として組織化されたためであ

図表5-1　ダーグヘム／就学前学校，短時間グループ，教育的ケアの児童数および7歳未満の子をもつ女性の労働力率

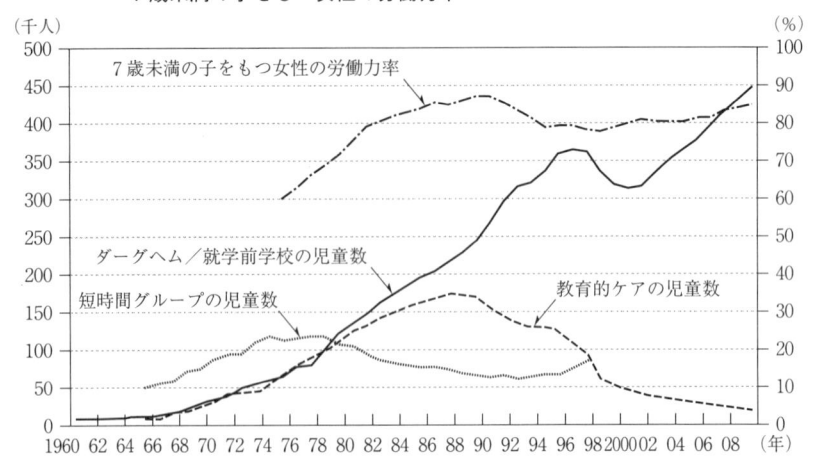

注：就学前学校の数値は，1960年から71年まではダークヘムの定員，72年から97年まではダーグヘムの入所者数。1998年に，6歳時を対象とした就学前クラスが基礎学校内の任意の形態として施行され，6歳児が就学前学校から就学前クラスに移ったため，ダーグヘム／就学前学校の入所者数が減少。

出所：1960年から71年は，SOU［1972：34：70］，72年から74年は，Holmgren, Bengt and Kjell-Åke Landtz, 1975. *Daghem och kommunal planering*, Studentlitteratur, s.23. 1975年以降は，Sveriges Officiella Statistik. Tabell 1 Daghem och fritidshem åren 1975-1997. Antal inskrivna barn fördelade efter ålder. Hela riket.

る。その後，児童ケア改革パッケージ（後述）により，親が失業または育児休業中の子を週15時間受け入れる措置や，保育料の上限設定による親の負担の軽減，4歳児以上の年間525時間無料受け入れ（2010年8月より3歳児以上）が講じられたことで，就学前学校の在籍児童数が増加している。

また，子どもの年齢別に就学前学校等の在籍率をみると，1歳児の在籍率が低い（→図表5-2参照）。これは，親が育児休業を取得して自宅にいるケースが多いためである。また，地域間で，年齢別在籍率に大きな違いはみられない（→図表5-3参照）。

(2) 待機児童の状況

学校法は，親から入所希望の申請があればその4カ月以内に子どもの受け入れを確保することをコミューンに義務付けている。さらに，可能な限り自宅に

図表5-2 就学前学校等の在籍児童数割合（対年齢別児童総数，2009年10月1日時点）

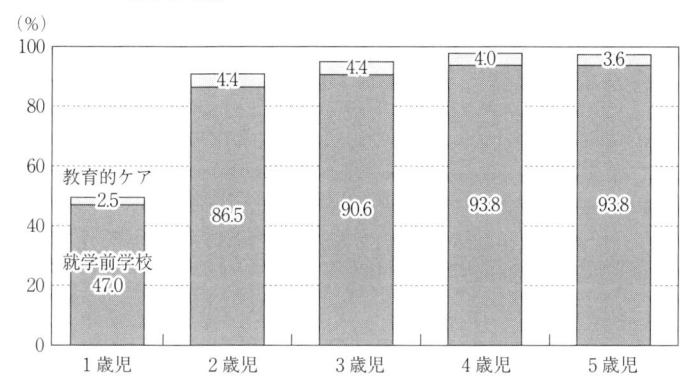

年齢	教育的ケア	就学前学校
1歳児	2.5	47.0
2歳児	4.4	86.5
3歳児	4.4	90.6
4歳児	4.0	93.8
5歳児	3.6	93.8

出所：Skolverket [2009a] Barn och grupper i förskolan 15 oktober 2009, Tabell 1 B: Inskrivna barn efter ålder 2009. Andel av alla barn i befolkningen.

図表5-3 就学前学校または教育的ケアに所属する児童の割合（対年齢別児童総数，コミューン区分別）

(2009年10月1日時点，%)

コミューン区分	年齢別				
	1歳児	2歳児	3歳児	4歳児	5歳児
全コミューン	50	91	95	98	98
大都市（人口20万以上。ストックホルム，ヨーテボリ，マルメ）	48	91	95	97	95
大都市周辺部（夜間人口の50%が大都市その他の近隣のコミューンに通勤。38自治体）	49	92	96	98	98
中規模都市（人口5万から20万。27自治体）	51	92	96	98	99
ベッドタウン（40%以上の夜間人口が別のコミューンに通勤。41自治体）	50	90	95	98	98
人口過少コミューン（人口密度が7人/km²未満で，人口2万人未満。39自治体）	51	88	93	96	98
製造業コミューン（16歳から64歳までの夜間人口の40%以上が，製造業に従事。40自治体）	47	87	92	97	98
その他のコミューン（人口2万5千人以上。34自治体）	51	91	94	98	99
その他のコミューン（人口1万2500から2万5千人。37自治体）	50	89	93	98	99
その他のコミューン（人口1万2500人未満。31自治体）	47	87	93	98	98

出所：Skolverket [2009a] Barn och grupper i förskolan 15 oktober 2009, Tabell 1 D: Inskrivna barn efter ålder 2009. Andel av samtliga barn i befolkningen, medelvärden för kommungrupper.

▲大規模集合住宅地の敷地内にある就学前学校（テービー市）。2010年9月29日，筆者撮影。

近い就学前学校等に子どもが入れるようにすることや，親の希望に十分に配慮することも定めている。

2008年11月に入所希望申請した子どもの，翌年3月時点の状況を学校庁が調査したところ，全コミューン290のうち42で受け入れの見通しが立たず，さらにそのうち13は，申請数の半分以下しか受け入れられないと回答した。3大都市中，マルメ市（Malmö）では規則どおりの受け入れができたが，ストックホルム市では14の地区で，ヨーテボリ市では8の地区で，空きが見つからない状況が報告されている。受け入れの見通しが立たなかった42のコミューンが挙げた理由（複数回答）としては，教室不足（24コミューン），出生数の増加（16），人口流入の増加（15）のほか財政事情がある。また，職員不足を挙げたコミューンが8つあった［Skolverket 2009c］。

供給不足への当面の対応策としては，1クラスの子どもの数を増やす，クラス数を増やす，一時的な就学前学校を作る，親の希望にかかわらず空きのある就学前学校への入所を勧める（希望するところに空きが発生次第，そこに入ることを条件に）などがある［Skolverket 2009b：28］。コミューンには，対象児童数の動向を予測するなどし，計画的に供給量を確保することが求められる。しかし，新しく住宅地が開発される場合には，そこに就学前学校を新設して対応できるが，把握できなかったニーズの増加には，上記のような一時的な対処をせざるをえないのが実情である。

実態として，空きが最も多くなるのは，新学年が始まる8月である。6歳児が基礎学校内の就学前クラスに移るからである。これ以外の時期に空きを見つけるのは相当困難な状況である［Skolverket 2009b：28］。

(3) 利用申し込み

　申込みの具体的な手続きのあり様はコミューンにより異なるが，コミューンまたは就学前学校等により書面やインターネットによって行うことが多い。就学前学校等の運営主体が受け入れ決定をし，保護者との間で利用契約を結ぶ。各種の情報は，コミューンや学校のホームページまたは窓口で得られる。なお，子どもに必要な支援を受けるためとか，地理的な条件等により，居住地以外のコミューンにある就学前学校等に通うこともできる。その場合，子どもが居住するコミューンが，受け入れコミューンに補償金を支払うことになる。

(4) 保　育　料

　保育費用は，コミューン税，国庫補助金そして親が負担する保育料により賄われている。90年代には民間の就学前学校等への補助金が，おおむね公立と同条件で支給されるようになった。保育料については，公立・民間の別を問わず，保育費用に見合う水準とする旨規定されている。親が負担する保育料に，公立か民間かで大きな差異はみられなかった。

　90年代における保育料水準の上昇やコミューン間格差の拡大を背景として，2002年に「マックス・タクサ制度」が施行された。これは親が負担する保育料（月額）に上限を定める制度である。導入はコミューンの任意とされた。導入すれば，保育料収入が減少する分は国庫補助金が支給されるほか，公立か民間かにかかわらず，そのコミューン内に立地するすべての就学前学校や教育的ケアに適用される。結局，施行後1年以内に全コミューンが導入したため，03年以降，全国どこのどの就学前学校でも保育料負担の上限は同額となっている。2010年の上限額は，1番小さい子どもについて家計収入の3％（ただし1260クローナを上限），2番めの子は同2％（同840クローナ），3番めが同1％（同420クローナ）で，4番め以降は無料である。なおこの制度は上限額を定めるものであるので，コミューンや民間就学前学校等がこの水準以下で保育料を設定することは可能である。また，学童ケアの料金にも上限が設定されている。1番めの子に家計の2％（840クローナ），2番めおよび3番めの子に同1％（420クローナ）を上限と定め，4番め以降を無料としている。

このほか，未就学児に対する保育・教育サービスのうち，3歳児以上に保障されている年間525時間分は無料である。また，障がいをもつ子どもに対する週15時間分は無料である。なお両措置は，同時には適用されない。

これらの施策の導入により，就学前学校にかかる総費用（人件費，施設関係費，事務経費等）に占める親が負担する保育料の割合は低下した。90年代のピーク時には15％であったが，2009年10月時点で8％となっている。

4 就学前学校等の質的側面

(1) 利用時間

学校庁実施の調査（2005年）によれば，就学前学校および教育的ケアの滞在時間数は，親が就労・就学している子で平均週31時間，失業者の子が同20時間，親休暇中の子が19時間であった［Skolverket 2007：41］。

なお，平日日中以外の時間帯（平日の19時から翌日6時まで，または土日祝日）に利用できる就学前学校等があるコミューンは119（前年比11減）で，利用した子どもの数は2422人（同25人増）である。05年以降利用者数が増加している。受け入れ体制のあるコミューンも同様に増えていたが，09年には一転して減少した。

(2) 病児保育等

子どもが病気になった場合，親が一時的親休暇を取得して看護するか，そうでなければ親戚等他の人に看病を頼むかのいずれかとなる。発熱，風邪，感染症等病気の子どもは治るまで自宅で過ごす。食物アレルギーを有する子にはアレルゲンを含む食品を除いた給食が用意される。

(3) 職員の状況（比率，資格，男女比）

2009年10月調査によれば，就学前学校の職員のうち，就学前学校教師が49.6％，保育士が38.9％を占め，そのほか基礎学校教員資格者が3.2％，学童教員資格者1％などとなっている。就学前学校における職員1人当たりの子ど

もの数は，平均5.3人であった。80年代より約1人増えている。職員の男女比をみると，職員総数9万3200人中，男性3％，女性97％である。なお，1クラスの子どもの数は平均13.4人（85年）から，17人台（2003〜05年）に増加し，09年には16.8人となっている。

　就学前学校教師になるには，大学で専門課程を学び，卒業単位を210ポイント取得することが条件である。30ポイントが1つの学期（半年）に相当するので，就学前学校教師の教育課程は3年半となる。保育士の場合は，高等学校の職業プログラム「子ども・余暇プログラム」や，コミューンが実施する成人教育の発展コースの履修が必要となる。

　2009年における就学前学校教師の平均月収は，2万3600クローナ（学童クラブの教員を含む），保育士は1万9900クローナであった。なお参考までに，医師は5万4200クローナ，歯科医師4万500クローナ，助産師3万100クローナ，基礎学校教員2万5700クローナ，高等学校教員（一般科目）2万7700クローナである。

（4）民間就学前学校の承認

　コミューンは，民間の就学前学校が学校法に定める要件を満たしている場合には，これを承認しなければならない。2009年7月以前は許可制であったが，改正により承認事項になった。

　承認を得るための要件とは，具体的にみると，
- すべての子どもに対して受け入れが開かれていること，
- 保育や良質の教育活動に対する子どもの欲求を満たすことができる，教育または経験を有する職員がいること，
- クラスの子どもの構成や人数が適切であること，
- 施設が活動の目的に適っていること，

が挙げられる。これらは公立の就学前学校にも課されている要件である。さらに，地域の対象児童数等保育ニーズや既存の就学前学校の状況を考慮することのほか，親が負担する保育料を保育費用に見合ったものとし不適切に高く設定しないことも，民間就学前学校に求められている。

　なお，学校法はあくまで枠組み法である。コミューンが法の趣旨に沿って地

域の実情に即した運用をしている。

(5) 就学前学校等の評価・監督

　学校監督庁は，公立，民間を問わず就学前学校の活動状況を査察し，法令にてらして不適切な点について改善命令を出す権限をもつ。民間就学前学校については，それが所在するコミューンもまた，監督の権限と責任を有する。たとえば，ストックホルム市の北約20kmに位置するテービー市では，1校を除きすべての就学前学校が民間によって運営されており，これらの学校に対する査察結果は，同市のホームページ上で公開されている。査察報告（tillsynsrapporter），クオリティー評価（kvalitetsredovisningar）のほか，親へのアンケート調査の結果が学校別に掲載されている。[4]

(6) 基礎学校との連携

　基礎学校での学習活動への適応や，子どもの成育環境の連続性を確保するため，就学前学校と基礎学校低学年との連携は重要である。その連携のあり方は，すでに1968年の政府内調査研究委員会で検討され，75年には，基礎学校入学の準備を目的として，すべての6歳児を年間525時間無料で就学前学校に受け入れる措置が講じられた。ついで98年には，新規に就学前クラスが導入された。これは，就学前学校教師や保育士のもと，翌年基礎学校1年生になる6歳児のための制度である。基礎学校内に設けられるケースが多く，「6歳児活動」や通称「0年生」ともよばれている。年間最低525時間の学習活動を無料で実施する。なお，6歳児が放課後に学童クラブに参加する場合は保育料負担がある。

5　就学前学校等にかかる最近の動向

(1) 児童ケア改革パッケージ

　2001年以降，すべての子どもに同じ高い質の成育環境を提供するための改革が実行された。

まず，2001年に，1日3時間または週15時間以上，失業者の子どもを就学前学校に受け入れる措置が講じられた。翌02年に同様の措置が育児休業中の親の子どもを対象に講じられた。これ以前は，これらの子どもの受け入れは，コミューンまたは就学前学校の裁量に委ねられており，多くの場合，失業などにより親が育児可能な状況になれば，その子は就学前学校を退所せざるをえなかった。親の状況変化が子どもに与える影響を考慮し，短時間でも継続して通えるようにするのが，これらの措置の目的である。

　つぎに導入されたのが，就学前学校や教育的ケアの保育料に上限を設定するマックス・タクサ制度である。さらに03年には，すべての4，5歳児が，年間525時間を無料で就学前学校に通えるようになった。

　これらの改革の背景には，90年代を通して子どものいる家庭の経済水準が相対的に悪化したことや，2000年代初頭の良好な経済状況がある。

　スウェーデンは1995年にEUの一員となった。当時の政府のスタンスは，EMU（ヨーロッパ通貨同盟）に参加するか否かにかかわらず，財政健全化のために収斂条件を満たす必要があるというものであった。そこで財政赤字削減策の一環として，児童手当の減額（96年1月），児童手当の多子加算廃止（96年1月），親保険（後述）給付率の引き下げ（97年1月）が講じられ，結果として子どものいる家庭の経済水準が，他の家計と比較して相対的に低下した。

　加えて，90年代初めの経済危機による財政悪化を背景に，コミューンは，保育料水準を引き上げたほか，家計収入や保育時間に応じた階層区分を増やしたりした。就業時間の変化を敏感に捕捉する料金体系が多くみられるようになった。家計収入や保育時間の増加は保育料を上げ，これに所得税額の上昇や住宅手当の減額が加わることで，収入が増えた分が手元に残らなくなる。97年には，『働きに見合うか？（Lönar sig arbete?）』というタイトルの政府報告書が発表された。児童ケア改革パッケージが具体化した2000年の経済は好調だった。政府は，このチャンスを捉えて一気に子どもへの投資に乗り出した。具体的には，「児童ケア改革パッケージ」の段階的導入のほか，親手当のママの月・パパの月（後述）を2カ月に増やすことや，児童手当の増額，児童手当の多子加算部分の再導入および就学手当の増額が実施された。

(2) 児童ケア補助金の導入

　2009年の改正により，児童ケア補助金（barnomsorgspeng）が導入された。承認された民間就学前学校がコミューンから受け取る補助金である。金額は，財政状況やサービス供給にかかる費用等をふまえてコミューンにより決定されるため，全国一律ではない。各コミューンは公立の就学前学校に対する補助金をもとに算定しており，公立と民間の補助金額を比較すると，付加価値税の補填等で若干高くなっている。なお，この補助金は，国からの財政移転により補填される。

　この児童ケア補助金システムとは，親が選択した就学前学校等に対し，子どもの人数分の補助金をコミューンが支給するものである。補助金は子どもに対するものだが，手続き的には直接就学前学校等に支給される。導入の意図は，親の選択の自由を強化することにある。民間の参入を促して選択肢を増やすのである。また，学校間の競争を通じた，保育・教育の質の向上などよりよいサービスが受けられることが期待される。なお，コミューンの承認を得た教育的ケア，開放型就学前学校そして学童クラブも同様に補助金を受ける。

(3) 学習計画の精緻化と教員養成課程の見直し

　1998年に初めて，就学前学校の学習計画（Läroplan）が策定された。2010年には，この学習計画に掲げられた目標や就学前学校教師の役割を明確化し，保育・教育サービスの質や活動状況の評価やフォローアップについての指針を新たに加えた。就学前学校の教育機能を強化するための改革で，改正は2011年7月に施行された。

　学習計画は，「就学前学校の基幹理念と任務」と「目標と方針」で構成されている。今回の改正で，「就学前学校の基幹理念と任務」中には，①国境を越えた人の移動がますます増加すれば，就学前学校もまた多様な文化の集合点となること，②バックグラウンドにかかわらず個々人を尊重する基本的な態度を学ぶ場となること，③何かを創造することやコミュニケーションをすることが重要で，その際，絵，歌，劇，ダンス，体操という方法やIT技術を用いることが子どもの発達や学びを促すこと，などが加えられた。また，「目標と方針」

では，生活状態が異なる者に対する配慮や支援，日常生活上の問題や倫理上のジレンマについて考えるなどが加えられている。これらの改正を受け，これを現場に反映させる具体的な手法等については学校庁が検討している。

また，2011年秋に，大学で新しい教員養成課程が始まる。2001年の改革により，柔軟な職業選択や履修選択ができるよう就学前学校教師，基礎学校教師，専門科目担当教師，職業教育教師が１つの教員養成課程に統合されたが，就学前学校教師不足，志願者の減少，卒業生の他分野への就職，専攻学生の成績低下といった事態を受けて，４つの教員養成課程を分けるとともに，履修内容を見直した。卒業に必要な単位は改正前と同様210ポイント（３年半で履修）とし，就学前学校教師の場合，就学前教育分野を120ポイント，教育学基礎分野を60ポイント，実技に重点をおいた学習を30ポイント履修することとなる。

（４）保育・教育サービス分野での国際協力

(ⅰ) ノースプラス・ジュニア（Nordplus Junior）

ノースプラス・ジュニアとは，グリーンランド，フェロー諸島およびオーランド島を含む北欧諸国と，バルト３国の就学前学校，基礎・高等学校の子どもや生徒および教員に向けたプログラムで，学校間の共同作業や，教員の相互派遣，生徒の実地研修を実施している。

(ⅱ) OECDによる「子どもの早期教育とケア政策」プロジェクト

スウェーデンは，1998年から2006年に実施されたOECDの「子どもの早期教育とケア政策」プロジェクトに参加した。スウェーデンの就学前学校活動と家庭政策との連携や，１歳からの就学前学校活動が公式に教育政策に属していることがユニークであり，また，子どもや職員そして家庭を尊重している点等が評価された。そのほか，夜間保育や外国人の子どもに対する言語教育等多様性と柔軟性のあるサービスが注目された。一方，改善すべき点としては，１クラス当たりの子どもの数が増加していることや，保育料の高さが指摘されている［OECD 1999］。

2007年からはスターティング・ストロング・ネットワークに参加し，未就学

児の保育や教育の発展のため，約20の参加国・地域が互いの経験や情報を交換し研究を進めている。

6　未就学児を取り巻く環境

最後に，人口構造，親の就業状況，子育て費用について概観する。

（1）出生率・人口構造

出生率は，1989年から92年まで2を超えるベビーブーム期を経て，99年には1.5まで低下したが，その後年々上昇し，2009年は1.94に達した。図表5-4が示すように，労働力率と出生率の間には負の相関関係はみられない。

また，高齢化率は70年代や80年代を通してゆるやかに上昇し，90年代にはやや低下する傾向にあったが，2004年以降再び上昇し，09年には初めて18％台に乗った。14歳以下の年少人口割合は，94年の18.9％から減少傾向にあり，2009年は16.6％となっている。

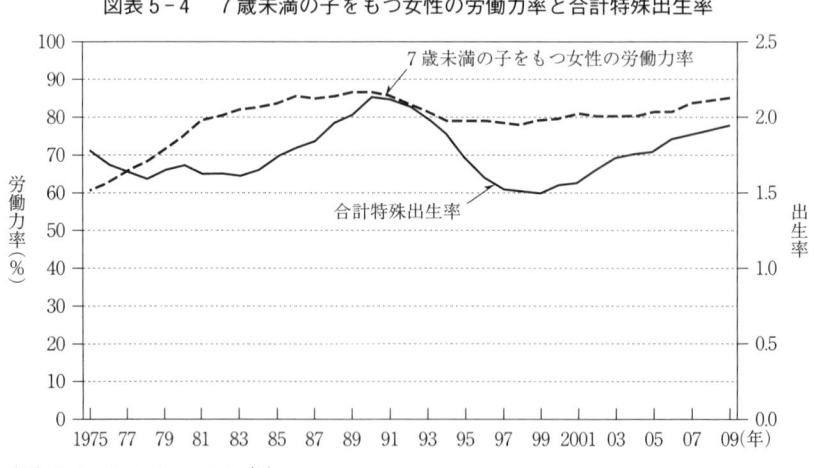

図表5-4　7歳未満の子をもつ女性の労働力率と合計特殊出生率

出所：SCB. Statistiska årsbok. 各年

(2) 世帯の状況

　家計の経済水準（可処分所得額）は，2000年代を通じて毎年上昇した。99年から2008年までにおよそ32％上昇している。同時に，90年代を通して拡大していた所得格差は2000年にピークに達し，その後縮小した。しかし，04年から07年にかけて再び拡大し，07年には，1975年以来格差が最も大きくなった。また，2000年代に，経済水準の低い（中位値の60％未満）家計が増加した。1999年には8.4％であったのが，08年には13.2％に上昇している。2008年には，子どものいる母親のひとり親家庭は，外国出身者家庭と同様，3分の1がこの低い水準に属している。

　ひとり親世帯（父親または母親と子どもの世帯）の割合は，1991年以降，5から6％台で推移している。

(3) 仕事と生活

　2009年における7歳未満の子をもつ者の労働力率は，男性が96.1％，女性が85.1％であり，男性全体（75.7％），女性全体（70.2％）よりも高い[5]。さらに女性の労働力率を年齢階層別にみると，35から44歳が最も高く，90％である（失業率は5.5％）。これらと，合計特殊出生率や7歳未満の子をもつ女性の労働力率の推移を総合してみると，子どもか仕事かの二者択一はなさそうである。ただし，学校卒業後のライフプランは，まず就職である。家庭や子どもをもつのは，就職し，職業生活が軌道に乗り，経済的な安心を得たのちのこと。よって，若年層の失業率が高ければ，出生行動に影響をもたらすと推測される。現実に，15歳から24歳までの年齢層の失業率は2桁に上っており，これが労働市場政策上の深刻な課題となっている。

　ここで，仕事と家庭の両立には欠かせない育児休業について若干説明すると，育児休業期間は480日ある。このうち390日間に所得の80％弱，残る90日間に1日180クローナが支給される（親手当）。なお，480日は基本的には両親の間で折半されるが，それぞれの親に固有の60日間（いわゆるママの月，パパの月）を除き，他方の親に権利を譲渡することが可能である。また，子どもが病気になった場合は，一時的親手当を得て休暇を取得できる。この一時的親手当は所

図表 5-5　R家の1日と，就学前学校での活動の様子

06:30	起床
07:00	子どもを起こす。朝食。母親は先に出勤。
08:00	父親が，子どもを就学前学校に送り，その後出勤。
09:00	クラス全員が1つの部屋に集合。先生が出席をとったり，その日の活動について話をしたり，また，子どもが全員の数を数えたりして，1日のスタートを切る。 この後，グループ活動開始。お絵かき，工作，園庭遊び，外出など
11:30	昼食（給食） 食事後は休憩。小さい子どもはお昼寝，大きな子どもには先生が絵本の読み聞かせ。
13:00	室内あるいは屋外で自由遊び，あるいは集団活動。
14:30	おやつ
15:00	外遊び
16:00	母親が子どもを就学前学校へ迎えに。
18:00	父親帰宅，夕食。
20:00	子ども就寝
23:00	父母就寝

注：　　部分は，就学前学校での活動。
（筆者作成）

得の80％弱で，1年に子ども1人当たり120日までである。

　図表5-5は，未就学児のいる共働き家庭の1日の例を示している。両親が就学前学校への子どもの送迎を分担するケースを想定している。両親が互いの時間をパズルのように組み合わせ，送迎，子どものもち物の準備，食事，洗濯，掃除，さらには子どもの習い事へ送迎を分担してこなす。食品等の買い物は，1週間分を週末にまとめて済ませる。1週間の予定を書き込んだボードを目につくところに置き，いつでも確認できるようにしておくことも重要である。

　子どもが小さい間は勤務時間を75％に短縮できる制度がある。また，子どもが病気になれば一時的親手当の制度がある。とはいえ，頻繁に休暇をとることは容易でない。ベビーシッターを雇ったり，自分の父母（子どもの祖父母）に応援を頼んだりと，慌しい平日を過ごしている。

（4）子育て費用

　スウェド銀行家計経済研究所（Institute för Privatekonomi, Swedbank）が2009年6月に発表した試算によれば，18歳までの子育て費用は，子ども1人で104

図表5-6　子どもの年齢別子育て費用

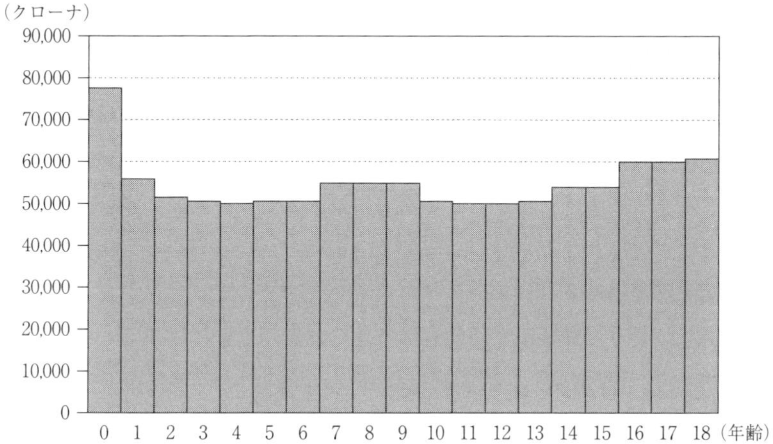

(クローナ)

出所：http://www.swedbank.se/sst/www/inf/out/fil/0,,788440,00.pdf を基に作成

万5000クローナ，2人で180万6000クローナとなる。子どもの年齢別にみると図表5-6のようになる。乳児期の費用が最も高くなっている。この時期，ベビーカーや子ども用寝具などの購入が集中するためである。また，義務教育課程修了後90％以上の子どもが高等学校に進学するが，義務教育課程の基礎学校から高等教育まで授業料が無料であるため，教育費が子育て費用を押し上げることはない。

7　日本への示唆—どのような社会を創るのか

(1) スウェーデンの保育政策の特徴

　1日の始まりとなる「朝の会」で，みなが輪になって座る。子どもが，出席している友達の数を数える。給食時には，当番の子どもが，友達の数の皿をテーブルに並べる。「コップはいくつ？」と先生が尋ねる。
　自分の顔を描いて，そこに名前を書く。左右が逆になった鏡文字はめずらしくない。5歳ともなれば，日々の活動のなかで，アルファベットを学ぶ機会もある。「アルファベットのKで始まる名前の動物は？」「猫！」「そう。Kは，

Katt（猫）のKだね。」「Björn（熊）は？」「Björnは，Bだよ。Bはこっち」と，先生は壁に張ったアルファベットBを指す。子どもたちが口々にあれもこれもと動物の名前を挙げるため，やや脱線気味に学びの時間は過ぎていく。

　就学前学校での学びは，何かを教え込むことを意味しない。未就学児にとって重要なのは，遊びのなかで学ぶこと。新しいことを知ることやわかることが楽しいという体験をさせること。短期的には基礎学校で始まる学びのために，長期的には生涯にわたる学びのためにその原動力となる好奇心や探究心を養うのが，就学前学校の教育に課せられた大きな役割である。もちろん，スウェーデン市民としての行動様式や価値観を日常の活動のなかで学ぶことも重要である。たとえば，市民のおよそ18.6％（2009年）が外国のバックグラウンドをもつスウェーデン社会で，就学前学校は多様な文化交流の場でもある。異なるバックグラウンドをもつ子どもたちが共に集団生活を送るなかで，互いを理解し尊重し助け合うことを学んでいくのである。就学前学校の小さな日常の世界が，大きな世界とつながっていると表現しても大げさではないだろう。

（2）スウェーデンの保育保障の課題

　本章でみたように，2010年秋には，親の状況にかかわらず一定時間，就学前学校に通える対象児童が3歳児まで拡大され，就学前学校はその名のとおり「学校」として一般化されつつある。また，98年に初めて策定された就学前学校の学習計画が，10年余りを経過して，大幅に改正された。学校庁が作成する具体的な実施方法のなかに，より詳細な学習項目が盛り込まれる可能性もある。基礎学校でも改革は進められている。3年次の全国一斉テストや，記述式の成績評価が導入された。教育の建て直しともみられる動きがある。そこには，どうやって人材を育成するか，未来に対する政府の模索が見え隠れする。

　もちろん，上にみたように，核家族・共働きが一般化しているスウェーデン社会では，就学前学校の保育機能なくして社会は成り立たない。かつて，就学前学校は「ダーグヘム（昼間の家）」とよばれた。自分の家にいるような，子どもが安心できる環境であることが重要である。保育と教育の両機能は，今後どのように調和し発展していくのだろうか。注目していきたい。

（3）日本への示唆

　スウェーデンで，女性，なかでも既婚女性の労働力率が上昇を見せ始めたのが1960年代。政府が保育所（現在の就学前学校）の増設に本腰を入れるようになったのが70年代のことである。

　70年代の経済はオイルショックの影響を受けて低迷し，財政赤字は慢性化して，77年には国の累積債務残高は同年の歳入総額を超えるに至った。一方で，女性の労働力化が進展した。とくに，7歳未満の子をもつ女性の労働力率の伸びは顕著であり，74年の56.7％から79年には71.7％に達した。未曾有の経済成長に沸いた「黄金の60年代」を経て上昇した生活水準——自動車の普及，一戸建ての増加等——を，夫だけの収入で維持することが困難になり，専業主婦であった母親が働きに出るようになったことが，労働力上昇の背景の1つとして指摘されている［Hinnfors 1992：51-55］。では親が就労中，誰が子どもを世話するのか。祖父母は1つの選択肢であったが，祖父母の世代にも就労している者が増え，子どものケア形態についての統計上の項目から「祖母」が消えた［Korpi 2007：34］。このような状況下にあって，保育所増設は急務となり，政府は広く負担を求めることで財源を確保することを選択した。

　60年代から70年代にかけて，社民党は，2人ブレッドウィナー・モデルを想定した政策を展開した。その例が保育所であり，夫婦個別申告・課税制度（71年），子の出生や病気に伴う休暇時の所得を保障する親手当制度（74年）である。それを支える理念とは，男女が共に職業生活と家庭生活とを両立・調和させること，つまり，男女機会均等の理念であった。これをテコとして，誰もがその能力などに応じて労働する，つまり，労働による参加を核とする社会を創りあげた。だからこそ，保育所の整備が求められるのである。

　異なる社会は異なる未来像を描く。スウェーデンの事例からあえて何らかの示唆を引き出そうとするなら，それは「日本はどのような社会をめざすのか」を問い，その未来像を描くことではないだろうか。

【注】

1)　中位値の60％未満。

2) スウェーデンの基礎自治体で,市町村に相当。
3) スウェーデンの9年間の義務教育課程を実施する学校。
4) http://www.taby.se/sv/Barn-och-utbildning/Barn1-5/Kvalitet/ (2010年9月28日)。
5) 7歳未満の子をもつ男性の失業率は5.4%,同女性が7.5%である。なお,労働力率や失業率は,15歳から74歳までの者を対象。

【参考文献】

Ds 1997:79 Lönar sig arbete?
Hinnfors, Jonas [1992] *Familjepolitik : Samhällsförändringar och partistrategier 1960-1990*, Almqvist&Wiksell International
Holmgren, Bengt and Kjell-Åke Landtz [1975] *Daghem och kommunal planering*, Studentlitteratur
Korpi, Barbara Martin [2006] *Förskolan i politiken : om intentioner och beslut bakom den svenska förskolans framväxt*, Utbildningsdepartementet
OECD [1999] *OECD Country Note : Early Childhood Education and Care Policy in Sweden*
Riksdagens protokoll (国会議事録, Prot.) 1999/2000:2 (den 14 sept.)
Skolverket [2007] *Fem år med maxtaxa*
―― [2008] *Tio år efter förskolereformen*
―― [2009a] *Barn och grupper i förskolan 15 oktober 2009*
―― [2009b] *Skolverkets lägesbedömning 2009*
―― [2009c] *Tillgänglighet till förskoleverksamhet 2008/2009 : Del2. Enkät till kommunerna i november 2008*
Statistiska centralbyrån (SCB) [2010] *Inkomstfördelningsundersökningen 2008*
―― [各年] *Statistiska årsbok*
Statens Offentliga Utredningar (政府調査報告書 SOU) 1972:34 Famijestöd

コラム3　ドイツ
▶女性の働き方と保育政策

田中洋子

ドイツはヨーロッパ諸国のなかでも出生率が低く，1995年に1.25，その後も2009年に1.36と低迷が続いている。これを受けて2000年前後から，仕事を続けながら育児のできる環境づくり，仕事と家庭の両立政策が政府主導で進められてきた。

ドイツ社会では，子どもは母親が家庭で育てるのが当たり前と長く考えられてきた。戦後に誕生した東ドイツでは，女性の就労が求められたため，保育所もよく整備された。しかし，西ドイツでは戦後数十年にわたって伝統的な考え方に大きな変化はなく，1991年のドイツ統一に伴って，むしろ西側の考え方が一般化した。

とくに，3歳以上を対象とした幼稚園Kindergartenに比べ，3歳未満児を対象とした保育所Kinderkrippeや，就学期の子どもを預かる学童保育Hortは，西側で極端に数が少ない。また日本と異なり，学校も午前中で終わる半日学校となっている。幼稚園や小学校が午前11時半，中学校でも午後1時半に学校が終わり，子どもは昼食を食べるために家に帰る。そのため，母親がフルタイムの仕事で働き続けることには困難が伴った。

その結果，西ドイツでは，女性は出産に伴って仕事を辞めるのが長らく一般的であった。働き続ける女性は，独身か，子どもがいないか，祖父母の援助があるか，保育ママに子どもを預けるための情報・経済力をもっている場合などに限られた。女性が企業などの組織で実力を発揮することは，1990年前後まできわめて限定的だったということができる。

1990年代以降，女性の高学歴化に伴い，雇用をめぐる男女平等が求められる一方で，キャリアを中断したくない女性が出産を躊躇して出生率が低迷したことを背景に，政策方針に重要な変化が生じた。

1998年からの社会民主党・緑の党連立政権以降，2005年の社会民主党・キリスト教民主同盟大連立，2009年のキリスト教民主同盟・自由民主党連立と，政権の変化にかかわらず一貫した形で，男女共同参画や女性労働力の活用，労働時間の柔軟化を統合する形で，仕事と家庭の両立をめざす政策が大きなテーマに掲げられるようになる。

2001年の育児手当法改正では，育児休業の名称が親時間と変わり，休業ではなく，親としての仕事を行う時間と位置づけられた。0～8歳までの間に最大3年間と定められた。

2006年の連邦親手当・親時間法では，月約6万円（1年間）だった育児手当に代わり，給与の67％の親手当が12カ月分支払われるようになった。

また男性の親時間取得を促そうとボーナス月が導入され，もう1人のパートナーが親時間を取得する際には，12カ月分に加えて2カ月分の親手当が余分に支払われるようになった。これにより，従来例外的だった男性の親時間取得は2007年に平均で

15%，ニーダーザクセン州やバイエルン州などでは23〜24%に達した。

これらの法律はいずれも，「職業上・キャリア上のリスクをできるだけへらし，家族の収入を維持しつつ，両親が育児にかかわること」を保障しようとしている。

こうした制度と並んで，大きな政策の柱となったのが，保育所の拡充と全日制学校の拡大である。

2005年の保育施設拡充法や2008年の児童支援法を通じて，すでに3〜6歳児に認められていた就学前施設への全入権に加え，親の就業・学業などでニーズのある3歳未満児のための保育施設の急速な拡充が行われることが決まった。また，学童保育や全日制学校の導入も進められている。

こうした状況に多くのドイツ企業も積極的に対応している。

親時間を取得している父母の従業員に対しては，企業や職場情報の連絡，復帰のタイミングについての相談，育児中の従業員への理解を管理職に対して促すセミナー，保育ママや保育所の情報提供などを行っている。また親時間取得後には，元の職場への復帰や一時的な短時間正社員勤務への移動も可能である。ほかにも，遊び場が併設された親子会議室の設置や子どもを職場に招待するイベント，急な家事・育児支援サービスなども行われている。

2008年以降は企業内保育所も急増している。たとえば自動車のダイムラー社は，全事業所への企業内保育所の設置を進めている。

その1つ，ベルリンのポツダム広場にある企業保育所は，ダイムラー社やドイツ銀行など複数企業の複合施設となっており，非営利団体のフレーベル社が運営している。

6カ月から就学前までの50人の子どもに12人の保育士が対応している。年齢を越えたグループを組み，自由な雰囲気のなかで，お絵描きや散歩，昼寝を行っている。英語を話す保育士を週1回配置するバイリンガル教育を行い，また企業で働く親の勤務時間帯に応じて朝7時から夜20時までの柔軟な保育時間を確保している。財政的には，EU社会基金を得た自治体が3分の1，企業が3分の1，親が3分の1を負担している。

このように2000年代以降，仕事と家庭の両立支援政策は，親時間・親手当や保育政策を中心に大きく展開してきた。とくに保育所の新設については，今度は西が東に倣っているといえる。

西側の親が保育所を利用する率は2006年に8%，2009年で14%になおとどまっており，東の46%に比べると大きな差異が残っている。とはいえ，今後保育所，学童保育，全日制学校の整備がより広範に進んでいけば，ドイツ社会全体の家族の生活や働き方も，大きく方向転換していくことになると考えられるだろう。

6章

デンマーク
▶保護者との協働による普遍的な保育サービス

石 黒　暢

1　はじめに

　デンマークは，人口が約556万人（2010年）で日本の兵庫県とほぼ同じ，国土の面積は九州とほぼ同じという小さな国である。デンマークといえば，「みにくいアヒルの子」や「人魚姫」の作者として有名なアンデルセン（H.C. Andersen）が，日本ではなじみ深いかもしれない。同時に高福祉の国としても知られているだろう。社会学者エスピン-アンデルセンの福祉国家類型論によると，デンマークをはじめとする北欧諸国は，「社会民主主義レジーム」に分類され，その特徴の1つは，政府が普遍的な社会保障給付を行うこととされている。

　また，2006年に英国レスター大学の社会心理学者エイドリアン・ホワイトが発表した幸福度調査で，デンマークは国民の幸福度が世界一高い国であることが示され，国際的に注目を集めた。この国の保育保障はいったいどのようなものなのだろうか。

　世帯ではなく個人が社会の基本単位となっているデンマークにおいては，個人が経済的に自立していることが当然とされている。女性（15〜64歳）の労働参加率は73.1％（2008年）と高い水準にある（男性は84.0％）。社会が，子どもをもつ家族の子育てを支え，ワーク・ライフ・バランスを保障するうえで大きな役割を担っている。18才未満の子どもに対しては生みの親に扶養義務が与え

られているが，家族が義務を果たせるように社会が枠組みをつくってサポートすべき，という考え方がデンマークにはある。

　デンマーク政府は，家族政策の政策目標として，①家族の自由と責任を尊重する仕組みを構築する，②家族のために適切な枠組みを提供する，③家族に選択権を与える，④困難な状況にいる家族を支援する，の４つを挙げている。このうち，②の「家族のための適切な枠組み」としては，柔軟な育児関連休業制度，医療制度，児童手当制度などとともに，質の高い保育所の提供が挙げられ，これらが重点的に取り組む課題として位置づけられている。デンマークの保育サービスは，すべての子どもを対象に提供されている普遍的なサービスであり，大きな公的責任のもとで保障されているところに特徴があるといえる。

　デンマークでは長い間，保育施設に社会的・教育的機能があると考えられてきた。そこで，保育所は，親の就業中にただ子どもの世話をしてもらうところにとどまらず，子どもの社会化のためにも発達のためにも，通うことが必要なところと捉えられてきた。ただし，多くのヨーロッパ諸国と異なり，デンマークの保育施設は，教育を行う施設ではなく，子ども志向のケアを提供し，豊かな経験と人間的なかかわり合いのなかで，子どもの健全な発達を促す場として捉えられてきており，保育施設で読み書きなどを教えることについては否定的であった。未就学児の保育政策を教育の管轄に移行したスウェーデンなどと異なり，デンマークの保育政策の管轄は，現在でも教育省ではなく社会省である。

　しかし，デンマークでは子どもの学力低下が大きな社会問題となり，さらに，2000年から３年ごとに実施されているPISA（OECDによる国際学習到達度調査）において，デンマークの子どもたちの学力の順位があまり上位になかったことも大きな契機となって，就学前から学力の基礎を身につけられるように，施策を改革していく必要性が強調されるようになってきている。これは，先進諸国共通の傾向であるが，工業社会から知識社会への移行，そしてグローバル化のなかで，良質な労働力を確保するために，教育がますます重要視されている。デンマークでは，社会民主党・急進自由党の連立による中道左派政権に代わって，2001年に発足した中道右派政権（自由党・保守党連立）が，知識社

会に対応した政策の重要性を強調し，労働市場政策から科学技術政策，環境政策まであらゆる分野で大規模な改革を実施している。政府が2006年に発表したグローバル化戦略のなかでは，世界最高クラスの教育制度を構築することが必要とされている。とりわけ，デンマークのすべての子どもが就学時に学校生活の「よいスタート（en god start）」を切ることが目標の1つとなっており［Undervisningsministeriet 2007］，就学前の対策が重要視されていることがわかる。

そのような議論のなかでよく使われる言葉が，「社会的遺伝」（social arv）である。社会的遺伝とは，生まれ育った社会的・文化的環境や家庭環境が，個人の行動，知識，姿勢，価値観，対処能力に影響を与えること［Jensen 2002］である。デンマークではとくに，「負の社会的遺伝」（negativ social arv）という文脈で使用されることが多いが，社会的に問題を抱える家庭の子どもは，負の連鎖により，親世代と同じように問題を抱える可能性が高いと指摘されている。デンマークの国際的な競争力を高めるためには，一部の人材のみをエリートに育て上げるのではなく，国民全体の教育レベルを引き上げる必要があり，問題を抱える人びとの負の社会的遺伝を断ち切る様々な施策を講じる必要がある。[2]前述のように，デンマーク政府は，子どもたちが学校に入学して「よいスタート」を切ることが重要であると考えている。子どもに可能な限り早く手を差し伸べることが負の連鎖を断ち切ることにつながるとし，保育施設において対策を講じる必要性を強調しているが，デンマークは大半の子どもが保育サービスを利用していることが強みとなり，施策の効果を上げやすいとしている。

このような背景のもとに，知識社会の基盤づくりをめざすデンマークが取り組んでいる改革は広範囲にわたるが，未就学児に関連する改革の例としては，2004年から保育所における学習計画作成が義務付けられるようになったことや（→第6節参照），小学校入学前に1年間通う就学前クラスが2009年から義務教育化されたこと（→第7節参照）が挙げられる。

また，2007年には保育サービス法（dagtilbudsloven）が制定されている。保育についてはそれまで社会サービス法（Lov om social service）において規定されていたが，そこから保育に関する条項を独立させ，保育の内容をより詳細に既定したものが保育サービス法である。もとの社会サービス法においては，子ど

もにケアや安心感を与える場であることが強調されていた保育が、保育サービス法では、学びの場であることが強調され、保育内容と質に焦点が絞られている。とりわけ、3歳児全員への言語スクリーニング実施や、それまではなかった給食の導入などについて定められている（→第6節参照）。

このような背景をふまえて本稿では、まずデンマークの家族と労働に関するデータを紹介する。つぎに、デンマークで普遍的な保育サービスがどのような仕組みで提供されているかを概観するとともに、未就学児の保育・教育分野の最新の動向について述べる。最後には、デンマークの保育政策が日本の保育に何を示唆するのかを考察したい。

2　家族と労働に関する状況

(1) 出生率と人口構造

デンマークの合計特殊出生率をみると、1960年には2.54であったのが60年代中頃から大幅に低下し、1983年には最低の1.38に達した。その後は上昇に転じ、1994年に1.81に達した後は横ばいとなり、2009年には1.84となっている。クヌズセン［1999］は、1983年から1994年にかけてのデンマークの出生の増加は、出生奨励政策の結果ではないとしている。最も大きな影響を与えたのは、家族政策と雇用政策であり、子どもがいる生活に国民が魅力を感じられるようにすることが、間接的に出生率の増加につながったとしている。

図表6-1は、デンマークの年齢段階別の推移を表したものである。0～14歳の年少人口割合は、2010年には18.1％となっている。2005年からの変化をみると、高齢人口割合が増加し、年少人口がやや減少している。

(2) ひとり親の割合と貧困率

子どものいる家族のうち、ひとり親家族が占める割合は22.1％（2010年）である。児童のうち、両親と暮らしているのは81％、シングルマザーの子どもは15％、シングルファーザーの子どもは2％、両親と暮らしていない子どもは1％（2006年）となっている［Familie- og arbejdslivskommissionen 2007］。

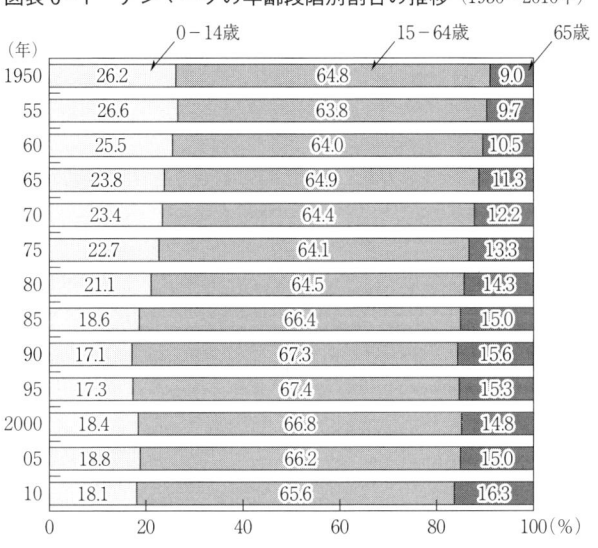

図表 6-1　デンマークの年齢段階別割合の推移（1950～2010年）

（年）	0-14歳	15-64歳	65歳
1950	26.2	64.8	9.0
55	26.6	63.8	9.7
60	25.5	64.0	10.5
65	23.8	64.9	11.3
70	23.4	64.4	12.2
75	22.7	64.1	13.3
80	21.1	64.5	14.3
85	18.6	66.4	15.0
90	17.1	67.3	15.6
95	17.3	67.4	15.3
2000	18.4	66.8	14.8
05	18.8	66.2	15.0
10	18.1	65.6	16.3

出所：デンマーク統計局（Danmarks Statistik）データを基に筆者作成

　OECDのデータによると，デンマークの児童貧困率[3]は2.2％と調査対象国中最も低いが，ひとり親の児童の貧困率は6.8％となっており，両親がいる児童と比べると，困窮している割合が高いことがわかる。しかし，デンマークでは，ひとり親に対して比較的手厚い保障が提供されている（→第7節参照）。

（3）労働時間と家事労働時間

　デンマークの年間労働時間数は1563時間（2009年）で，日本の1714時間より151時間少ない。また，2006年にデンマーク国立社会研究所が0～10歳の子どもがいる共働きカップルを対象として実施した調査によると，週当たりの労働時間は，女性35時間12分，男性が42時間57分である［Doding et al. 2006］。デンマークの法定労働時間は週37時間なので，残業時間が短いことがうかがえる。デンマークでは多くの人が夕方早く帰宅して，家族揃って夕食を食べる。そのために，勤務中はできる限り効率的に仕事をする。仕事の無駄を徹底的に省くことが心がけられている。

図表6-2　M家の1日（家族構成：母親，父親，子ども2人-7歳・4歳）

6:00	起床
6:15	子どもを起こす 朝食
7:15	父親が子どもを送り，その後出勤
7:45	母親が出勤
16:00	父親が子どもを保育所に迎えに行く
17:00	家族全員帰宅 父母のどちらかが子どもたちと遊び，もう一方が夕食の準備
18:00	夕食
19:00	どちらかが子どもにシャワーを浴びさせて寝かしつける もう一方は後片づけと次の日の子どもたちのお弁当の準備
19:30	子ども就寝
21:30	父母就寝

（筆者作成）

　同調査で，週当たりの家事・育児時間は，女性が12時間58分，男性が8時間13分となっている。男性が家事・育児の38％を担っていることになる。このような分担について，ほとんどのカップルが不満を感じていないようである。家事分担について，カップル間で意見が「完全に」あるいは「ほとんど」一致していると回答している女性は80％，男性は81％，育児分担について一致しているのは女性の93％，男性の95％という調査結果がでている。また，男女とも約75％が自分のワーク・ライフ・バランスに満足していると答えている［Deding et al. 2006］。

　ここで，あるデンマーク人家庭の1日の生活をみてみよう（→図表6-2参照）。

　4人家族のM家は，母親が民間企業，父親が市役所でフルタイム勤務している。朝は自分の身仕度と子どもの世話で忙しいが，2人で分担してこなしている。朝食は，コーンフレーク，オートミール，パン，ヨーグルトなどである。父親が自転車を利用して子どもの送迎をしている。母親と父親はできる限り定時に仕事を終えられるよう，いかに効率的に仕事をするかをつねに考えながら働いているという。昼食は，勤務先の食堂で手早く済ませる。夕方は16時頃に保育所と学童保育に子どもを迎えに行く。17時には母親も帰宅して家族全員が揃う。それから夕食までは，子どもとじっくり触れ合える最も楽しい時間

だという。一緒に本を読んだり，おもちゃで遊んだり，ゲームをしたりする。子ども向けのテレビ番組を見ることもある。どちらかが子どもと遊んでいる間にもう片方が夕食の準備をする。どちらかというと母親が料理をすることが多い。食料品の買い物は，1週間分の献立を考えて，土曜日にまとめてしている。夕食は，肉料理やパスタなどが多い。じゃがいももよく食べる。日本と比べると食生活は簡素で，準備も楽なようである。夕食を食べながら，その日にあったことを家族で話し，楽しい時間にするよう心がけている。子どもとの対話を大切にしており，子どもの話にじっくり耳を傾けるようにしている。

夕食が終わると，少し休んだ後に，子どもたちの就寝準備となる。子どもたちがシャワーに入るのは1日おきである。夜はベッドで必ず本を読む。子どもたちは疲れているのか，本を読み終わる19時半頃にはすぐに寝入ってしまうという。一方が子どもを寝かしつけている間に，もう一方が夕食の後片づけと次の日のお弁当の準備をする。その後は，大人だけのリラックスタイムで，コーヒーを飲んだり，テレビを見たり，パソコンでメールをチェックしたり，本を読んだりする。21時半には就寝する。掃除や洗濯は週末にまとめてすることが多い。以上がM家の典型的な1日である。

デンマークでは5週間の有給休暇が法的に保障されていて，ほとんどの労働者が有給休暇をすべて消化している。M家は，毎年夏に2週間ほどの休暇をとるという。海岸沿いの別荘を借りて過ごすことが多い。休暇の残りはその他の季節に分散して使い切るという。

3　保育サービスの概要

(1) 保育サービスの責任の所在

デンマークの保育施策は社会省の所管であるが，基礎自治体である市が，市民に対する保育サービスに対する責任を負うことが，保育サービス法に明記されている。また，保育サービスの目的の1つとして，「家族ができる限りニーズと希望に沿った家庭生活・労働生活を送ることができるように，様々なタイプのサービスや補助を提供し，家族に柔軟性と選択肢を与えること」（保育サー

ビス法第1条）が掲げられており，保育サービスが家族のワーク・ライフ・バランスを支えるものであることが明確化されている。

（2）保育サービスの種類

　保育施設には，0～2歳児対象の乳児保育所と3歳から就学前児童対象の幼児保育所，さらに0歳から就学まで続けて通うことができる統合保育所がある。乳児保育所に通っている児童は，3歳になる頃に，幼児保育所（または統合保育所）に移る。多くの場合，乳児保育所と幼児保育所は隣接しているか，近くに配置されていることが多い。最近は，一貫して通うことができる統合保育所が増加傾向である。

　保育所の大半（72%）が公立で，21%が独立法人（selvejende institution）とよばれる非営利の法人が運営する市の認可保育所である。独立法人の認可保育所は補助金を受けて運営しており，入所申し込みや待機者リストは市が管理している。残りの6%は認可外の民間保育所である。

　独立法人以外の民間事業所の運営する保育所は，市の設定する基準を満たし，助成認定を受けられれば，補助金を受けて運営することができる。市から支給される補助金は，保育運営費，建物費（建物の維持費，家賃など），事務費で，その金額は，それぞれ，市と独立法人の保育所運営費の基準額（児童1人当たり）×入所児童人数分である。保護者が負担する保育料は保育所が自由に設定することができ，上限はとくに設定されていないが，市や独立法人の認可保育所と比較してそれほど高くはない。認可外の民間保育所の入所は各保育所に直接申し込みをし，契約も市を通さずに直接行われる。

　また，デンマークには保育施設以外に，家庭的保育（保育ママ）制度がある。これは，市の認可を受けて市に雇用された保育ママ（家庭的保育者）が自宅で5人までの児童を預かる，というものである。対象年齢は6カ月から2歳と定める自治体が多い。1967年に保育ママ制度が開始されたときには，保育所不足対策のための過渡的措置であったが，運営面で柔軟性があることや，伝染病に感染するリスクが少ないこと，家庭的な保育環境であることから，親たちに根強い人気がある［クヌズセン 1999］。

保育ママの雇用については，規定が非常にゆるやかである。保育ママになるためにペダゴー資格（→第5節参照）は必要ないが，雇用されるためには市が指定する2～3週間の研修を受けなければならない。また，雇用されてから13週間は試用期間となる。保育ママが2人以上いる場合は，1カ所で10人まで預かることができる。多くの市では，数人の保育ママがグループを形成していて，頻繁にグループで集まって保育を行っている。そのグループに市から保育ママ専門職員（ペダゴー有資格者）が配置され，指導・監督の役割を担っている。市は市内の保育ママが預かっている子どもを遊ばせることができる場所（公共施設の1室など）を提供しているため，そこにグループの保育ママが集まり，子どもたちを集団で遊ばせることができる。そうすると，保育ママが病気などで子どもを預かることができなくなってグループの他の保育ママが代わりに預かる際に，子どもと保育ママが初対面でないためスムーズに引き受けられるというメリットもある。

　さらに，個別保育制度もあり，これは，就学前の子どもをベビーシッターや親族，友人などに子どもを預け，その際にかかった保育費用の一部を補助金として市から受け取ることができる，というものである。親と保育者が保育時間や保育料などの条件を話し合い，契約書を交わし，市に提出する。市の保育担当官が，保育が行われる場所（保育者の自宅，子どもの自宅，その他）を訪れ，親と保育者と3者の面談を行う。さらに保育場所の安全面もチェックされる。問題ないと判断されると助成認定され，補助金が親に対して支給されることになる。保育費用の75％が補助されるが，金額の上限は自治体によって定められている。たとえば，オールボー市では，2歳未満の子どもの場合，月額5074クローネ，3歳から就学前までの子どもの場合，2995クローネが親に支払われる補助金の限度額である［オールボー市ホームページ］。

　デンマークでは保育サービス利用保障制度が導入されており，申請があれば，生後26週間～就学前のすべての子どもに対して申請から3カ月以内に保育サービスを提供することを基礎自治体に義務付けている。親は保育施設等の希望を表明することができるが，入所保障制度では希望の施設に入所できることまでは保障していない。

▲多くの保育所には一般家庭と同じようなキッチンがある。2007年3月，筆者撮影。
▲保育所の1室。ソファが置かれていて家庭的な雰囲気。2008年9月，筆者撮影。

市が保育サービスを提供できなかった場合，市は，空きが出るまでの保育費用を負担する。たとえば，個別保育制度を利用して補助金を受けながら個人の保育者に子どもを預けて，希望する保育所の空きを待つことができる。

4　保育施設の量的側面

(1) 保育サービスの利用児童数

デンマークは国際的にみて保育サービスの利用割合が非常に高く，0～2歳児の65.6%，3～5歳児の96.7%（2009年）が利用している。

前述のように，自治体は生後26週から就学前の全児童に保育サービスを提供する義務を負っているが，申請者の入所の優先順位のつけ方については全国基準がなく，各自治体が決めている。

市が公立と独立法人の認可保育所の入所申請を受け付ける。申請書に記入して市役所で申し込むほか，市のホームページからオンラインで申請することもできる。

保育サービスを利用している児童がどのサービスを利用しているかをみてみよう（2009年）。まず0～2歳児をみると，家庭的保育が最も多く48.3%，つぎに多いのが統合保育所で40.3%，乳児保育所が9.3%，幼児保育が2.0%，その他が0.9%となっている。つぎに3～5歳児をみると，統合保育所が最も多く51.6%，ついで幼児保育所で41.9%，家庭的保育が0.4%，その他が6.2%とな

っている。

　待機児童の有無は地域によって大きく異なるが，一般的に都市部では保育施設が足りず，待機児童が多い。各自治体は保育施設の入所定員を増やすために様々な施策を講じているが，ここでは，待機児童がとくに多いコペンハーゲン市の合同保育ママ制度を紹介したい。これは，3人の保育ママが，家庭または市から提供された施設で8人の子どもを預かるというものである。約170人の子どもが利用している。開所時間は8時～16時半と，通常の市の家庭的保育より1日当たり1時間短いが，家庭的な雰囲気で子どもを保育するこの制度は，利用している親の満足度が高い。また，1人ではなく複数で仕事に携わることができる保育ママ自身も，このような形態に満足しているという［Danmarks Radio 2010/8/16記事］。新しい保育施設の建設用地を見つけることが難しい首都圏における受け皿として，今後ますます増えることが予想されている。

▲乳児保育所の屋外でのお昼寝風景。デンマークでは屋外で昼寝をするのが乳児の健康によいと考えられている。2007年3月，酒井祐美子氏撮影。

（2）保育費用の自己負担

　公立と独立法人の認可保育所と保育ママの財源については，保育サービス運営費用の最低75％が市からの補助，最高25％が利用者の負担と定められており，その範囲内で市が補助割合と利用者負担割合を決定し，そこから月々の利用料を算出する。

　保育料の月額全国平均（2010年）は，以下のとおりである。乳児保育所2945クローネ，幼児保育所1607クローネ，統合保育所の0～2歳児保育2993クローネ，統合保育所の3～5歳児保育1781クローネ，家庭的保育（0～2歳児）2292クローネである。

　低所得世帯には保育料の減額制度があり，2010年の基準では，所得が46万

1600クローネ未満の世帯に適用される。所得が低いほど減額割合が大きくなり，14万8701クローネ未満の世帯では，保育料自己負担がゼロとなる。また，兄弟姉妹の減額制度もあり，兄弟姉妹のなかで最も高い保育料を払う子どもの保育料は全額負担しなければならないが，それ以外の兄弟姉妹の保育料は半額となる。

5　保育施設の質的側面

(1) 利用時間

　開所時間は，大体6：30～17：00（金曜日は16：30）であるが，自治体や施設によって異なる。コペンハーゲン市では，週当たり48～55時間開所することが定められており（保育ママは48時間），その範囲内で，各保育施設が開所時間を決める [Rostgaard 2004]。

　デンマークの80％の保育施設が早朝から来る子どもたちにパン，おかゆ，コーンフレークなどの朝食を出している [FOA 2011]。夕方の閉所時間が日本と比べると少し早いが，デンマークの職場は終業時間が早いので，不便に感じている家庭はそれほど多くない。閉所が早すぎて大いに問題であると感じている母親は4％，父親は5％である。時々またはたまに問題であると感じる人を含めても，母親20％，父親25％である [Deding et al. 2006]。

　保育施設の週当たりの平均利用時間数は，32.8時間となっている [FOA 2010]。

　保育所の休日は原則的に土・日・祝日と6月5日（憲法記念日），12月24日（クリスマスイブ）である。それ以外の平日で，保育所に来る児童の数が少ないと見込める日（夏休み，クリスマス，新年，金曜日など）や，職員研修などで保育ができない場合には，休日とすることができるが，あらかじめ保護者に周知するとともに，必要な児童が別の形で保育を受けられるように（連携している別の保育所に行ってもらうなど）とりはからわなければならない。

（2）職員の状況

ペダゴー（pædagog）とよばれるデンマークの保育専門職は，英語では"social educator"または"social pedagogue"と訳されることが多い。日本の保育士とは異なり，子どもの保育に特化した専門職ではない。たとえば，障がい者施設や一部の高齢者施設にも専門職として配置されている。た

▲職員も午後にはコーヒータイム。コーヒーを飲みながら子どもに目を配る。
2007年3月，酒井祐美子氏撮影。

だ，ペダゴー資格を取得した人のほとんどが保育所や学童保育施設で働いている。

養成教育は大学学士レベルの3年半の専門教育で，実習と理論を交互に繰り返すのが特徴である。実習が長く，1年目に3カ月（無給），2年目と3年目に各26週間（有給）の実習がある。2年目と3年目の実習中は月当たり約8000クローネの給与が支払われる［UddannelsesGuidenホームページ］。教育を修了すると，社会教育学士という学位が授与される。教育終了後にすぐ即戦力となる専門家を養成している。このような養成教育の充実，そしてペダゴーの能力の高さが保育サービスへの信頼を高めている。

2009年にペダゴーの教育を修了したのは4318人である［UddannelsesGuidenホームページ］。2010年にペダゴーの教育課程に入学したのは4242人で，その男女比をみると男性が25％で，ここ数年で最も高い割合となっている［Tilmeldingssekretariatet 2010］。一方で，働いているペダゴーの男女比をみると，男性は14％と少ない［BUPLホームページ］。

デンマークでは，保育施設における全国一律のペダゴー配置基準は定められていない。1クラス（グループ）の人数や1人当たり床面積なども全国の基準がなく，各自治体，施設，予算によって変化する。保育職員（有資格者と無資格者混合）1人に対する子どもの数の全国平均（2010年）をみると，乳児保育所では4.9人，幼児保育所では10人となっている［FOA 2010］。また，一例としてコ

図表 6-3　G市のB保育所の1日

6:30	開所
	児童は1カ所に集められる
	朝食（オートミール，コーンフレーク，ライ麦パンなど）
8:00	年齢別クラスに分かれて自由遊びまたは集団活動
9:30	各クラスで朝の集まり。その日の活動について話をする。
	歌，手遊び，言葉遊び，読み聞かせ，テーマ学習など。
11:00-12:00	各クラスで昼食
12:00-14:00	外遊び，低年齢児はお昼寝（12:30-13:30　スタッフは交代で休憩）
14:00	果物のおやつ（各クラスから2人が準備を手伝う）
15:00	自由遊び
17:15	閉所（金曜日は16:30に閉所）

（筆者作成）

ペンハーゲン市の状況をみると，乳児保育所では3人，幼児保育所では6.5人という保育職員配置で，職員のうち，ペダゴー資格をもつ割合は51％（2004年）となっている［Rostgaard 2004］。

ペダゴーの初任給平均は，公務員の場合2万4719クローネ，民間の職場で働く場合2万4517クローネ，保育ママの初任給平均は2万3152クローネ［UddannelsesGuidenホームページ］となっている。他の職種と比べると賃金は低く，子どもにかかわる重要な職種であるにもかかわらず，ペダゴーの社会的地位はあまり高くないとされている。

(3) 自 然 保 育

デンマークの保育の特徴の1つは，屋外保育の重視である。子どもが外で遊ぶ時間の1日当たり平均時間（2010年）は，乳児保育所の子どもで2時間54分，幼児保育所の子どもで4時間2分となっている［FOA 2010］。自然との触れ合いが非常に重視されているが，とりわけ，1日中，森や林の中で保育を行う自然保育所（森の保育所ともよばれる）の伝統がある。デンマーク最初の自然保育所はスレレズ（Søllerød）という町で，1950年に設立された。その後，豊かな自然体験を子どもに与えるとともに，運動発達や健康によい影響を与え，環境意識の醸成にも寄与するとして，デンマークでは根強い人気をほこっている。2003年のデータによると，デンマークの自然保育所数は約500となっている

[Hattel 2009]。主に3～6歳児が対象で，原則的に天候や季節にかかわらず，近隣の森に出かける。保育所からバスで森に出かけたり，あるいは森の近くの集合場所まで保護者が送り，その後に森に連れて行ったりなど，様々な形態がある。

筆者が訪れた自然保育所を簡単に紹介する。スヴェンボー市立リュタゴーン保育所という0～6歳対象の統合保育所である。すべての年齢児の保育で屋外保育を重視し，子どもたちは毎日必ず園庭で遊ぶが，5・6歳児（16人）は週に4回，朝にバスで保育園から30分ほどのところにある森に出かけ，1日を森で過ごしている。森に到着すると，子どもたちは保育スタッフの目の届かないところにまで散っていく。それでも，昼食時に合図の大きな音を鳴らすと，必ず全員集まってくるという。斧で薪を割るなど，少々危険なこともあえて子どもに体験させる。拠点となる小さな小屋があり，そこでお弁当やおやつを食べる。夕方になるとバスで保育所に戻る。いきいきと自然を探索し，走り回って遊ぶ子どもたちの表情が印象的であった。

▲自然をそのまま再現した保育所の庭。
2007年3月，筆者撮影。

（4）保護者会の設置

デンマークの保育サービスの特徴の1つは，保護者会の活動である。保育を利用する親が保育所別に組織する保護者会が，保育サービスの内容や質に大きな影響を与えている。これは，利用者民主主義，あるいはユーザー・デモクラシーとよばれる概念で説明される。公的サービスの実施，運営に利用者が参加するというもので，デンマークの公共組織運営を特色づける重要な要素である。

利用者参加には2つの側面がある。1つは，サービスの利用者自身が影響力を行使するという側面である。デンマークでは，各分野の専門家の「専門知識

の独占」に対して強い抵抗があり、何事においても専門家だけに任せることをよしとしない。社会サービスについては、利用する当事者が自分たちの問題をよく知っており、自らが主体的に発言すべきだという考え方が存在している。保育や教育においては、親が自分の子どものことを最もよく知っているため、親が子どもに関する事柄について最大限決定権をもつべきであると認識されている [Andersen 2000]。

　もう1つは、複数の主体が協同で問題の解決にあたるという側面である。デンマークでは、19世紀半ばから盛んになった協同組合運動に特徴づけられるように、何事も単独ではなく複数の人や団体が連帯して問題に取り組む伝統がある。社会サービスにおいても、連帯の理念に基づき、行政とサービス実施者、利用者が手を取り合って課題に向き合うのである。

　利用者組織の発展に目を向けると、まず1980年代半ばから、社会サービス各分野で利用者理事会を設置して、社会サービスの民主的な運営を図る取り組みが多くみられるようになってきた。保育サービス以外では、小中学校、高齢者施設などで導入されている。1992年からはすべての保育施設に保護者会の設置が義務付けられた。保育ママ制度の場合は、自治体ごとに1つの保護者会が設置されている。保護者会は、一定枠内において、当該保育施設の保育理念や予算の方針の決定にかかわることができる。また、施設長の人事に関与することも認められている。

　自治体ごとの保護者会連合組織や、全国の保護者会、自治体の連合組織によって組織される全国組織もある。保護者会全国組織（Forældrenes Landsforening, 略称 FOLA）は1974年に結成され、約1500組織が会員となっている。保育の改善に向けて積極的に活動しており、保育施策に関する新しい動きがあると、しばしば新聞記事に FOLA の代表者のコメントが掲載される。

　ペダゴーの労働組合とも協力しながら活動を進めている。デンマークの労働組合は職種別に組織されており、ペダゴー労働組合（Forbundet for pædagoger og klubfolk, 略称 BUPL）には全国のペダゴーの90％以上が加入している。非常に強大な影響力をもつ労働組合である。

　最近では、2009年秋に自治体の保育予算削減に抗議して、ペダゴーたちがス

トライキを起こすとともに，親たちが自分たちの保育所を占拠し，保護者会が中心となって，抗議活動を展開する姿が大きく報道された。コペンハーゲンでは数十カ所の保育施設で抗議活動が行われ，それによって市議会は，予算案を再審議することとなった。このように，デンマークではペダゴーと親たちが手を結んで保育の改悪を防ぐ役割を果たしている。

(5) 保育サービスの評価・監督

　市が，民間のものも含めてすべての保育サービスを監督する権限と責任をもっている。監査の方法や基準等については，市がそれぞれ定め，公表しなければならない。事前予告監査を年に1度実施している市が多いが，何らかの問題が発生した場合など，状況によっては抜き打ちの監査もある。監査は，保育サービスの質のチェックという意味合いだけでなく，監査のプロセスのなかで監査実施側と保育サービスの責任者が対話を重ねることで，保育の質が向上するという意義があるといわれている。監査の内容は，保育内容，安全対策，衛生面，職員の資質，建物，財務などである。

6　保育サービスの最近の動向

(1) 学習計画作成

　各保育所は学習計画を作成しなければならないと，保育サービス法で定められている。伝統的に「学習」や「カリキュラム」といった用語に抵抗感をもつデンマークの保育の現場で学習計画が導入されたことは，大きな変化である。デンマークの保育では，子ども中心の遊びを通じて発達を促すという考え方があり，ケアや子どものウェルビーイングが重要視され，保育と教育は別ものであるという根強い考え方があった。しかし，他のヨーロッパ諸国が保育において早期教育を重視するようになってきていることや，PISAでデンマークの子どもたちの学力低下が示されたことが契機となり導入されることとなった学習計画は，極端に子ども中心志向の保育実践から，ペダゴー主導の保育実践への転換を意味するという声もある［Broström 2006］。

学習計画導入により期待されている効果は，①すべての児童がよりよい状態で就学できる，②保育所間の保育の質を均質化する，③負の連鎖（社会的遺伝）を断ち切るの3点である。
　ただ，保育サービス法で求められているのは，各保育所が，6つの分野（①多面的な人格的発達，②社会的能力，③言語発達，④身体能力，⑤自然，⑥文化的表現）において，それぞれ「目標」「方法」「活動」を定めることである。つまり，あらかじめ設定されているのは，学習計画の6つの柱だけであって，学習計画の内容の詳細は現場にまかされているというわけである。これは，決定権限はできるだけ現場に近いところにおくことを重要視するデンマークらしい仕組みといえる。保育所長が学習計画作成に責任を負うことになっているが，計画を作成し，取り組み状況を毎年評価し，フォローアップするプロセスすべてに保護者会が関与することになっている。

（2）給食の導入

　デンマークの保育施設では，原則的に，子どもたちが昼食の弁当を持参することになっている。弁当の中身は，ライ麦パンのうえにハムやチーズ，野菜などをのせたオープンサンドイッチ，果物など簡素なものが多い。しかし，家庭によって内容に差があり，子どもの健康に悪影響を及ぼすような内容の弁当を持参する子どももいるという。とくに，児童の肥満が問題になっており，食生活は「社会的遺伝」すると考えられているデンマークでは，肥満を防止し，子どもたちの健康を守るために，カロリー面でも栄養面でも適切な食事をすべての児童に保障することの必要性が議論されるようになり，すべての保育施設で給食を導入することが保育サービス法で定められた。それ以前にも保育施設によっては，給食を導入しているところがあったが，これをすべての保育施設に広げたわけである。
　保育施設の給食導入については，評価する声もあったものの，多くの親や国民から大いに批判されることとなった。その要因の1つは，給食の導入が選択制ではなく，すべての市のすべての保育施設で実施されなければならないという点である。また，そのために，保護者負担である給食費は，すべての子ども

の保育料（低所得のため保育料を支払っていない人を除く）に上乗せされるのである。また，すべての児童に給食を提供できる調理設備が設置されてない保育施設も多く，その設置費用もかかる。また，保育予算が削減されつつある情勢のなか，美味しく栄養豊かな給食が提供される可能性は少なく，親が自分で子どもに適切な昼食を作って与えたいという意見も聞かれた。

　2010年から，すべての保育施設が給食を提供しなければならないと定められていたが，実際に完全提供を始めたのは，全国98の市のうち22市だけであった。58の市では，一部の保育施設だけで給食を提供し始めた［KLホームページ］。さらに，給食導入に反対する親たちのなかには，自分たちで弁当を作ってそれを保育施設に販売し，それを施設が子どもに提供すれば，保育施設が給食を提供したことになり，法律にそむいたことにならないだろうと言い出す者も出てきて，大混乱となった。

　これを受けて，政府は，給食の導入に関する規制を緩和し，導入を各保育所で選択できる柔軟な制度にすることを決めた。これを受けて2010年6月に改正された保育サービス法によると，すべての児童は保育所で健康的な昼食をとる権利を有するという大原則は同じであるが，給食を導入するかどうかは，各保育施設の保護者会が決めることができる。導入を決定した保育施設は，2011年8月までに提供を開始しなければならない。保護者会は2年に1度，給食の提供可否について話し合い，決定する。給食が提供される保育所では，すべての児童が給食を利用しなければならない。給食費は，通常の保育料とは別に徴収される。給食を提供しない施設では，保護者が運営する給食制度（有料）を取り入れることが認められている。

　2010年末までに，各保育施設の保護者会は給食を導入・継続するかどうかを市に報告しなければならないこととなった。しかし，保育サービス法を遵守して2010年初めからすでに給食を導入している自治体では，混乱が生じている。たとえば，コペンハーゲン市は，約1800万クローネ近くを投資して市内の保育施設の調理施設の整備を進め，120人の調理職員を新規雇用して，2010年1月から給食の提供を開始していた。ところが法改正により，もし，給食提供を希望しない保育施設が出てくれば，その費用が無駄になるわけである［Danmarks

Radio 2010/11/1 記事]。保育施設の給食については，しばらく混乱が続きそうである[4]。

（3）児童環境評価

　保育施設の環境改善にも力が注がれている。2006年に，保育サービスにおける児童環境に関する法律が制定され，2007年には，規定が保育サービス法に組み込まれた。そこでは，すべての保育施設は施設の児童環境評価（børnemiljø-vurdering）を実施し，児童環境評価書を作成しなければならないと定められている。これは，児童を取り巻く環境について調査・評価し，改善していくための取り組みである。家庭的保育の場合は，自治体単位（あるいは小地域単位）で児童環境評価書が作成される。2009年7月1日までに作成し，その後は3年ごとに改訂しなければならない。児童の視点からの評価も重視されているため，可能な限り児童を関与させて（児童にインタビューを実施するなど）評価書を作成することが定められている。

　児童環境評価は次の3つの側面から実施されなければならない。①物理的環境（屋内外のデザイン，広さ，室内空気，安全対策など），②美的環境（児童が居心地よいと感じているか，よい刺激を与え成長意欲を引き出しているか），③心理的環境（保育職員や他の児童との人間関係など）の3つである。法律ではこのような大枠が定められているだけで，具体的にどのような項目について，どのような方法を使って評価を実施するかは定められていない。これに対して，自治体ごとに統一の基準を定めるべきであるという意見もある。親が保育所選びの際に，参考資料として児童環境評価書を使うことができるようにするためには，評価書の基準が統一されていなければならないからである［BUPLホームページ］。

　各施設長が児童環境評価書作成の最終的な責任を負っているが，職員と保護者会が一緒に審議して作成することになっている。評価書は誰でも閲覧できるよう公開しなければならず，多くの保育施設はホームページ上で公開している。

(4) 3歳児の言語スクリーニング

　市はすべての3歳児に言語スクリーニング（sprogvurdering）を実施しなければならないと定められている。これは，子どもの言語発達を調べるもので，年齢相応の発達がみられない子どもには，意識的に言語的な働きかけを行う。とくに，移民が人口の約1割を占めるデンマークでは，移民の子どものデンマーク語能力を高めることに重点がおかれており，デンマーク語を着実に身につけるか否かが，就学後の学力や進学率，その後の就職に大きな影響を与えると認識されている。

　保育所に通う児童の場合，保育のなかで言語スクリーニングを実施することが一般的である。言語能力は児童の発達において重要な役割を果たすことから，3歳の時点でスクリーニングを行い，必要と判断された児童については，言語能力を発達させるため特別な働きかけを行う。保護者には，言語スクリーニングを児童に受けさせることが義務付けられている。

　言語スクリーニングのプロセスは一般的に以下のとおりである。
① 児童と面識のあるペダゴーが言語スクリーニングの実施を保護者に予告する。
② 保護者用の言語スクリーニング調査票を保護者が持ち帰り，回答を記入する。
③ 保護者が調査票を提出し，回答が記録される。
④ ペダゴーが児童の言語スクリーニングを実施する。実施場所は，保育施設に通所している児童はその施設，通所していない児童は児童の自宅というケースが多い。
⑤ 保護者の調査票の回答とペダゴーのスクリーニング結果から，総合的に結果がはじき出され，保護者に通知される。
⑥ その結果，言語的な働きかけが必要と判断されれば，ペダゴーと保護者が今後の計画について相談する。

　2009年に実施された調査によると，全国の自治体の実施する言語スクリーニングの結果，83％の児童が年齢相応の言語能力をもっており，残りの17％の児童には特別な言語的な働きかけが必要であることが明らかになっている

[Danmarks Evalueringsinstitut 2009]。

7　保育を取り巻く環境

(1) デンマークの育児関連休業制度

　ここでは，デンマークの育児関連休業制度についてみていきたい。原則的に，母親は，産前休暇4週間（公務員は6週間），産後休暇14週間，父親は，父親休暇を2週間（産後14週以内）取得できる。さらに，両親が取得できる親休暇各32週間がある。しかし，産業別の労使協定で上乗せされる部分があるため，休暇の長さは産業別で異なっている。

　休業中の手当は休業前の所得を基に算出される。上限が設けられていて，週当たり上限3760クローネ（月当たり約1万5040クローネ）となっている。デンマークの被雇用者の平均月給（民間企業のフルタイム勤務）は3万1263クローネ（2009年）［OECD 2010］なので，賃金の半分以下となる。しかし公務員の場合，労使協約で休業前の賃金が100％支払われており，民間企業でも同様の労使協約をもつところがある（その場合，休業手当は国から雇用主に対して支払われる）。

　この制度は，2002年に施行された新しい法律「柔軟な育児関連休業に関する法律」で定められた新しい制度である。それ以前の制度は，柔軟性がなく使いにくいという批判があったため，改正されている。改正点は，①部分休業が取得できるようになった点，②一部の休暇取得を延期できるようになった点（8～13週間を9歳まで），③親休暇を母親と父親が同時に取得可能になった点，④休暇の延長ができるようになった点（さらに14週間延長できるがその期間は給付なし）である。

　つぎに，休暇の取得状況をみていこう。まず，父親の約9割が父親休暇を取得しており，父親休暇取得は一般的になっていることがわかる。現代の父親世代は育児に非常に積極的にかかわっており，その背景には，男性の育児に対する意識の大きな変化があるといわれている。自分の幼少時代は父親不在であまり一緒に過ごせなかったという経験から，自分は子どもとしっかりかかわる父親になりたいという意識が，非常に強くなってきているという。家族や子ども

を優先する男性が少数派ではなく多数派になっていることが，多くの調査で指摘されている。

親休暇の取得率は，女性94%，男性26%（2005年）である。出産後の休暇日数の平均は，女性275日，男性22日（2006年）である。ここで男女間の格差がみられるが，その原因の1つは経済的な要因である。休暇中に賃金の100%が支給されない場合には，一般的に男性より所得が低い女性が取得すると，経済的に有利なためである。まだ，依然として性別役割分業意識があり，親休暇は女性が取得することが当然であるとみなす風潮があるとも指摘されている[Familie- og arbejdslivskommissionen 2007]。男女間の取得日数の格差を小さくすることが課題といわれており，父親のみ取得できる父親休暇の延長が必要であるという意見もある。制度の複雑さも指摘されており，制度を国民にわかりやすく周知徹底する必要性が高まっている。しかし，実際は，男性が有給休暇を父親休暇に続けて取得し，子どもと過ごすことができる長い休暇をとるケースも多いといわれている。これは育児関連休業の取得日数の統計には出てこないため，どれくらいの男性が何日間そのような休暇をとっているかは不明である。また，育児関連休業制度を取得したカップルにたずねると，自分たちの休暇取得日数のバランスに満足しているという声が多く聞かれる。

（2）子育て費用と児童手当

デンマークで1人の子どもを育てるには，どの程度の費用がかかるのだろうか。2009年にデンマーク消費者委員会が発表した試算によると，子どもが生まれてから18歳までにかかる費用（食費，服飾費，保育費，教育費，小遣い，住居費，レジャー費用等）は，1人めの子どもで97万800クローネで，2人めの子どもは，61万1400クローネとなっている[Forbrugerråd 2009]。しかし，デンマークでは，所得に関係なくすべての児童に児童家庭手当が支給される。18歳に達するまでに合計21万3852クローネが支給されるので，これを差し引くと，実質的に子育てにかかる費用は，1人め75万6948クローネ，2人め39万7548クローネとなる。

上記の児童家庭手当は，2011年から制度が改正されている。それまでは，18

歳未満の児童に対する制度は，児童家庭手当（børnefamilieydelse）だけであったが，2011年からは年齢別に分けられて，0〜14歳対象の手当が児童手当（børneydelse），15〜18歳未満対象の手当が若者手当（ungeydelse）とよばれるようになった。手当の支給要件は，親と子の双方がデンマークに居住していること（短期の外国滞在は可能），子どもが生活保護を受けていないこと，子どもが婚姻していないことである。年額で，0〜2歳児には1万6992クローネ，3〜6歳児には1万3452クローネ，7〜14歳には1万584クローネ，15〜17歳には3528クローネが支給される。児童手当と若者手当は2013年までに5％減額されることがすでに決まっており，さらに，2011年からは年間に受け取ることができる金額の上限が定められ，子どもの人数にかかわらず，年額3万5000クローネまでしか支給されなくなっている。

このような普遍的な手当以外に，ひとり親手当，学生の親のための手当，多胎児手当などの特別な手当がある。これらの手当の支給要件は，子どもがデンマークに居住権があり，実際に居住していること，生活保護を受けておらず，婚姻していないこと，子どもか親権をもつ親のうち最低1人はデンマーク国籍を有していること，である。

ひとり親手当には2種類ある。1つは標準ひとり親手当で，親権があるひとり親に対して，子ども1人当たり年額4960クローネが支給されるものである。共同親権の場合，子どもが最も長く滞在する親のほうに支給される。もう1つは，追加ひとり親手当で，これは子どもと同居しているひとり親に対する手当で，標準ひとり親に加えて支給される。支給金額は子どもの人数にかかわらず，5052クローネである。

さらに，一方または両方の親から扶養してもらうことができない（養育費を受けることができない）児童を対象とした特別児童手当もある。これはたとえば，父親が確定されなかった場合や，親の一方または両方が死亡した場合に適用される。親の一方が扶養している場合は，年額1万4316クローネ，両親ともに扶養していない場合は，2万8632クローネが支給される。

親が学生の場合，年額最高6508クローネの手当が支給される。両親とも学生で子どもが2人いる場合には，その倍額の1万3016クローネまでの金額が支給

される。収入によって減額があり，収入から13万300クローネ（両親とも学生の場合19万5400クローネ）を引いた額の10%が差し引かれる。

多胎児手当は，多胎児が生まれた親に対して，すべての子どもが一緒に暮らしていることを条件として，7歳に達するまで支給される。双子の場合，年額8176クローネで，人数が増えるごとに8176クローネが上乗せされる。

養子手当は，国が認可した養子縁組紹介組織を通じて海外の子どもと養子縁組した親に支給されるもので，支給は1回のみで，金額は4万7092クローネである（以上，児童関連手当の金額はすべて2011年現在）。

以上のように，デンマークでは子どもにかかわる手当を手厚く支給しており，とくにひとり親に対しては子育ての負担が軽減されるように，重点的に支援している。

(3) 小学校の就学前クラス

デンマークの義務教育は6歳から10年間である。[5)] 通常は，就学前クラスに1年間，その後，基礎学校1～9学年に通う。以前は7歳から就学し9年間の教育であった（通常，基礎学校1～9年に通学）が，2009年から就学前クラスの1年間が義務教育に組み込まれている。それ以前からほとんどの児童が，任意教育だった就学前クラスに通っていたが，就学前に全児童を対象とした教育プログラムを構築し，教育効果を高めるためには，すべての児童が通う必要があるとして義務教育化された。

就学前クラスは「0年生」ともよばれる。これを「1年生」にして，それより上の学年を1学年ずつ繰り上げるという方法もあったが，就学前の準備段階であることを明確にするために，就学前クラスの「0年生」という形で保持された。

就学前クラス担任は，教員ではなく，ペダゴー資格を有する「就学前クラスリーダー」である。国民学校法で定められているように（第11条第1項），就学前クラスの教育は主に遊びを通じて行われる。また，学校は，児童が学校生活に慣れるように配慮しなければならない。カリキュラムの柱は，①言語，②自然，③芸術・音楽，④運動，⑤社会的能力，⑥協同活動である。これは，前述

の保育における学習計画の6つの柱と対応している（言語→言語発達，自然→自然，芸術・音楽→文化的表現，運動→身体能力，社会的能力→社会的能力，協同活動→多面的な人格的発達）。文字の読み書きや数の計算も教育内容に含まれているが，正しく文字を書き，正確に計算することではなく，文字や数字に親しむことに重きがおかれている。

　また，各児童が就学前クラスを開始する際に，それぞれの児童の言語評価（sprogvurdering）が実施されることが，国民学校法で定められている。各児童とクラス全体の言語・表現能力を見極め，学校が教育カリキュラムを作成していくための基礎情報を得ることが目的である。その具体的な実施方法（誰がどのように評価するか）は，各自治体または各学校にゆだねられている。評価実施の際には，就学前クラス担任だけでなく，デンマーク語教師，保健師や精神科医，学童保育指導員が加わる場合もある。実施方法も，グループ面接，個人面接など様々である。

（4）学童保育の状況

　小学校0年生に進学すると，多くの子どもは放課後に学童保育サービスの利用を開始する。全児童に占める利用児童の割合は，6～8歳で87.8％，9～11歳で54.4％と非常に高い（2009年）。

　デンマークのSFO（skolefritidsordning）とよばれる学童保育サービスは，教育省の管轄で，各学校に付属している。1984年から始まった制度で，それ以前は，社会省管轄の余暇ホームで子どもは放課後を過ごしていた。その定員不足が問題となったことと，保育と教育との連携を強める必要が高まったことから，各学校に併設された形態の学童保育施設が導入された。各SFOには施設長がいるが，最終的な責任を負うのは各学校の校長である。

　対象となるのは主に0年生～4年生であるが，利用の条件は自治体によって異なり，5年生以上が利用できるところもある。ペダゴー資格をもつ指導員が配置されているが，全国レベルの配置基準はなく，これも自治体によって様々である。開所時間は，学校の授業が終わる12～13時頃から夕方16～17時頃までのところが多いが，それに加えて，学校が始まる前の早朝の時間帯（6時半～

8時頃)にも子どもを受け入れているSFOが多い。これは,仕事の始業時間が比較的早いデンマークでは,早朝に出勤する親が多いためであり,子どもはSFOで朝食を食べることもある。SFOの利用料月額平均(6〜9歳,2010年)は1512クローネである。

　一方,余暇ホーム(fritidshjem)は社会省管轄の学童保育施設である。デンマーク最初の余暇ホームが開設されたのは1874年であることから,余暇ホームには長い歴史があることがわかる。ペダゴー資格をもつ指導員が配置されており,子どもの過ごし方はSFOとほとんど同じである。余暇ホームの利用料月額平均(6〜9歳,2010年)は1112クローネである。現在,学童保育サービスとしては余暇ホームよりSFOが主流となっており,利用者数(6〜9歳,2009年)をみると,SFOの19万1850人に対し,余暇ホームには1万5112人しかいない。

8　日本への示唆

(1) デンマークの保育政策の特徴

　普遍的なサービスが公的責任において提供されているのが,デンマークの保育の最大の特徴である。有能な人材を育成して国の競争力を高めるためには,早い段階から適切なケアと教育を公的責任で提供することが,不可欠だと考えられている。

　一方,デンマークの保育・早期教育において,国は大まかな枠組みを定めるだけで,具体的にどのようなサービスを提供するかは,各自治体や各保育サービス供給主体が地域の実情に応じて設定できる柔軟なシステムとなっている。

　自治体が保育サービス予算を削減したり,制度を改悪したりしないように,保護者会が「見張り役」として大きな役割を果たしている。大きな影響力をもつ保護者会の活動は,デンマークの伝統であるユーザーデモクラシーの一形態である。また,保育労働者の労働組合も積極的に保育施策にかかわっている。デンマークの保育システムは,行政と利用者,保育労働者がスクラムを組んで,一体的につくり上げられたものといってよいだろう。

（2）デンマークの保育保障の課題

　デンマークの保育の伝統的な理念は，子どもに家庭的な安心感を与え，豊かな自然体験や遊びを通じて発達を促し，人との交わりや対話を通じて社会的能力を伸ばし，読み書きや数の計算は無理に教え込まないというものであった。しかし，子どもたちの学力低下が国際調査で指摘され，問題視されるなかで，教育的要素を保育のなかにどのようにして取り入れていくのかが，大きなテーマとなってきた。様々な改革によって現在，子どもの多面的な発達を促すための施策が進められている。これに対しては，一部の国民や保育現場の反発もみられ，現在は過渡期といえるだろう。

　また，学習計画作成や児童環境評価書作成など，新しく保育所に義務付けられた事務作業が膨大で，一部の保育職員が書類の作成に追われてばかりで，子どもとじかに触れ合う時間が満足にとれないことも問題となっている。リーマンショック以降の景気の低迷により，自治体の財政状況は厳しく，職員配置を手厚くすることもなかなか見込めない。保育関連予算が年々削減されているなかで，限られた財源でどのように質の高い保育サービスを維持し，家族のワーク・ライフ・バランスを保障するのか，デンマークの今後の動きを注視していきたい。

（3）デンマークから学べること

　子どもの健やかな育ちを普遍的に支えるための枠組みづくりを担うことと，必要な財源を調達することは，行政の役割である。やみくもに規制緩和を進め，安易に民営化の方向に進むのではなく，公的責任の範囲を明確にし，普遍的な保育サービスを提供しているデンマークから学べるものは多い。

　また，日本の保育においては，ユーザーデモクラシーという視点が乏しく，保育所の保護者会が保育サービスの本質的な部分に関与する機会はほとんどない。保育サービスを発展・充実させていくためには，当事者の声を取り入れるとともに，行政と国民が協働しながら課題に取り組んでいく体制づくりが必要だと考えられる。

　デンマークでは，各保育所の保護者会と，それらの連合組織が，保育所の運

営，予算，保育内容に積極的にかかわり，ペダゴー組織とともに，保育の発展に大きく寄与している。日本においても保護者や保育現場のエンパワメント促進を通じて，よりよい保育制度を構築する可能性を探ってもよいのではないだろうか。

【注】

1) 本稿で使用するデータは主に，デンマーク統計局データベース（http://www.dst.dk/），OECD Family Database, OECD Employment Outlook 2009に依拠している。
2) ここで留意しなければならないのは，デンマークにおける移民人口の多さである。デンマークの現政権は移民の流入を厳しく規制しているが，それでもデンマークの人口の9.8％が移民である（2010年）。移民のデンマーク語能力を高め，スムーズに学校教育を受けることができるように，就学前から対策を行わなければならないといわれている。
3) OECDは世帯者数調整後所得中央値の50％以下の世帯者を貧困者と定義している。
4) 調査によると，2010年末時点で給食の導入・継続を決定した保育所は，全体の43％となった。2010年にすでに給食を開始した保育所のほとんどが，今後も継続することを選択している［FOA 2011］。
5) 自分の子どもが就学するにはまだ早すぎると親が判断した場合には，就学を1年延期することができる。2009年に6歳になった児童のうち，就学を延期したのは13％であるが，この割合は減少傾向にある［Behrens 2010］。デンマーク政府は子どもができる限り延期せずに就学することを奨励している。

【参考文献】

クヌズセン・B. リズベット（釜野さおり訳）［1999］「デンマークにおける最近の出生率の動向——出生率上昇期の家族政策の影響」，『人口問題研究』第55巻第3号，国立社会保障・人口問題研究所

Aalborg Kommune（オールボー市）ホームページ（http://www.aalborgkommune.dk/）

Andersen, Jørn Goul [2000] Krævende borgere? Borgernes værdier og forventninger til den offentlige sektor. Etik, ansvar og værdier i den danske offentlige sektor. Finansministeriet

Behrens, Katja [2010] Alder ved skolesstart i børnehaveklasse, Uni C Statistik & Analyse

Broström, Stig [2006], Care and education : Towards a new paradigm in early childhood education Child and Youth Care Forum, Vol. 35, nr. 2. Springer

BUPL（ペダゴー労働組合全国組織）ホームページ（http://www.bupl.dk/）

Danmarks Evalueringsinstitut [2009] Sprogvurderinger på dagtilbudsområdet og børnenes resultater

Danmarks Radio ニュース (http://www.dr.dk/) [2010年8月16日記事] *Dagpleje : Kort åbningstid - stor tilfredshed*

Danmarks Radio ニュース [2010年11月1日記事] *Millioner kan være spildt på køkkener*

Deding, Mette, Mette Lausten & Angelo Andersen [2006] *Børnefamiliernes balance mellem familie- og arbejdsliv*, SFI

Familie- og arbejdslivskommissionen [2007] *Chance for balance – et fælles ansvar*, Familie-og arbejdslivskommissionen

FOA [2010] *Daginstitutionernes hverdag 2010*, FOA

―――― [2011] *Frokostordninger i daginstitutionerne - hvad ønsker forældrene*, FOA

Forbrugerråd [2009] Så meget koster dit barn", *Tænk Penge*, 09/2009, Forbrugerråd

Hattel, Mette [2009] Naturbørnehaver trues af stordrift, *Børn & Unge*, 2009/7, BUPL

Jensen, Torben Pilegaard [2002] "TEMA：Uddannelse og social arv." *AKF Nyt* No.2, 2002 AKF

KL（全国基礎自治体連合）ホームページ（http://www.kl.dk/）

Ministerudvalget for negative social arv og social mobilitet [2003] *En god start til alle børn*, Socialministeriet & Undervisningsministeriet

OECD [2010] *Taxing wages 2009*, OECD

Rostgaard, Tine [2004] *Dagpasning, skole og ældrepleje - velfærdsydelser i fire europæiske hovedstæder*, SFI

Tilmeldingssekretariatet [2010] *KOT Hovedtal 2010*, Tilmeldingssekretariatet

UddannelsesGuiden ホームページ（http://www.ug.dk/）

Undervisningsministeriet [2007] *Danmarks strategi for livslang læring*, Undervisningsministeriet

> コラム 4

ニュージーランド
▶多様な就学前児サービスと少数民族への配慮

林　浩康

　ニュージーランドでは1986年に幼保一元化がなされ，就学前児のための教育およびケアに関するサービス（以下，「就学前児サービス」と記す）は教育省（Ministry of Education）が所管している。ニュージーランドにおける就学前児サービスは少数民族の人たちに配慮されていることや，プレイセンターに代表される親主導型のサービスの存在が大きな特徴といえる。

　就学前児サービスは，乳幼児教育規定に従い保育者の免許保有が要件となるが，こうした免許保有が必須のサービスと必須でないサービスに分けられる。免許保有が必須のサービスについて2009年度時点において，設置数が多い順番に挙げると，教育保育センター（Education and Care Centre，2236カ所），幼稚園（626カ所），コハンガレオ（464カ所），プレイセンター（461カ所）であり，こうした施設型サービス以外に家庭的保育サービス（Home-based services，297カ所）や院内保育サービスなどその他のサービス（38カ所）が存在する。免許保有が必須でないサービスには，プレイグループや太平洋諸島乳幼児グループなどがある。近年増加傾向にあるサービスは教育保育センターと家庭的保育サービスである。

　なお，ニュージーランドでは，義務教育は6歳からだが，小学校は5歳の誕生日以降であればいつでも入学でき，ほとんどの子どもは自分の5歳の誕生日から学校に通い始める。したがって幼児教育サービスは，0～5歳未満の子どもが対象となる。就学前児サービスの設置・運営主体は営利企業と非営利組織に分けられる。2009年現在非営利組織による運営が全体の約6割を占めているが，近年フランチャイズ契約で多くの施設を展開している幼児教育産業の成長が著しい。

　主な就学前児サービスのなかで，最も設置数の多い教育保育センターは，出生後から学齢期までの子どもを対象とし，幼稚園やプレイセンターなどに分類されない施設型の乳幼児サービスはすべてこれに分類される。幼稚園は主に3～4歳までの子どもを対象とした教育的プログラムを提供している。保育者には幼児教育免許の取得が義務付けられている。親もプログラムに参加することが期待されている。それぞれの幼稚園には親の委員会があるが，運営の責任は地域ごとの幼稚園協会にある。

　プレイセンターは1940年代に始まった親達による協働保育活動である。0歳から就学までの子どもを対象としており，通常4時間の半日型で，週5日までの利用が可能である。すべての親が当番制でクラスにかかわり，一定の研修を受けたスーパーバイザーが中心的役割を担っている。プレイセンターを利用している親を対象とした学習コースを提供しており，コースへの参加が幼児教育の資格取得にもつながる仕組みとなっている。

コハンガレオ（TeKohanga Reo）はマオリの文化に根差した幼児教育施設で，ニュージーランドの公用語でもあるマオリ語が用いられる。コハンガレオとは，言葉の巣（language nest）という意味で，教育はマオリ語でなされ，マオリ文化の継承やマオリ族の発展をめざすものである。コハンガレオは1982年に創設され，1980年代に急速に増え，マオリ族にとっては主要な幼児教育形態となっている。コハンガレオ・ナショナル・トラストという全国組織のもとに，地域ごとに管理委員会がある。政府の補助金はナショナルトラストに支払われ，各地域に配分される仕組みである。

　家庭的保育サービスは，保育者や親自身の自宅で行われ，親と保育者が協働で行うシステムである。保育者自身も親であることが多い。一定の研修を受けたコーディネーターは1カ月に1回以上の訪問が義務付けられており，保育の質を管理したり，親や保育者のための定期的な会合を設けたりしている。保育者は，ニュージーランド資格機関が認める研修コースに参加しなければならない。

　プレイグループは子どもの教育を目的に親達によって行われており，地域をベースとして活動が行われている。免許の取得は義務付けられていないが，補助金を受けるには教育省が定める基準を満たす必要がある。すべてのプログラムに親の参加が求められる。1週間に1〜3回（各4時間）活動している。

　太平洋諸島言語グループは太平洋諸島の様々な言語や文化に基づいて，親達が子どもたちの教育を目的に集まる活動である。1回半日で週3日以内であれば，プレイグループの1つとして補助金をもらうことができる。

　保育時間は教育保育センターの場合，多くは午前7時から夕方6時まで開いており，利用契約は曜日・時間単位で結ぶこととなっている。施設型サービスおよび家庭的保育サービスを含む全サービスの子ども1人1週間当たりの平均保育時間は，比較的共働き家庭の利用の多い教育保育センターや家庭的保育サービスでは，前者では23.5時間，後者では21.5時間，幼稚園やプレイセンターにおける利用時間は，前者で14.2時間，後者で4時間と短くなっている。近年幼稚園は徐々に長時間化傾向にある。サービスに関する契約は保護者とサービス提供者が直接行うこととなっている。

　1996年教育省が作成した「テ・ファリキ（マオリ語で「織物」）」という保育カリキュラムは保育現場の声を聴きながらボトムアップ方式で作成され，あらゆる就学前児サービスに適用されている。このカリキュラムは4つの原理と5つの要素から構成されている。すなわち原理にはエンパワーメント，全人的発達，家庭と地域，関係性が含まれ，要素にはウエルビーイング，所属，貢献，コミュニケーション，探求が含まれる。社会や文化の影響を受けながら，人との相互交流によって学び育つという社会文化的アプローチを踏まえていることが特徴といえる。

7章

フィンランド
▶子どもの育ちを支えるサービスの保障と
その柔軟な供給

藪長千乃

1 小さな子どもの「育ちの支援」——ヴァルハイスカスヴァトゥス

(1) ヴァルハイスカスヴァトゥス指針

「ヴァルハイスカスヴァトゥス varhaiskasvatus は、小さな子どもが、異なる生活環境の中で、その育ちに影響を与える相互作用に出会うことである。バランスのとれた成長、発達と学びが、その目的である」(フィンランド社会保健省)。

2002年、フィンランド政府は、「ヴァルハイスカスヴァトゥス政府指針」を政府の基本方針として決定した。この指針では、学齢期前の子どもの保育と教育は、子どもの世話をすること（ケア）hoito、育てること kasvatus、教えること opetus が一体となったサービス、「ヴァルハイスカスヴァトゥス」として提供されること、その主な原則と公的サービス提供の領域が示された。ヴァルハイスカスヴァトゥスは、幼児教育と訳されることもあるが、より正確には「小さな子どもの育ちを支えること」といえる。いわゆる学習や学問的知識や技術の教授だけでなく、それらを含めた成長や発達をめざすこと、つまり「育てる」ことが強調される。ただし、本章ではヴァルハイスカスヴァトゥスをその固有の意味を強調する場合を除いて、保育・幼児教育と記述する。なお、統計データについては、断りのない限り2009年のものである。

(2) フィンランドの横顔

ヨーロッパ北端に位置するフィンランドでは，長く木材や紙・パルプ等の森林資源を用いた産業が中心であった。1990年代頃までにハイテク・IT産業が成長し，フィンランド生まれの携帯電話メーカー，ノキア社は世界最大のシェアを占めるようになった。日本よりやや小さい約34万km^2の面積に約540万人が住む。人口密度は約12人／km^2で，日本の20分の1である。総人口に占める年少人口比率は16.6％で，合計特殊出生率は1.94であった。高齢化率は17.0％で，ヨーロッパ随一といわれる急速な高齢化への対応が重要政策課題の1つとなっている。歴史的には，18世紀まではスウェーデンの一部であり，19世紀のロシアの自治大公国としての時期を経て，20世紀初頭に独立を果たした。政治，行政制度は，伝統的に隣国である両者の影響を受けている。

フィンランドは，OECDが実施した学習到達度調査PISAにおいて高水準の成績を修め続けていることから，21世紀に入って教育や子どもに関する政策がとくに注目されるようになった。小さな人口規模で高度な知識基盤を必要とする主力産業を支えていくためには，国民の教育水準を高く維持していくことが重要であることは政府も強く認識している。しかし，政府によって提供される保育・幼児教育サービスは，知識の付与や学習といった側面よりも，むしろ女性の就労や家族形態の変化のなかで子どもの「育ち」を支えていくことを強調している。18歳未満の子どものいる女性の労働力率は，81.8％である（男性94.0％）。また，ひとり親家庭は子どものいる家庭の20.0％を占める。保育・幼児教育サービスは，親の就労を前提として設計されている。

(3) ヴァルハイスカスヴァトゥスの源流

保育・幼児教育サービスには，3つの歴史的源流がある。1つは，農村社会において，小さな子どもの面倒を力仕事のできない家族や親族が見ていたというものである。これが後に，家政婦による子どもの世話や，家庭に近い環境で保育を行う家庭的保育（いわゆる保育ママ）制度につながった。2つめは，育てることと教えることを組み合わせたものである。1850年頃から始まった小さな子どものための教室が，後に幼稚園lastentarhaへ発展した。幼稚園への国庫

補助は,1913年に導入された。3つめは,主に都市部における働く母親の子どもの社会的ケアの必要性から生まれた保育サービスである。1930年代に児童福祉制度として乳児を対象とした託児所が整備され,さらに,遊び場活動やその他のクラブ活動が,自治体や教区や自発的な団体の手で生まれていった。これら3つの要素が,現在のフィンランドの保育・幼児教育にも反映されている。1973年に子ども保育法が成立すると,幼稚園と託児所は保育所 päiväkoti（直訳は「昼間の家」）として統合され,家庭的保育,遊び場活動とともに公的サービスに位置づけられた。

80年代以降,自宅での家族による保育（1985年,在宅保育補助制度）や,民間の保育所での保育（1996年,民間保育補助制度）が法定制度として導入された。保育サービスを利用する権利が親の稼働等の状況に左右されない子どもの主体的権利となったのは,1990年代のことである。

2　保育・幼児教育サービスの概要

フィンランドでは,義務教育の最初の段階である基礎学校は7歳から始まる。それまでの間,親は,自宅で「保育」をするか,家庭外の保育・幼児教育サービスを利用しながら子どもを育てる。さらに6歳になると就学前教育を受けることができる。子どもが生まれてから基礎学校に行き始める前に利用することのできるサービス・給付は,①家庭での保育に対する補助金の給付（家族等による保育への給付）,②家庭外での保育・幼児教育サービスの提供,またはサービス利用に対する補助金の給付（子育て支援）,③家庭で保育をしている親とその子どものための保育・幼児教育サービスの提供,そして④就学前教育の4つに分けることができる。以下に順をおってみていく（→図表7-1参照）。

(1) 家族等による保育への給付

子どもが生まれ,産後の母親休暇が終わると,子どもが9カ月になる頃まで,親は親休暇を取得できる。親休暇中は,疾病保険から従前所得の7割程度の給付金を受け取ることができる（所得によって異なる）。ほとんどの親は親休

図表7-1　保育・幼児教育サービスの概要（2010年）

		3歳未満	3-5歳まで	6歳	7-8歳	費用負担
家族等による保育	在宅保育 kotihoito					在宅保育補助 kotihoidontuki 支給額：1人め314.28ユーロ／月，2人め94.09ユーロ／月（3歳未満）または60.46ユーロ／月（就学まで）。補足給付168.19ユーロ／月（収入限度3823.93ユーロ）
家庭外保育・幼児教育	自治体保育　保育所保育　家庭的保育　　家庭委託保育 perhepäivähoito　　三角保育 kolmiperhepäivähoito　　グループ家庭保育 ryhmäperhepäivähoito					利用料は世帯規模と収入によって決まる。1月当たりの全日保育利用料の上限は254ユーロ。2人めの子どもの利用料の上限は229ユーロである。以降，子ども1人につき上限額50.80ユーロ。通常，3人家族の場合，月収1477ユーロまでは無料，それ以上は月収額から1477ユーロを引いた額の9.4％となる。ただし，254ユーロ以上は払わなくてよい。自治体が設定できるが差はほとんどない。
	民間保育所 yksityinenhoito					民間保育補助 yksityinenhoidontuki 支給額：1人当たり160ユーロ／月，補足給付134.55ユーロ（収入限度3404.11ユーロ）。さらに追加給付のある自治体もある。
子育て支援	開放型保育所 avoin päiväkoti　臨時保育 tilapäishoito　デイクラブ päiväkerho など					自治体やサービス提供団体による。
	遊び場 leikkikenttätoiminta/leikkipuisto　子ども擁護員 puistotäti（公園おばさん）など					自治体やサービス提供団体による。無料が多い。
教育			就学前学校 esikoulu	基礎学校 peruskoulu		無料
学童保育					学童保育（朝夕活動）	(aamu- ja iltapäivä toiminta) 自治体の任意提供。利用料は1日3時間活動60ユーロ／月，4時間以上の活動80ユーロ／月

出所：藪長千乃「福祉国家と次世代育成政策――フィンランドにおける子ども・家庭への政策対応」文京学院大学人間学部紀要第10巻第1号，2009年を基に一部改変

暇をとるため，0歳児の家庭外保育・幼児教育サービスの利用は1％に満たない。

　親休暇終了後，そのまま家庭で子育てを続ける場合，子どもが3歳になるまで保育休暇をとることができる。保育休暇中は疾病保険等からの所得保障を目的とした給付金はないが，在宅保育補助を受給することができる。在宅保育補助は，親休暇後子どもが3歳になるまでの間，家庭外サービスを利用しなかっ

た場合に，在宅での保育費用として給付金が支給されるものである。保育者は親である必要はなく，たとえば祖父母や知り合いに頼んでもかまわない。9カ月から2歳以下の子どものいる家庭のおよそ半数が，在宅保育補助を利用している。97％は親が保育者である（2009年）。

（2）家庭外保育・幼児教育——保育所，家庭的保育

家庭外の保育・幼児教育のサービスには，保育所の利用と個人の家庭などで行われる家庭的保育がある。

保育所は自治体設置のものが大半を占めているが，民間保育所の利用が都市部を中心に増加し，保育所利用の1割程度を占めるようになってきた。民間保育所には，独自の保育・教育方針によるものや，外国人向けに外国語で保育・幼児教育を行うものなどがある。

家庭的保育は，家庭保育士が自宅等で行うものである。1960年代の深刻な保育所不足を背景に普及した。家庭的保育には，家庭保育士の自宅で行う場合や，子どもの家で保育を実施する三角保育（子どもたちの家を交代で保育場所とする場合が多い），自治体が提供する場所などで複数の家庭保育士が保育を実施するグループ家庭保育（所）などの形態がある。

（3）子育て支援サービス——遊び場活動，開放型保育所など

在宅保育の子どもとその家族のために，遊び場活動やその他の保育サービスが自治体によって用意されている。遊び場活動には，プレイリーダーのいる遊び場や指導員のいる子どもクラブ，また，保育所を利用していない子どもとその親が集まって幼稚園教師や保育士とともに保育所保育と同様の活動をする開放型保育所，保育所を利用していない子どもを保育所に一時的に預けることのできる臨時保育，買い物や用事を済ませるときにその間公園などで一時的に子どもを見守っている子ども擁護員によるサービスなどがある。実施形態と内容は自治体によって多様である。なお，遊び場は就学児を含めた子ども全般を対象としている。遊び場は学校の休み期間中の子どもの居場所となる機能ももつ。フィンランドでは学校給食は無料で提供される。学校が長期の休みとなる

間は，学校給食の代わりに遊び場で学齢期の子どもの昼食を提供する自治体もある。

また，教会でも子どもと家庭に向けたサービスを提供している。指導員による遊びや教育プログラムを提供するデイクラブや，家族サークルを設置し，子育て支援の機能を果たしている。デイクラブ活動には，約6万5000人の子どもが参加しており，これは就学前の子どもの6分の1以上に相当する。

(4) 就学前教育

子どもは，基礎学校（7歳から）開始前の1年間，任意で就学前教育を受けることができる。就学前教育は，学校教育に位置づけられ無償である。就学前教育は1日4時間提供される。それ以外の時間は保育サービスを利用することができる。就学前教育を行う就学前学校は，基礎学校内に設置される場合もあるが，多くは保育所内に設置されている。保育所内で就学前教育を受ける場合，これまでの保育時間の一部が就学前教育にあてられる。

就学前教育は，1980年代に基礎教育法に位置づけられた。その後，都市部を中心に普及した。自治体による実施が義務付けられたのは，2001年8月である。

3　保育・幼児教育施設の量的側面

(1) 保育・幼児教育サービス利用の概況

2009年に家庭外保育・幼児教育サービスを利用した子どもの数は，21万7997人であった[3]。これは1～6歳の子どもの62％にあたる。年齢段階別にみると，3～5歳児の利用率は73％，1～2歳児は40％であった。なお，0歳児の利用は577人，0歳児人口の0.9％に相当する。2000年代に入ってから，1～6歳児のサービス利用率は微増傾向にある。民間保育補助を利用した子どもは1万7278人で，サービス利用児の8％に相当した。在宅保育補助の受給者（親）数は約9万8070人で，対象年齢児の親の52.3％が受給した。

自治体保育所は2564所，グループ家庭保育所は1205所であった。企業や非営

利団体によって運営されている民間の保育所は603所であった。保育所の不足していた1990年代までは，公的保育・幼児教育サービス利用児の半分近くが家庭的保育を利用していたが，2000年代以降は3分の1以下に縮小し，その割合は低下傾向にある。

就学前教育の利用は任意である。2009年の就学前学校利用児は5万7727人で，6歳児のほとんどが利用している。

(2) サービスの申し込みから利用まで

親休暇を終えた親とその6歳以下の子どもは，家族の状況や就労・収入に関係なく，誰でも家庭外保育・幼児教育サービスを利用できる。

自治体には，子どものケアと育成に適した保育場所を必要に応じて24時間確保する責任がある。ただし，その方法や量，配置は各自治体の判断に任されている。利用にあたっては，通常，4カ月前までに申し込む。仕事，就学および資格取得等のために必要がある場合は，申し込みから2週間以内にサービスを確保することが政令で定められている。自治体の提供するサービスの利用を選択しなかった場合は，在宅保育補助または民間保育補助を受給する。これにより，他の方法で保育・幼児教育を利用する権利が保障されることになる。とはいえ選択肢がいくらでもあるわけではない。民間の保育所の多くは都市部に立地し，人口過疎地域の小規模自治体では保育所のない自治体もある。希望する保育所が満員で，近くに別の利用可能な保育所があれば，そちらの利用を促される。また，近くに家庭外保育サービスがない場合は在宅保育補助を選ぶ場合もある。親たちは自治体のサービス調整担当者と話し合いながら，折り合いをつけていく。

1日の保育時間は，全日保育で引き続く10時間までである（保育令第4条）。夜間保育や24時間対応の保育でも，この連続保育時間は原則として守られる。子育ては第一義的に親と家族が担うものである，という考え方が根底にある。1日8時間の仕事に前後1時間ずつの通勤等の時間を加えれば，働く親に必要な保育時間が満たされる計算になる。

(3) サービスの利用料

　自治体の提供する保育・幼児教育サービスの利用料（保育料）は，福祉医療利用者負担に関する法律（734/1992）に基づき，サービス別に全国統一の利用者負担上限額が設定されている。自治体は，これに基づき保育料を定める。平均的な家庭の収入を例にとると，年間所得3万7000ユーロの4人家族の場合，一般的な自治体での保育料は月105ユーロとなる。同じ所得でも3人家族なら，月150ユーロとなる。なお，この保育料上限額は，月254ユーロを限度として家庭の収入と規模に応じて細かく設定されている。

　民間の保育所を利用したり，契約を結んで家族以外の個人に保育を委託する場合，利用児1人当たり月160ユーロの民間保育補助を受給できる。世帯の規模と収入によって，補足給付が支給される。なお，民間保育補助は，利用者を通さずに民間保育所に直接支払われる代理受領の仕組みをとっている。一方，在宅保育補助の給付額は，月314.28ユーロである。さらに，世帯の規模と所得に応じて，補足給付が支給される。

　在宅保育補助や民間保育補助の額は，法律（1128/1996）で定められている。国民保険庁KELAを通じて家族へ支給されるが，自治体が負担する。加えて，自治体によっては追加給付を導入している。自治体協会の2010年調査によれば，調査に回答した自治体のうち民間保育補助の自治体追加給付導入自治体は127（同39％）で，その額は50ユーロから797ユーロまで幅があり，平均で127ユーロであった。全日保育の利用（同61％）などが給付条件になっている。また，在宅保育補助の自治体追加給付を導入している自治体は84（調査回答 自治体の26％）で，平均給付額は144.20ユーロ／児であった。無職であること（同33％）などの給付条件を付している場合が多い。また，民間保育補助については，13の自治体で，補助額相当分のクーポン（バウチャー）を支給するバウチャー制度や，サービス費制度（後述）を導入している。

　家計のなかで，住居費や食費などを除いた6歳未満の子どもにかかる個人的費用（計1959ユーロ／年）のうち，保育料を含めた保育・幼児教育サービスにかかる費用は，最も大きい割合を占める。しかし，平均で年655ユーロである。これには，音楽クラブ，体操クラブなど，お稽古ごとのようなクラブ活動・

サークル活動などの費用も含まれている。なお，夕刊紙イルタレヒティ ilta-lehti（2008年1月21日付け）の行った試算では，フィンランドの子どもが成人（18歳）するまでにかかる費用は，10万5600ユーロと見積もられている。

（4）クオピオ市の事例

クオピオ市 Kuopion kaupunki は，人口約9万人の古い歴史をもつ，森と湖に囲まれたフィンランド中東部の中心都市である。東フィンランド大学（旧クオピオ大学）があり，情報産業やバイオ産業を中心とした産学連携によって生まれたベンチャー企業が次々に設立され，近年活気を取り戻した。人口も増加傾向にある。

クオピオ市には，公立保育所が37所ある。うち24時間保育を行っているのは2所である。また，夜10時まで利用可能な夜間保育所が10所ある。1所はモンテッソーリ式の保育方針をとっている。私立の保育所は7所あり，英語，ドイツ語で保育を行う保育所や，教会の運営する保育所，シュタイナー式の保育所などがある。さらに，グループ家庭保育所が1所，家庭保育士が9人いる（2010年12月現在）。

クオピオ市では，市街地を6つの地区に分け，これに郊外地区をあわせて市内7つの各区域内で保育サービスが確保されるようにしている。各地区には保育所，家庭的保育に加え，在宅保育補助を利用している子どもと家族のための，開放型保育所，子どもクラブ活動，公園活動，臨時保育が用意されている。また，4地区の8保育所には，保育所内に障がいをもった子どものための特別支援グループがある。しかし，市面積の9割以上を占める郊外地区には3つの保育所と家庭的保育しかない。郊外地区の居住者が開放型保育所や特別支援グループを利用したいときは，最も近い市街地の地区のサービスを利用することになる。

通常の保育時間は，6時半から17時までである。必要に応じて6時から18時まで保育所を利用することができる。それ以外の保育時間が必要な場合は，22時まで開いている夜間保育所や24時間保育所を利用することになる。夜間保育所は，各地区に設置されている。ただし，郊外地区には1カ所しか設置されて

いないため，夜間保育所から最も遠い地域に住んでいる場合，約50km，車で1時間程度離れたところから通うことになる。

　保育所の入所調整は，地区別に13人の保育所長が行う。保育所長は家庭委託保育の調整も行う。保育サービスの利用申し込みは，希望入所日の4カ月前までに市のウェブサイトから電子申し込みをするか，最寄りの保育所や家庭保育員の指導監督を担当する家庭保育指導員へ申し込み書に記入して申し込む。申し込み書には，希望の保育形態，保育場所を記入できる。決定にあたっては，親の希望が最優先される。希望の保育形態・場所での受け入れができない場合，親と担当者が話し合いながら条件に沿うように代替案を検討していく。決定までには約1カ月かかる。

　クオピオ市では，民間保育所の利用についてサービス費制度を導入している。民間の保育・幼児教育サービスを利用した場合，市の設定金額（保育所保育690ユーロ，グループ家庭保育所保育620ユーロ，家庭的保育560ユーロ）から，保育料の利用者負担上限額（法定）を差し引いた金額が，「サービス費」として市からサービス提供者へ支払われる。

　開放型保育所は，通常週1回午前中開かれる。郊外地域を除く各地域に少なくとも1カ所ずつおかれている。基礎学校就学前であれば年齢にかかわらず利用でき，予約は要らない。子どもと親が，遊びや歌や図画工作などの活動を一緒に行う。クラブ活動は4カ所で実施されている。クラブ活動は，2歳または3歳以上の子どもが参加することができる。工作やゲームや遊びを通して，他の子どもとふれあい，刺激を受けることを目的としている。公園活動は，3歳から5歳までの子どもを対象に，2カ所の公園で週1回各2時間行われている。親は一緒にいてもよいし，子どもを預けていくこともできる。臨時保育は，3つの保育所で週1回，8時から16時まで利用できる。2歳以上の子どもが利用可能であり，予約が必要である。開放型保育所，クラブ活動や公園活動などの遊び場活動の利用料は，無料である。臨時保育の利用料は全日利用で14ユーロ，5時間未満の場合は8ユーロである。

4　保育・幼児教育施設の質的側面

(1) 保育・幼児教育サービスの内容

　保育・幼児教育サービスの内容については，ヴァルハイスカスヴァトゥス指針に基づく政府カリキュラム方針が示されている。これに沿って自治体が各自の自治体カリキュラム方針を作成し，各保育所，就学前学校等でカリキュラムが作成される。さらに，子ども1人ひとりの保育・幼児教育計画も作成される。

　政府カリキュラム方針が示した3つの目標は，1人ひとりの福祉を増進すること，他者へ配慮した態度と行動を涵養すること，自律を身につけていくことである。その実現に向けて，保育・幼児教育をケアと育ちの支援と教育との継ぎ目のない総体として実施する「エデュケア」の考え方，遊びに代表される子どもの行動特性にあわせた活動を中心としていくこと，親と職員との協働などが強調された。保育・幼児教育は，あくまでも親による子育てを支えるものであるという原則のもと，1人ひとりの子どもの保育・幼児教育サービスの方針や選択は親に委ねられる。したがって，親とサービスを提供する職員とのパートナーシップが重要になる。

(2) 職員の配置・クラス編成

　保育所では，3歳以上の子ども7人につき1人以上，3歳未満の子ども4人につき1人以上，子ども保育令に定める保育専門職（幼稚園教師，保育士またはこれに相当する専門職）を配置しなくてはならない。さらに，専門職の3人に1人は幼稚園教師（またはこれに相当する専門職）でなければならない。クラスサイズにも上限がある。3歳児未満は1クラス12人まで，3歳児以上は1クラス21人までで構成される。

　家庭的保育では，家庭保育士は1人につき自分の子どもを含めて4人までの子どもに，サービスを提供することができる。さらに，就学前教育を受けている子どもを1人まで，短時間保育として受け入れることができる。家庭的保育

では，グループ家庭保育等の形態で，複数の家庭保育士が一緒にサービスを提供できるが，3人以上の家庭保育士が共同でサービスを提供するときは，幼稚園教師（または相当する専門職）をおかなければいけない。グループ家庭保育所では，4歳以上の子どもに対しては7人に1人以上の専門職配置でよい。

就学前教育は，基礎教育法に基づき幼稚園教師，または基礎学校教員が担当する。1クラスの子どもの数の上限は12人まで，中等教育修了以上の助手がいる場合は1クラス20人までとすることができる。

（3）個別の支援

(i) 病児・アレルギーをもった子どもへの対応

子どもが病気になったとき，働く親は1回当たり4日間の看護休暇を取得することができる。その間，疾病保険による給付金を受給できる。子どもが病気になったときには，親が休暇をとって看護をする。アレルギーをもった子どもへはアレルゲンの除去食の提供や，できる限りの施設内のアレルゲン除去を行う。

(ii) 障がいをもった子どもへの対応

自治体は，特別支援を必要とする子どもの保育・幼児教育ニーズに対して，適切な対応をとらなくてはならないことが，子ども保育法で定められている。保育所で常時特別なケアや育成支援が必要な子どもがいる場合は，専門職の配置基準とは別に，その子どものために特別な補助員をおく。保育所に障がいをもった子どものための特別支援クラスがおかれる場合もある。

(iii) サーメ民族や移民など異文化への対応

政令では，自治体の提供する保育サービスでは，公用語であるフィンランド語，スウェーデン語でのサービス提供が義務付けられている。さらに，少数民族であるサーメ，ロマ，そのほか移民の子どもの母語と文化について配慮することが義務付けられている。サーメ民族の主な居住地域であり，サーメ民族への配慮を義務付けられた最北部の自治体では，保育所を別に設置するなどの対

応をしている。たとえばエノンテキオ自治体（人口2000人）では，十数人の利用児に対して，唯一の集団保育施設であるグループ家庭保育所を2所隣接して建て，1つをサーメ民族の専用としている。

（4）保育・幼児教育サービスの質を確保するための仕組み

保育・幼児教育サービスの指導監督は，サービスの提供責任を担う自治体が担当する。法や政令では，施設基準を具体的に定めていないが，従事者の専門性や資格，配置については，上述（2）のように定めている。民間の保育サービス提供者は，事前に従事者の名前や資格，事業計画や安全衛生管理について届け出て，民間サービス事業者の登録をすることが必要である。また，公立私立を問わず，社会福祉保健許可検査庁 Valvira の監査の対象となる。

（5）保育所の1日

1日の保育は，年齢段階によって異なるが，おおむね食事（朝食，昼食，おやつ），午睡，外出・外遊び，排泄や着替えなどで占められる（→図表7-2参照）。

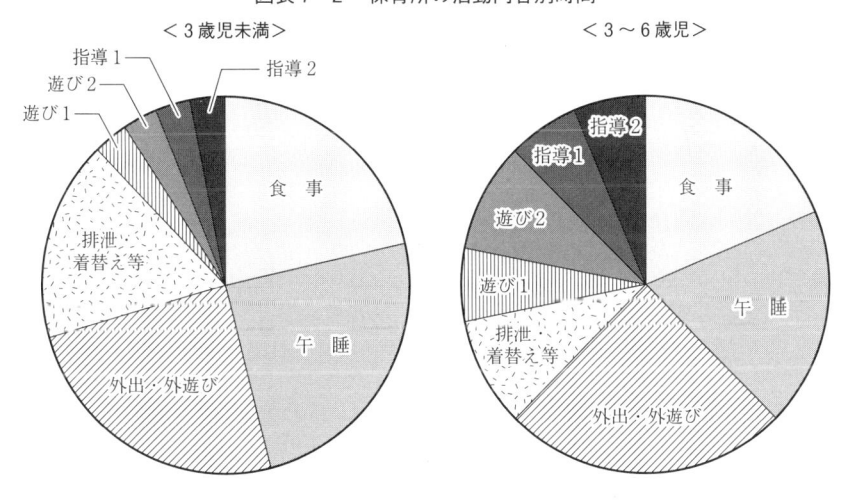

図表7-2　保育所の活動内容別時間

出所：Pertti Mikkola, Kirsi Nivalainen, *Lapselle hyvä päivä tänään*, Pedatieto, 2010, s.30

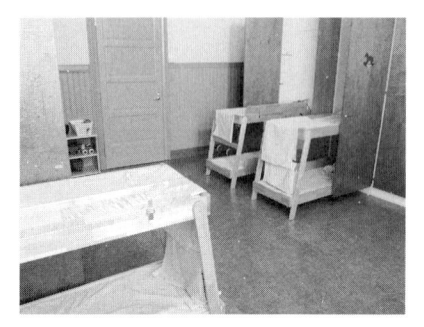

▲マルヤプロ保育所（左：寝室，右：就学前クラスの日中活動部屋）。2010年8月，筆者撮影。

　クオピオ市，マルヤプロ保育所 maljapuron päiväkoti の事例をみてみよう。ここは，2010年1月に開設されたばかりの新しい保育所である。市の中心街に立地し，統廃合された小学校を改築した。保育サービス利用児の増加に対応するために新設された（→図表7-3参照）。

　利用児は57人で，0歳から2歳児で構成される芽生え組 silmit（15人），3歳から5歳児のお日さま組 aurinkoiset（21人），6歳児の就学前クラス eskarit（21人）の3つのクラスに分かれている。

　開所時間は原則6時半から18時までである。家族の必要性にあわせて，朝6時に来ることもできる。ほとんどの子どもは7時から17時まで保育所で過ごす。

　マルヤプロ保育所のスタッフは13人である。所長は，他の保育所とかけもちで，人員配置上0.5人として算定されている。そのほか，事務員1.5名が配置されている。調理のスタッフは，クオピオ市の委託する配食センターから2人派遣されている。昼食は配食センターから送られ，保育所内のキッチンで温めなおす。朝食やおやつは保育所内のキッチンで作られる。

　芽生え組の担当は，幼稚園教師1名，保育士2名，家庭保育士の資格をもつ保育補助員1名（6時間勤務のため0.75人の換算）である。担当保育士制をとっており，クラスを約5人ずつ3つの小グループに分け，幼稚園教師と2人の保育士でそれぞれ受け持つ。重度の障がい児が1名おり，1名の補助員が専属で介助にあたっている。お日さま組は，幼稚園教師1名，保育士2名が担当す

図表7-3　マルヤプロ保育所と家族の1日

時　間	子ども	保育者	家　族
6:00-8:00	登園。朝食までそれぞれ静かに過ごす（赤ちゃんの場合は寝ていることも）。	早番の職員が6時に出勤し，開所。親たちと情報交換をしながら，目を覚ましていない子どももいるので，静かな環境を保つ。	6時から6時半ごろ起床。7時ごろ子どもを連れて登園。朝食は火を使わない簡単なものが多い。保育所で食べる子どもも多い。
8:00-8:30	朝食〈メニュー〉おかゆ，パン，果物などの簡単なもの。	小グループに分かれて子どもたちと一緒に食事をとったり，子どもの話に耳を傾ける。	仕事へ。典型的な勤務時間は，8時から16時まで。
朝食後	体操や運動など，体を動かす。その後，活動計画に沿ってグループ活動。内容は，お芝居，詩の朗読，音楽，言葉遊び，お絵かき，工作，積み木遊び，外出など。	幼稚園教師の作成した活動計画にそって，活動。小グループに分かれ，担当グループに付き添う。	
11:00-11:30	昼食〈メニュー〉温かいメインディッシュ，野菜，パン，牛乳，ピーマ（乳酸飲料）。	小グループに分かれて，子どもたちと一緒に食事をとる。	平日は，昼食が1日の中でメインとなる食事であることが一般的。
11:35-14:00	寝室に行ってお昼寝。起きた子もは，遊びの部屋に戻ってそれぞれ自由に遊ぶ。	読み聞かせや音楽を聞かせる。活動の後片づけや準備など。幼稚園教師は，あいている時間を利用して活動計画を作成。	1週間の各曜日の登園時間，お迎えの時間，お休みの予定などは，2週間前までに専用のメモ（日にち，登園時間，迎えの時間を記入できる簡単なもの）に記入して提出する。夏休みなどの長期の休みは，保育料に影響するため，1カ月以上前に申請。
14:00	おやつ〈メニュー〉ムースやパイ，ヨーグルトと牛乳，ジュース。	おやつを食べながら，子どもの話を聞いたり，寝ている子どもの様子を見る。	
おやつ後	活動計画に沿ったグループ活動。お絵かきや工作は専用の部屋で行う。1日の活動計画には必ず屋外での活動が盛り込まれる。	幼稚園教師は，教育や知的発達を主に担当。保育士は身体の発達や介助を中心に担当。	
15:30	活動終了。それぞれ自由遊びへ。	子どもの自由遊びの見守り。お迎えに来た親たちと情報交換をしながら見送り。	仕事を終えると子どものお迎えへ。
-18:00	お迎え。閉所。	遅番の職員も18時過ぎには保育所を閉めて帰宅。	買い物をしながら帰宅。夕食。平日の夕食は手をかけずに昼食よりも軽くすることが多い。

（筆者作成）

る。就学前クラスは，幼稚園教師2名，保育士1名が担当する。

　日中のプログラムについては，幼稚園教師が活動計画を作成する。幼稚園教師は各クラスを担当するスタッフチームのリーダーとしての役割を担う。また，知的発達の状況にも目を配る。これに対して，保育士は主に体の発達とケアを中心に担当する。しかし，実際の子どもとのかかわりや対応では同じ内容を一緒に行っており，とくに小グループに分けた場合は職種にかかわらず1人1グループを受け持つことから，職務内容にはそれほどの違いはないといってよい。

　就学前クラスでは，8時半から12時半までの4時間を無料の就学前教育として活動し，残りの時間を保育として活動する。就学前教育は幼稚園教師が担当する。

5　人材とその育成

　カリキュラム指針では，保育・幼児教育に携わる専門職を，教師でもなく，ケアスタッフでもなく，「育成者 kasvattaja」と呼んでいる。この育成者である専門職には，主に幼稚園教師と保育士，家庭保育士などがあげられる（→図表7-4参照）。

(1) 職種と専門性

　保育・幼児教育サービスに携わる人材の資格には，社会福祉の専門職に関するものと，教師としての資格に関するものがある。幼稚園教師，就学前教育担当教師，学童保育を担当する朝夕活動指導員は教育専門職であり，保育士や家庭保育士は保健福祉専門職に位置づけられている。

　幼稚園教師の職務に従事するには，大学の教育学部等に設置された3年間の修業年限による幼児教育課程を修了し，学士号を得ていることが必要である。また，職業専門大学校で専門の教育を受けた社会教育員，福祉指導員，福祉士も幼稚園教師の職務を務めることができる。なお，基礎学校の教師になるには修士号の取得が必要であり，修業年限は5年間である。保育所で保育・幼児

図表7-4　主な保育・幼児教育関係専門職の職種・資格・職務内容

	職	必要とされる学位・資格（　）内数字は各職に占める割合	学位・資格の養成課程	主な職務内容
保育所	所長	幼稚園教師〈旧資格〉　　　　（75%） 社会教育員（8%） 学士・修士〈教育学〉　　　　（8%）	幼稚園教師の項を参照。	保育所運営，教育，人事・人材育成管理
	幼稚園教師 lastentar-hano pet-taja	学士〈教育学〉　　　　（9.8%） 修士〈教育学〉　　　　（1.1%） 幼稚園教師〈旧資格〉　　　　（68.2%） 社会教育員 sosiaalikasvattaja・福祉指導員〈旧資格〉　　　　（11.3%） 福祉士 sosionomi 　　　　（7.5%）	1995年以降，幼稚園教師の職に就くには，大学教育学部等において3年間の幼児教育課程を専攻し，修了することが必要となった。以前は，幼稚園教師養成学校（3年課程）修了者資格。 社会教育員は，大学教育学部（または専門大学校）で社会教育等の課程を修了した者。福祉指導員〈旧資格〉・福祉士は職業専門大学校修了資格。なお，社会教育員，福祉指導員，福祉士が幼稚園教師の職に就くには，資格に加えて，さらに教育学を履修していることが求められる。	教育・育成・指導計画の作成，クラス・グループの指導（食事，外出，休息その他の日常活動の支援，3～6歳児への音楽・運動・言語・社会活動の指導）
	保育士 lastenhoi-taja	介護士 lähihoitaja　（27%） 保育士 lastenhoitaja 〈旧資格〉 　　　　（41%） 保育所保育士 päivähoitaja 〈旧資格〉　（27%） 子ども指導員 lastenohjaaja 　　　　（1%）	資格としての保育士は，1993年に創設された介護士資格へ移行した。介護士資格は，職業高校において保健福祉の基礎コースを修了すれば得られ，広く保健福祉分野の基礎業務に就くことができる。 ただし，保育士の職務に従事するには，子どもや青少年のケアや保育にかかる分野を中心としたものが望ましいとされる。（注） なお，以前は2年間課程の保育士養成が行われていたが，介護士資格への移行に伴い，1996年までに廃止された。保育所保育士も1985年から1993年まで養成されていたが同様に介護士資格へ移行した。	健康管理，リハビリテーション，病児介護・服薬管理，クラス・グループの指導（食事，外出，休息その他の日常活動の支援，清潔管理など）
家庭的保育	家庭保育士 perhepäivä hoitaja	家庭保育士専門職業養成課程修了者 　　　　（14%） 家庭保育士養成講座受講者〈旧制度〉 　　　　（56%） その他保育関係資格保持者　　（12%）	専門職業養成課程（高校または職業高校等を卒業後，職業経験等を経た者を対象）修了。カリキュラムは150～250時間程度。2000年に，職業訓練校等で実施される養成講座制度から移行した。	自分の家や子どもの家を保育場所とする保育に従事。食事の準備，遊び・散歩，清潔管理など

就学前教育	就学前教育担当教師 esiopetuksen opettaja	基礎学校学級教師幼稚園教師に必要とされる資格の保持者	基礎学校学級教師の職務に就くには、教育学修士課程（5年間）を修了し、修士号取得が求められる。なお、幼稚園教師等に相当する資格をもっている場合、大学等で別に就学前教育教師研修を受講する必要がある。	教育・発達支援計画の作成、実施、教育活動
学童保育	朝夕活動指導員 aamu- ja iltapäivä toiminta ohjaaja	学士、職業大学校修了、職業高校修了者基礎学校学級教師・特別教育担当教師・科目担当教師就学前教育担当教師	学士、職業大学校修了、職業高校修了者については、子どものグループ活動指導技術の習得・経験に関係する分野であることが必要。基礎学校教師は、それぞれ専門の修士（教育学）課程を修了し、修士号の修得が必要。	運動、手芸、図画工作、音楽、表現活動の実施、おやつ作り掃除など家事活動の実施
教区デイクラブ	児童指導員 lastenohjaaja	児童指導員	職業高校終了資格（資格保持者の半数は自治体の学童保育等に従事、30%が教区のデイクラブ活動に従事。20%は進学。）	子どもクラブ活動の運営、実施

注：介護士は、保健福祉分野の基礎資格として、高齢者ケア、障がい者ケア、リハビリテーション、看護助手や歯科助手等の基礎的職務に従事できる。服薬管理や簡単な医療処置などができる看護師資格など、専門性の高い職務に就くには、さらに職業専門大学校を修了する必要がある。
出所：保健福祉専門職の資格に関する法律（272/2005）、教育専門職の資格に関する政令（14.12.1998/986）、Sosiaali- ja terveysministeriö, *Varhaiskasvatuksen henkilöstön koulutus ja osaaminen*, Sosiaali-ja terveysministeriön selvityksiä 2007：1, 同, *Perhepäivähoidon kehittämisen suunta*, Sosiaali- ja terveysministeriön selvityksiä 2007：5を基に筆者作成

　教育に従事する職員の40～45％が幼稚園教師である。幼稚園教師資格は、保育所長や家庭的保育の指導員、自治体での保育・幼児教育所管部門の管理職にも必要とされる。

　保育士の養成は、1993年の保健福祉基礎資格である介護士 lähihoitaja 制度の導入に伴い、廃止された。保育士資格は、看護助手資格、歯科助手資格等の社会福祉・保健医療分野の各基礎資格と統合され、介護士（職業高校修了資格）に一本化された。旧制度の保育士が担当していた業務は、現在では保育士〈旧資格〉、介護士等が担当している。なお、「保育士」は、旧制度の資格をさして使用する場合と保育業務担当者の職名として使用する場合がある。新制度において保育士の職務に従事するには、介護士 lähihoitaja 資格をもち、子どもの分野を重点的に学んでいることが望ましいとされる。

　家庭保育士の資格は明確に定められていない。自治体の家庭保育士の募集では、通常、家庭保育士養成課程修了または養成講座受講（旧制度）、介護士の資

格等が求められる。オープン保育やその他の子育て支援サービスに従事する資格も明確ではない。

教区や非営利団体の提供する子どもクラブ活動等のスタッフは、活動の実施主体がそれぞれ設定している。通常、教区の子どもクラブ活動の指導員は、職業高校を修了し、児童指導員の資格を取得していることが必要である。

就学前学校教師の職務は、基礎学校学級教師または幼稚園教師相当の資格をもつ者が担当できる。

（2）専門職の待遇

高等教育専門職組合 AKAVA によれば、2007年の幼稚園教師の月収は1752～1927ユーロであった。幼稚園教師の資格が必要な保育所長職では、月収は2059～2265ユーロであった。給与は経験年数や資格（学位）によって幅がある。一方、公務員の給与表によれば、保育士業務1817.72ユーロ、その他の業務（有資格）は1677.05ユーロ、資格をもたない保育助手は1597.79ユーロである。家庭保育士の給与は週当たり353.61～371.61ユーロで、従事時間や資格によって異なる。

幼稚園教師は全国に約1万2292人おり、うち男性は400人（3.3％）であった。保育士や家庭保育士など保育職務の従事者は4万2718人おり、うち男性は1119人（2.6％）であった（2005年現在）。男性職員の割合は、たとえば基礎学校学級教師の25.3％、看護師の7.6％、ヘルパー4.1％に比べると低く、保育・幼児教育分野は女性が占有している代表的な職業分野に挙げられている。幼稚園教師組合によれば、男性職員が少ない理由の1つには賃金の低さが挙げられるという。たとえば、前述の保育・幼児教育職に比べて、2007年の基礎学校学級教師の月収は2189‐2903ユーロであった。

保育所のスタッフ、家庭保育士には、他の雇用労働者と同様の休暇をとる権利が保障されている。たとえば、夏休みの間、スタッフの休みを確保するために、一部の保育所は休業する。また、家庭保育士も長期休暇をとる。その間は代わりの保育所や家庭保育士を利用する。

6　日本への示唆

(1) フィンランドの保育・幼児教育の特徴

　N. ニーッコによれば，フィンランドの保育・幼児教育は，社会福祉サービスとしての性格，サービスの包括性，複数の専門職による職務分担，親との協働の重視といった点で他の北欧諸国と共通する特徴を有しているという。しかし，学習的要素は6歳児を対象とした就学前教育のみにとどめていること，カリキュラムやその実施方法等を細かく決めず，メソッドよりも目標設定を重視することは，フィンランドに特徴的であるという。

　2000年代以降，早期教育の導入が欧州各国で注目されるなかで，知識の伝授や学習よりも子どもの「育ち」を重視していることは，フィンランドの保育・幼児教育の特徴といえよう。また，保育・幼児教育サービスの利用を子どもの主体的権利とし，その保障のために在宅保育補助や家庭的保育などを取り入れることによって，柔軟な保育・幼児教育サービス体系を作り上げたことも特徴的である。これによって，公的な保育・幼児教育保障において，親による保育を含めた多様なサービスの選択が可能になったこともさらなる特徴といえるであろう。

(2) 課　　題

　柔軟なサービス保障は，両刃の剣でもある。保育・幼児教育サービス提供の方法や量は，自治体の判断に委ねられている。財政が厳しい人口過疎の自治体では，一定規模の利用児と保育専門職の確保が必要な保育所の運営は難しい。全342の自治体のうち，保育所の設置されていない自治体は28（8％）あった。保育所を設置していない自治体では，グループ家庭保育所で代替的に対応している場合も少なくない。グループ家庭保育所は，家庭に近い環境や小規模の保育サービスへの関心が高まるなかで，1990年代に普及した。個別対応がしやすく，繊細な感性をもつ子どもにとって適した環境であること，2人以上の家庭保育士がいるため利用時間を柔軟に設定できること，感染症等にかかる危険が

低いこと，障がいをもった子どもに対応しやすいことなどが長所として指摘されている。その一方で，数週間の職業訓練で得られる家庭保育士資格の専門性は決して高くはないし，保育所で得られる多様な専門職チームによるサービスも期待できないといったデメリットがある。

また，家庭外保育・幼児教育サービスの利用率は，比較的財政の豊かな南部地域で高く（70％程度），経済的に疲弊した中部では低い（50％程度）傾向にある。利用率の低い地域では在宅保育補助の受給率が高く，在宅保育補助が家庭外保育サービスを一定程度補完する機能を果たしている。[5]

2008年の保育・幼児教育サービスにかかる１人当たりの年間費用は，３歳未満児の保育所保育１万5000ユーロ，３歳以上の保育所保育１万1000ユーロ，家庭委託保育１万ユーロ，グループ家庭保育所１万3000ユーロ，就学前教育は6000〜7000ユーロと試算された。保育・幼児教育保障の形態が多様であり柔軟であることは，サービス提供の責務を負う自治体にとって安上がりの手段に向かわせるかもしれない。実際に，サービス提供の地域間・自治体間格差が広がっている。

一方，エデュケア（前述）の考え方に基づいた保育と教育のシームレスなサービス提供についても，順調に実現されているというわけではない。ヴァルハイスカスヴァトゥスの導入に伴い，政府の勧めで，自治体の保育・幼児教育の所管部局は，社会福祉・保健部門から教育部門への移行が進んでいる。しかし，政府所管部門は「保育」部分を担当する社会保健省と「就学前教育部分を担当する教育文化省で分かれており，就学前教育と他の保育・幼児教育サービスの連携はぎこちない。専門職養成も分かれたままであり，実質的な統合の方策が問われている。

さらに，就学後のサービスも決して充実しているとはいえない。学童保育サービスの提供は2004年に制度化されたが，自治体の任意実施である。自治体の97％で実施されているが，利用児数は４万7000人で対象児の半数に満たない。

(3) 保育と幼児教育の統合——ヴァルハイスカスヴァトゥス理念の示唆

　フィンランドの保育・幼児教育は，課題も多いが，形式よりも実質的なサービス保障を重視した結果といえるかもしれない。実質的な保障を支えるサービス提供の柔軟性は，1990年代に勧められた地方分権改革において，自治体が財政とサービス提供における広範な裁量権をもったことによって進んだ。そのため，実際のサービスは，自治体によって，ケースによって様々である。しかし，形はともかく，親と子どもの両者の権利を社会で保障していくことを追求する。

　2010年3月に社会保健省，教育省に提出された報告書『政府行政における保育・幼児教育の状況分析』は，次のように述べている。「保育」は子どもの親を利用者とする行政サービスの概念である。一方，「ヴァルハイスカスヴァトゥス」の利用者は子どもであり，親とスタッフが協働で描いた子どもの育ちを支援する活動である [Petäjäniemi & Pokki 2010：11-12]。

　フィンランドの保育・幼児教育サービスは，子どものヴァルハイスカスヴァトゥスへの権利と，親の保育サービスを利用する権利の両者を満たすものとして，また，その実質的な保障をめざした多様で柔軟な制度設計は政策実現の1つのあり方として，示唆に満ちている。

【注】

1) ヴァルハイスカスヴァトゥスは，ヴァルハイス varhais ——早い，若いという意味をもつ形容詞と，カスヴァトゥス kasvatus ——教育，の2つの語を組み合わせた造語である。いわゆる「教育」を意味するフィンランド語には，ほかにコウルトゥス koulutus（主に学校での教育をさす。教育，訓練，教示等の意味に近く，学位の意味ももつ）やオペトゥス opetus（教えること，授業，学課などの意味に近い）などもあるが，カスヴァトゥスには，育てる，栄養となるものを与えて豊かにする，などといった意味が含まれる。

2) 本章の統計データは，フィンランド統計局ウェブサイト http://www.tilastokeskus.fi, 社会保険庁 KELA ウェブサイト http://kela.fi, Kela, *Kelan lapsiperhe-etuustilasto*, Suomen virallinen tilasto sosiaaliturva 2010, Tilastokeskus, *Suomalainen lapsi 2007*, Tilastokeskus, 2007, Terveyden ja hyvinvoinnin laitos, *Lasten päivähoito 2009*, THL tilastoraportti 32：2010に基づいている。

3) 自治体の保育所保育，家庭保育所保育および民間保育補助の利用・受給者数。就学前教育は他のサービスと重複することが多いため，ここでは除いた。
4) ammatti korkeakoulu（AMKと表記される場合が多い）。応用科学大学とよばれる場合もある。国際標準教育分類 ISCED1997ではレベル5Aにあたり，前期高等教育段階（大学教育水準）に相当する。
5) 過疎化と深刻な財政悪化に陥っている中東部のカイヌー地域では，保育サービス利用率，在宅保育補助受給率の両者が共に最も低い水準にある。地域別にみた在宅保育補助の受給率は46％から62％の間に収まっている。

【参考文献】

Anneli Niikko, [2006] Finnish Daycare, Caring, Education, and Instruction, in Johanna Einarsdottir, Judith T. Wagner(eds.), *Nordic Childhoods and Early Education*, IAP

Tuulikki Petäjäniemi ja Simo Pokki [2010], *Selvistys päivähoidon ja varhaiskasvatuksen asemasta valtiohallinnosta*, STM/OPM, 1.3.2010

Valtioneuvoston periaateppäätös varhaiskasvatuksen valtakunnallisista linjauksista (28.2.2002), Sosiaali- ja terveysministeriön julkaisuja 2002：29

コラム 5　韓　国
▶私的な営みとしての子育て

宣　賢奎

　韓国の保育・幼児教育は歴史，政治・経済および文化の違いにより，日本とは似て非なるものが多い。子育ては伝統的に家族で協力して行う「私的な営み」であるという価値観がある。そのため，主に母親が子育てをするが，母親が働いている家庭では祖母を中心に家族が子どもの面倒を見る家庭が多い。子どもが小さいうちは「母親が傍にいてあげた方がいい」と考える女性も多く，妊娠を機に仕事を辞めて子育てに専念する人も少なくない。もちろん，若い世代では，保育施設に預けるケースも増えている。近年の核家族化がその傾向に拍車をかけている。

　韓国における就学前の子どもの保育と幼児教育は，保育施設（各種オリニジップの総称。オリニジップは「子どもの家」という意味だが，日本の保育所にあたる）と幼稚園（日本による植民地統治下でつくられた教育機関であり，今でもこの名称が使われている）で行われている。保育施設は「乳幼児保育法」（韓国語で表記すると「嬰幼児保育法」，1991年制定，2004年全文改正）により「保護者の委託を受けて乳幼児を保育する施設」と規定されている施設であるが，保健福祉部（日本の厚生労働省にあたる）が管轄し，乳児から小学校就学前までの子どもを親の就労の有無にかかわらず受け入れている。一方，「幼児教育法」（2004年制定，2005年施行）の規定によって設立・運営される学校の一種である幼稚園は，満3歳から小学校就学前までの子どもを対象とし，教育科学技術部（日本の文部科学省にあたる）が管轄している。

　保育施設と幼稚園の役割と機能をみると，「保育」は保育施設で行い，「幼児教育」は幼稚園で行うという構図がある。専業主婦の家庭が多く利用している幼稚園は「教育機関であり，保育施設より優位な位置を占める」という認識をしている人が少なくない。とはいえ，近年，保育施設と幼稚園のプログラムの垣根がなくなりつつある。満5歳児を対象とした「統合教育課程」の創設に向けての議論も始まっている。

　韓国の保育施設には，国公立保育施設，法人・法人外保育施設（法人は社会福祉法人，法人外はそれ以外の非営利法人），民間保育施設（営利法人），家庭保育施設（日本の家庭的保育に相当），職場保育施設（女性労働者300人以上あるいは労働者500人以上を雇用している事業主は設置義務がある），父母協同保育施設（親と保育教師が協同して運営）がある。保育施設は2009年12月時点で3万5550カ所（園児数117万5059人）が運営されており，幼稚園は2010年12月時点で8388カ所（園児数53万8587人）が設置されている。比較的利用料が安い国公立は5.4％と少なく，最も多いのは個人経営の家庭保育施設であり，保育施設全体の約半分を占めている。

　保育施設の利用料金は施設種別，設置主

体，地域，年齢などによって異なり，1カ月15～40万ウォン（約1万2000～3万2000円，100ウォン＝8円として換算）程度であるが，障がい児世帯，低所得者世帯，多子世帯，共働き世帯などに対しては政府からの保育料の支援がある。保育施設に対する国や自治体からの補助金はきわめて少ない。その代わり，政府が子育て家庭に保育料を支援している。つまり，財政的な補助が保育施設ではなく，個人に支給されている。

利用時間は朝9時から午後6時までのところが多いが，保育施設によっては朝7時からの早朝保育，夜10時までの夜間保育を実施しているところもある（保育施設は12時間の保育体制を整えなければ認可が下りない）。大都市部では24時間体制の保育施設も増えている。

幼稚園の利用料金は設置主体，地域，年齢などによって異なり，1カ月平均50万ウォン（約4万円）程度であるが，小学校就学直前の5歳児の幼児教育（1年間）は無料となる。保育時間は日本と若干異なる。1日8時間以上の「全日制」（全体の約3割），5時間以上8時間未満の「2時間延長制幼稚園」と3時間以上5時間未満の「半日制幼稚園」がある。

保育施設の利用条件もまた施設種別，設置主体，地域などによって異なる。年齢別の保育施設および幼稚園の利用率（2004年）は，0歳児2.6％，1歳児11.9％，2歳児26.8％，3歳児46.8％，4歳児59.7％，5歳児73.8％となっている。保育施設や幼稚園を利用していない子どもの多くは，私設の教育機関である学院（日本でいう塾）に通う。学院の多くは午前9時半から午後2時ごろまで開院している。英語，美術，ピアノ，ダンス，水泳など，知識や技術の習得にかかわる科目を重点においた約13種類の学院が存在する。保育施設や幼稚園並みのプログラムが用意されている学院も多い。幼稚園教育課程を参考にしながら，小学校就学のための準備教育を行っているところもある。

このような状況のなか，低所得層の子どもは早期教育の機会を逸している一方，3歳以前から学院に通う子どもも多く，早期教育の過熱現象が起きている。家計の私的教育費の負担は重く，国際比較によると，家計に占める教育費の割合はスウェーデンが0.21％であるのに対し，韓国は4.75％と突出して高い。

韓国の保育・幼児教育は日本による植民地統治，朝鮮戦争，そしてその後の長い軍事政権などの外的要因によって先進諸国に比べて保育・幼児教育システムの整備がかなり遅れたといえる。いずれにせよ，家族や親族が乳幼児の世話をするというかつての「家族中心の子育て」から，保育施設や幼稚園で保育と幼児教育を行うという「社会による子育て」へと，子育てのあり様が変わっている。社会的投資としての保育・幼児教育に社会的な注目が高まっているだけに，「仕事と子育ての両立」への支援と家庭で孤立している子育て中の母親への支援を充実させるべく，多様かつきめ細かな政策的・社会的支援が求められよう。

8章

日　本
▶子どもの発達保障と参加機会の拡大をめざして

川島由華

1　はじめに

　チルドレンファースト──2010年民主党政権は「子ども・子育てビジョン」において，わが国の子ども・子育て政策の理念として社会全体で子どもの育ちを尊重しその育ちを保障することを掲げた。その目玉政策の子ども手当は，すべての子どもを平等に支援するため所得制限なしで実施されたが，財源の確保が十分でないうえ保育サービスの現物給付に重点をおくべきとの批判にさらされてきた。おりしも日本を襲った未曾有の大震災によりわが国は国や社会のあり方を考え直す必要に迫られている。子ども手当についても，復興支援費の財源に充てるため所得制限導入の方向で与野党が合意に至った。この現状において，次世代社会を担う子どもの健やかな育ちを社会全体で支えるために，わが国はどのようなビジョンを描き，またどのような選択をとることが望ましいのであろうか。

　1871年に，保育施設は混血児救済を目的に横浜に開設された託児所から始まった。その後，同一年齢の子どもを対象としながらも，親の労働支援として乳幼児保育を担う児童福祉施設の保育所と，主に専業主婦の子どもを対象とする教育機関の幼稚園とに分かれて，それぞれ発展を遂げてきた。この幼保二元的制度が日本の保育・幼児教育サービスの特徴の1つであり，長年議論の対象ともなっている。2006年に創設された幼保連携施設の認定こども園は，事務処理

上の煩雑さなどの理由で増加が伸び悩んでいる。

　世界的な経済不況，グローバル化，高度情報化，労働の流動化など社会・経済が大きく変化しているなかで，共働きを希望する家庭の主婦が急増し，都市部では保育所に入所できない待機児童が社会問題化している。また，家族形態およびライフスタイルが多様化し，ひとり親，児童虐待，発達障がい児，外国人の子どもが増加するなど，子育てをめぐる環境は複雑で厳しいものとなっている。このような現状に対しわが国の社会保障等は，高齢者に手厚く，子どもや若者への公費支出が少ないことが指摘されている。経済協力開発機構（OECD）調査によると，子育て関連施策に対する公財政支出の国内総生産（GDP）に占める割合は，フランス，スウェーデン，イギリスなどが3％以上なのに比べ，日本は0.79％にすぎない（2007年）。また，教育費も3.3％（2007年）と OECD 諸国内で最低水準であり，とりわけ就学前児童に対する支出（同0.21％）が低く，義務教育に対する支出の1/3に満たない。幼児教育については先進国の多くが，将来への投資とみなし普遍的制度として無償化や対象年齢拡大を進めているのに対し，わが国はようやく議論の途に就いたばかりである。

　ところで，日本の今後を考えるうえで，人的資源の活用は重要なポイントになる。そのうちの1つが，次世代を担う子どもの健全な育ちを保障することであり，現在十分に活用されているとは言い難い人材，とくに母親の参加機会を拡充することである。労働人口の縮小と社会保障費の増大に対し持続可能な社会を実現するためには，可能な限り多くの人が社会の構成員として，家庭と仕事の両立のみならず地域活動など複数の役割を担う必要がある。保育サービスは，両立支援策としても未来を担う子どもの発達支援という意味においても，きわめて重要である。何よりも子どもの福祉・教育を保障することは，わが国の将来への社会的投資につながると考える。本章ではこのような問題意識に立って，子どもの発達保障，親の就労支援，保育の実施義務のある地方行政の3点に焦点を絞り，日本の保育サービスの機能と構造について概観する。

2 就学前の子どもに対するサービスの概要

(1) 保育・幼児教育施設
【保育所】

　保育所とは，保育に欠ける0歳から小学校の始期に達するまでの子どもを保育する児童福祉施設で，設置基準を満たしたうえで都道府県知事の認可を受けて設置する。保育所は「養護と教育を一体的に行う」ことを特性とし，保育所保育指針では，保育を総合的に行うほか，保護者支援や地域の子育て支援など，その役割が明記されている。多様なサービスとして延長保育，夜間保育(開所時間11時間でおおむね22時まで)，休日保育，特定保育(週2～3日または午前か午後のみ柔軟に保育を実施)などがある。また，人口減少地域等においては，小規模保育所[1](20人以下)，へき地保育所(10人以下)，分園(30人未満)がある。

　認可外保育施設は，認可保育所以外の保育サービスを提供する施設等の総称である。そのうち，20時以降の保育や宿泊を伴う保育，一時預かりのいずれかを常時運営している施設を，ベビーホテルという。ほかに，事業所内保育施設や医療職の離職防止を目的とした病院内保育施設等，多様な形態がある。原則公費補助の対象外で，利用申し込みは保護者が直接行い保育料も設置者が自由に設定できる。認可外保育施設のなかには面積要件や調理室等の設備要件を満たしていない施設もあり，保育従事者の有資格率も6割程度にとどまるが，待機児童の多い3歳未満児の保育や夜間，宿泊を伴う保育等で一定の役割を果たしている。

【幼稚園】

　幼稚園は，「義務教育およびその後の教育の基礎を培うものとして」，幼児を適当な環境のもとで保育し心身の発達を助長することを目的とする学校教育法上に基づく学校である。満3歳から入園できるが，子育て支援策として，1997年から3歳未満児の受け入れや教育課程時間外の預かり保育，子育て支援活動を実施している園もある。なお，園児の8割が私立幼稚園に在籍する。私立幼

稚園には運営費補助として私学助成（経常費助成費等補助金）がある。

【認定こども園および幼児一元化施設】

認定こども園は，保育所および幼稚園の現行制度を維持しつつ両施設を連携させ，子育て支援機能を備えた施設である。母体となる施設の種類により，次に挙げる4つのタイプがある。(a) 認可保育所＋認可幼稚園が一体化した幼保連携型，(b) 幼稚園＋保育所機能，(c) 保育所＋幼稚園機能，(d) 認可外保育施設＋幼稚園機能（地方裁量型）である。認定こども園は，待機児童の多い3歳未満児の受け入れ増が期待されているが，保育所部分，幼稚園部分においてそれぞれに生じる事務的手続きの煩雑さもあり，2010年4月現在512カ所にとどまっている。また，待機児童が少なく保育所の認可が受けにくい地域では，幼稚園が保育所の認可を受けず認定こども園になっても，保育所部分について公費支援がなく財務上リスクを抱えることになる。

（2）地域子育て支援事業

近年，地域福祉力の低下や母親の孤立した子育てが問題となると，すべての子育て家庭における児童の養育を支援として，市町村に子育て地域支援事業の実施が義務付けられた。主な内容として，①乳児家庭全戸訪問事業（生後4カ月まで），②養育支援訪問事業（全戸訪問により，とくに養育支援が必要とされた家庭が対象），③地域子育て支援拠点事業，④一時預かり事業，⑤家庭的保育事業である。その他，次世代育成支援対策として，育児支援等を必要とする人と支援希望者が会員になり，相互援助活動を行うファミリーサポート等がある。これは，病児・緊急対応強化事業も行っている。

【家庭的保育事業（保育ママ）】

家庭的保育事業は，保育士および看護師の有資格者，またはそれに準ずる家庭的保育者が，保育所と連携しながら自身の居宅等において3人以下の主に3歳未満児を保育するものである。自治体独自事業としては従来から実施されていたが，2000年にとくに3歳未満児の保育需要増加に対する応急的措置とし

図表 8-1　就学前児童に対する保育・幼児教育サービスおよび子育て支援事業等

	0歳	2歳	3歳	7歳	9歳
保育施設	保育所等			放課後児童クラブ	
	認定こども園				
幼児教育施設・地域子育て支援事業等	子育て支援事業／一時預かり事業／地域子育て支援事業		幼稚園	放課後子ども教室	
	家庭的保育事業				
	乳児全戸訪問事業	養育支援訪問事業			
社会的養護	乳児院・児童養護施設				
発達支援・療育	乳幼児健診（法定：1歳半・3歳）／発達・教育相談・言葉の教室等				
	児童発達支援センター・児童発達支援事業			放課後等デイサービス	

(筆者作成)

て，国庫補助事業となった。支援体制の不足や事故発生時の補償の体制等の課題があり普及が進んでいなかったが，2009年に児童福祉法で制度化された。有資格者以外の保育者も規定の事前研修を受講すれば，実施できるようになった。政府は家庭的保育事業を3歳未満児受け入れ先として，小規模サービスの形で拡充するとしている。

(3) 学童保育事業

　学童が放課後を過ごす場についても，厚生労働省所管の放課後児童健全育成事業（放課後児童クラブ）と，文部科学省所管の放課後子ども教室推進事業とが併存する。前者は共働き家庭の小学校おおむね1～3年生を対象に，放課後等に適切な遊びや生活の場を提供するものとして，1997年に児童福祉法に規定された。集団規模についてはおおむね40人程度とし，指導者は保育士，幼稚園教諭等の有資格者が望ましいとされている。開所日数は年間250日以上で長期休暇にも対応し，おやつもある。利用にあたっては事前に登録し保育料を支払う。これに対し，後者はすべての子どもを対象として，安全・安心な子どもの居場所を設け，地域のボランティア等の参画を得て，学習やスポーツ・文化活

動,地域住民との交流活動等の取り組みを推進するもので,断続的・単発的に実施される。参加は任意となっており,無料である。2007年に,両事業を一体的した総合的な放課後子どもプランが全学区導入をめざしスタートしたが,両事業の目的や対象児童,保育料の有無,開所日数などの相違から導入が進んでいない(2009年現在24%)。

3　地方自治体と保育の実施義務

(1) 地方自治体と子育て関連事業

　市町村には,保護者から申し出があった場合は「保育に欠ける」子どもの保育を実施する義務がある。ところが,入所希望が供給を上回る場合や児童数の減少等やむを得ない事由があるときは,家庭的保育事業や認可外保育施設へのあっせんなど代替的な方法で適切な保護を行うこととされている。一方,幼児教育については,市町村に実施義務はなく公立幼稚園の数も少ない。また,私立保育所および幼稚園の認可権は原則都道府県知事にあるため,住民に身近な市町村で保育所や幼稚園に関連する業務に包括的に関与することが難しいのが現状である。

　同一年齢が対象の施設でありながら,保育所,幼稚園の所管が厚生労働省と文部科学省に分かれていることは,縦割り行政の一例とされてきた。これに対し,市町村レベルでは,保育・幼児教育行政について行政組織を統合する例も出ている。子育てしやすいまちを目標に子育て支援を充実させ,子育て世代の転入や将来の住民となりうる子どもたちの育成に取り組むことで,地域活性化等につなげようとするものである。たとえば,保育所運営および幼稚園の就園支援から,母子保健,虐待児支援,発達障害児支援,地域子育て支援,子育て広場や団体活動支援など,子育て関連事業を所管する福祉や保健部局,教育委員会等の垣根を超えて集約させ,総合的・包括的支援を行う。幼稚園,保育所と小学校の連携等幼児教育プログラムの企画立案等については,教育委員会が中心となることが多いが,新潟県三条市などいくつかの市区町村では,教育委員会に子育て関連事業総合窓口を設置している。

（2）地方行政改革と保育サービスへの影響

　地方分権と行政改革の流れは，保育行政のあり方を変える1つの契機となった。三位一体の改革を提唱した小泉政権発足と前後して「官から民へ」と小さな政府が志向され，地方分権推進法による保育行政の自治事務化および，地方交付税の大幅減額と同タイミングでの公立保育所運営費の地方交付税化など，行財政改革が進められた。また，同時期に進められた市町村合併により行政区域が拡大するとともに重複する公共施設が統廃合されるなどの影響もある。一方で保育サービス拡充を推進するため，2000年以降社会福祉法人以外の保育所設置や公立保育所の民間事業者による運営が可能となった[2]。その後に続く指定管理者制度導入，民間委託の推進や地方公務員の定数削減などは公立保育所減少の要因の1つといえる。保育所は地域とのかかわりが密接で保護者の生活圏で提供されることが望ましいが，少子化のいっそうの進行なども加わり，住居地において保育サービスが提供できない地域もある。

　一連の行財政改革により保育所総数は増加したが，公立保育所数は設置抑制や民営化等により減少している。民営化の手法としては，公立保育所を廃止し民間譲渡や民間移管を行う民設民営（建物・設備は有償譲渡，土地は無償貸与とする形態が多い），業務委託や指定管理者制度による運営委託をとる公設民営がある。民営化の効果については，多様で柔軟な保育サービスの実施が可能となり，保育所運営経費を他の子育て支援サービスに充当できるなど，自治体資源を有効に活用できるという利点がある。課題としては，自治体の整備計画の遂行上の課題や責任の所在が曖昧になること[3]，業務委託先の変更・廃止時の対応，保育従事者の処遇低下等の問題がある。また保育所運営に関して，行政としてのノウハウの蓄積やマネジメント力の低下につながる恐れがある。民営化については，目的および手段，サービス内容および事業運営の適正化に加え地域経済への影響や地方行財政のバランス，待機児童の有無，少子高齢化の進行度等の総合的観点から判断しその結果について詳細な検証をする必要がある。

　青森県は全国で最も民間保育所の割合が高いが，八戸市では限られた財源を有効活用するため市部の公立保育所を全廃した。当市では待機児童がほとんど存在せず，また保育士の高齢化の問題もあった。そのため市としては，多様化

する子育てニーズへの対応や街の活性化を推進するため，2010年現在，市街地に親子交流やモノづくり体験等を実施する子育て支援施設の設置計画を進めている。一方，市町村合併により吸収合併された旧南郷村（現在南郷合併特例区）には，公立保育所が現存する。保育士の平均年齢の上昇に加え過疎化や施設の老朽化が課題となっており，今後の保育所のあり方について検討することとなっている。

4　就学前児童に対するサービスの量的側面

(1) 保育所，幼稚園等の利用状況

保育所は待機児童が深刻化しているが，幼稚園は休園や廃園など減少傾向にある。2010年4月1日現在，保育所数は2万3068カ所，利用児数は208万114人で，幼稚園は1万3392カ所，在籍数は160万5948人（同5月1日）となっている。都道府県別の保育所・幼稚園普及状況（5歳児）は，社会・人口統計（2010年）によれば，2007年実績で保育所普及度は長野県（74.7％）が最も高く，幼稚園は沖縄県（80.7％）が最も高い。また，公立保育所の割合が最も高いのも長野県（公立81.2％）で，最も民営化が進んでいるのは青森県（同14.6％）である。3歳未満児に限ると，認可保育所・認可外保育施設の利用率は，沖縄県（認可30.8％，認可外20.5％）が最多で，岐阜県（同13％，1.2％）が最も低い。また鳥取，島根，石川，福井県で認可，認可外あわせた利用率が4割前後と比較的高く，愛知，千葉，埼玉県などは2割に満たない。なお，認可外施設の利用は沖縄が際立って高く，次いで山形（6.6％），秋田（4.7％）となっている。また5歳児では保育所普及度が最も高い長野県は3歳児未満利用率では下から3位である［厚生労働省 2009］。保育所しかない自治体も18％（2006年）あり［文部科学省 2009］，へき地保育所については保育に欠ける子ども以外にも，市町村が必要と認めた子どもも入所することが可能である。過疎地域では全国平均と比べ保育所在籍比率が幼稚園よりも高くなっている［厚生労働省 2009］。

（2）待機児童の深刻化と自治体の取り組み

　待機児童とは，入所を希望している児童のうち入所要件に該当しているにもかかわらず保育所に入所していない児童をさす。待機児童数は2010年4月1日現在，357自治体で2万6275人と3年連続増となっているが，そのうち82％が0〜2歳の年齢層に集中している（厚生労働省2010年9月報道発表）。また待機数の84.1％が，首都圏，関西圏，その他政令指定都市・中核市で占められている一方で，待機児童がいない県も10ある。50人以上の待機児童がいる自治体は，児童福祉法で保育事業の供給体制の確保に関する計画策定が義務付けられているが，その数は101にも達している。また，保育所不足から就業を断念するケースも多く，政府試算によると潜在的需要は100万人ともいわれる［厚生労働省 2010b：11］。

　政府によるこれまでの待機児童対策は2度にわたる待機児童ゼロ作戦の実施など，社会福祉法人等への施設整備補助や既存保育所の定員緩和，保育所以外の多様な受け皿づくり等が主なものであった。一時待機児童数は減少したが，近年の経済不況により就業する母親が増加し再び増加に転じている。政府の「待機児童ゼロ特命チーム」は，待機児童解消「先取り」プロジェクトを推進するため，2010年度から前倒しで自治体独自の認証保育所や保育ママ等を公費支援の対象に加えるほか，2011年度予算に施設整備費として200億を計上している。

　市町村でも保育所増設など受け入れ数の拡大を講じているが，自治体の財政力等により実施状況に差が生じている。また，供給が新たな需要を掘り起こすなど待機児童が一向に減らない地域もあり，住む地域によって同じ要件でもサービスが受けられない現状がある。自治体の取り組みとしては，保育所開設時の補助や独自基準の認証保育所設置，家庭的保育事業者に対する運営費補助等がある。たとえば大阪市では，社会福祉法人に対し保育所設置を目的に公用地の10年間無償貸付を実施し，待機児童を大幅に減らした。横浜市は待機児童が1552人と全国最多であるが，一方で駅から離れている保育所は定員割れしており，駅前ステーションを設置して送迎サービスを行う。また，家庭的保育事業を行うNPO法人等に市独自助成を実施している。渋谷区では，区立幼稚園

図表８－２　就学前の子どもの保育状況

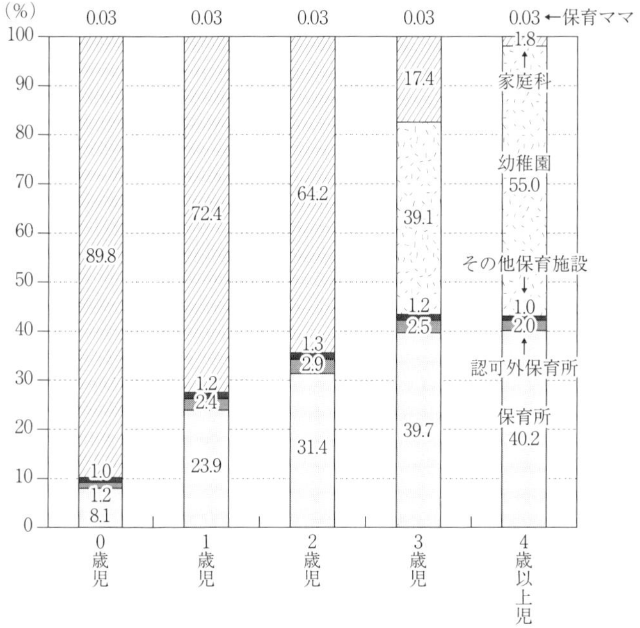
（%）
100
90
80
70
60
50
40
30
20
10
0
0.03
0.03
0.03
0.03
0.03 ←保育ママ
1.8
家庭科
17.4
幼稚園
55.0
89.8
72.4
64.2
39.1
その他保育施設
1.0
1.3
1.2
1.0
1.2
1.2
2.4
2.9
2.5
2.0
認可外保育所
保育所
8.1
23.9
31.4
39.7
40.2
0歳児
1歳児
2歳児
3歳児
4歳以上児

出所：社会保障審議会少子化対策特別部会第１次報告第１次報告「次世代育成支援のための新たな制度体系の設計に向けて」参考資料集2009年２月24日102頁

の２階部分に認可外保育施設を設置し，１～３歳児の保育および４，５歳の預かり保育を保育事業者に業務委託することで，１～５歳まで一貫した幼児教育・保育を提供する，区独自の幼保一元化施設を2010年４月より設置している。

放課後児童クラブにおいても待機児童は深刻である。実際小１の壁といわれるほど，その量的・質的整備が不十分で保育所卒の約６割しか利用できない。2010年５月現在，登録者数81万4439人で待機児童数は8021人，未実施自治体が9.7%となっている（厚生労働省2010年10月報道発表）。安全上問題があるとして補助額が減算対象である定員71人以上のクラブは減少したが，40～70人以上が４割以上を占めている（全国学童保育連絡協議会調査）。定員数に比して保育所より待機児童が少ない理由としては，保育料の減免制度が不十分であること，子

どもが小学生になると時間外労働の制限などが適用外となり勤務時間が長くなる傾向があるのに対し，開所時間が十分ではない等の理由から利用できない，すべての子ども対象の放課後子ども教室へ流れたことなどが考えられる。

（3）利用の申し込み

保育所利用にあたっては，居住地の市町村窓口または通園希望の保育所等に随時入所申込書を提出する。従来保育所入所は行政が入所を決定する措置制度がとられていたが，利用者が希望する保育所を選びその順位を市町村に申し込む選択方式が導入された。しかし，待機児童の多い市町村では，とくに年度途中は保育所の選択はおろか入所すること自体がきわめて困難となっている。これに対し，安心して仕事に復帰できるよう育児休業中の入所予約を実施している自治体もある（品川区・港区・新宿区・八戸市など）が，少数派である。一方，幼稚園は園の選考基準により園が入園者を決定し，設置者と保護者とで直接契約を結ぶ。また認定こども園は，原則として設置者と保護者との直接契約であるが，保育所型および幼保連携型の認定こども園においては，市町村が保育に欠ける子の認定を行い，入所が決定した場合園は入所を拒むことはできない（受諾義務）。

（4）保育所の利用基準

保育所利用のためには保護者いずれもが次の状況，すなわち①居宅外労働，②自営業など居宅内労働，③妊娠中または出産直後，④疾病・負傷・心身障がい等，⑤親族等の介護，⑥災害等にあることが要件である。転居等の理由での施設変更やひとり親，きょうだいが保育所入所中，多子家族などが優先され，祖父母等と同居，幼稚園通園のきょうだいが預かり保育を利用していない場合などは優先度が低くなる。最後に所得税課税額の低い順に入所優先とするなど，市町村の保育審査会を経て入所が判断される。入所基準は市町村で条例により規定するが，待機児童の有無等によって入所基準の厳格さに自治体格差がみられる。また，勤務時間が長いほうが保育の必要度が高いとみなされるため，短時間労働者や就職活動中である場合は入所が困難となっている。その結

図表 8-3　保育所および幼稚園の保育料（年額，2010年）

(単位：円)

保育所					幼稚園			
階層区分		推定年収	0歳〜2歳	3歳以上	階層区分	推定年収	補助額(年)	保護者負担[1]
第1階層	生活保護世帯	—	0	0	生活保護世帯	—	220,000	79,000
第2階層	市町村民税非課税世帯	〜250万	108,000	72,000	市町村民税非課税世帯	〜250万	190,000	109,000
第3階層	市町村民税課税世帯	〜330万	234,000	198,000	市町村民税所得割課税世帯 34,500以下	〜360万	106,000	193,000
第4階層	所得税課税世帯 40,000未満	〜470万	360,000	324,000	市町村民税所得割課税世帯 183,000以下	〜680万	43,600	255,400
第5階層	所得税課税世帯 40,001〜103,000	〜640万	534,000	498,000				
第6階層	所得税課税世帯 103,001〜413,000	〜930万	732,000	696,000				
第7階層	所得税課税世帯 413,001〜734,000	〜1130万	960,000	924,000				
第8階層	734,000〜	1130万〜	1,248,000	1,212,000				

注：1．負担額　保育所：保育所徴収金（保育料）基準額表をもとに12を乗じて年額を算出した。
　　　　　　　幼稚園：比較のために入園料・保育料全国平均（299,000円（年額）から各階層の幼稚園就学奨励金）を減額して算出した額を提示した。
　　2．事業仕分けにより2010年度から，新たに高所得層対象の第8階層が追加された。
出所：保育所—子ども・子育て新システム検討作業グループ基本制度ワーキングチーム第9回資料「幼保一体給付(仮称)についてII（案）」
　　　幼稚園—平成22年度幼稚園就園奨励費補助の概要」
　　　http://www.mext.go.jp/component/b_menu/shingi/giji/__icsFiles/afieldfile/2010/05/28/1292323_10.pdf（2010年9月3日アクセス）

果，低所得世帯など就労の必要度が高い場合でも入所ができず働くことができない，または高額な認可外保育施設を選択せざるをえない場合もある。潜在的需要量に対し少ない認可保育所の供給量の需給調整として，「保育に欠ける」要件が機能している現状があるといえる。なお，優先的な利用が必要と考えられる児童虐待など社会的養護が必要な子どもや障がい児の入所を保障する仕組みについては，明確な基準はなく自治体の配慮義務となっている。

(5) 保育料の利用者負担

　認可保育所の保育料は，厚生労働省基準額に基づき世帯収入をもとに原則市町村が設定する。国基準では保護者負担が大きいため，階層の細分化や2人以上入所の場合の保育料減免，あるいは低所得世帯の無料化等を行うことが多

い。同じ市内であれば認可保育所は公・私立とも同額であり、保育料徴収も市町村が行う。2006年の厚生労働省調査によると、月額2～3万円未満が3割程度と一番多くなっている。これに対し、認可外保育施設や幼稚園保育料は設置者が自由に設定できる。また、認定こども園は、都道府県のガイドラインで幼保連携型および保育所型の保育所部分は市町村基準に準じるなど規定されている場合もあるが、原則設置者が自由設定でき、設定料金を市町村へ届出することとなっている。認可外保育施設は、原則公費助成がないため認可保育所以上に保育料が高い場合も多い。また、幼稚園には幼稚園就園奨励費補助制度があるが、その実施状況は市町村によって異なる（→図表8-3参照）。

5　保育内容とその質を支えるための制度

（1）保育内容と就学前教育

　保育所の保育内容は、保育所保育指針に定めがありすべての保育所が遵守すべきものとされている。従来年齢別の構成であったが、2008年に子育て環境の変化への対応や保育の質の向上等を目的に改定され大臣告示となった。教育に関する部分については、幼稚園教育要領をおおむね踏襲し、健康・人間関係・環境・言語・表現の5分野でねらいと目的が示されている。また、幼稚園教育要領（1964年より大臣告示）についても学校教育法の改正を受けて改正され、幼稚園の保育時間外の教育活動や子育て支援について追加された。保育所で過ごす場合と幼稚園で預かり保育を利用する場合とでは午後の過ごし方について、その基本的な考え方は異なる。保育所は基本時間が8時間以上で午後も養護と教育の時間であるのに対し、幼稚園は基本の4時間以外を教育課程外の教育活動として、地域教育や家庭教育の補完的なものとみなしている。

　ところで近年、小学校入学後、授業に集中できない子どもが増加するなど「小1プロブレム」が問題となっている。就学前から学ぶ姿勢や集団行動を身につけることの重要性が指摘されるようになり、小学校と保育所、幼稚園間で子どもに関する情報の共有化を図るため、小学校就学に際し市町村の支援のもとに、「保育所児童保育要録」および「幼稚園幼児指導要録」を小学校へ送付

することとなった。また，就学に向けて保育内容を工夫するとともに，保育所，幼稚園在籍児と小学校児童との交流，職員同士の情報共有や相互理解など，小学校との積極的な連携を図ることが求められた。一部自治体では幼保小教職員等の合同研修や連絡組織の設置，幼児・児童の交流等，連携プログラムが実施されている。

　自治体独自のカリキュラムを作成しているところもある。東京都品川区では，小１プロブレムの緩和や保育所・幼稚園と小学校のスムーズな移行を目的として，区内すべての保育所または幼稚園在園の年長児の10月～小学１年１学期頃にかけてジョイント期カリキュラムを作成し，2010年10月から実施している。保育所・幼稚園では，学校生活を見据えて，「生活する力」「かかわる力」「学ぶ力」の３つの力をバランスよく伸ばし，小学校では，あいさつや交友関係づくりなどを，品川区独自の「市民科」を中心に指導している。

(2) 病児，障がい児等への対応

　子どもが病気になっても容易に仕事を休むことが難しい環境におかれている親の頼みの綱が，病児・病後児保育所である。形態としては，①病児対応型（病院または保育所等付設の専用室等で看護師が一時的に保育），②病後児対応型（病院または保育所等付設の専用室等で保育士が一時的に保育），③体調不良児対応型（保育所で保育中の体調不良児に対し緊急対応等を行う）がある。需要予測が難しいことから，その運営は不安定なことが課題である。なお，政府は2013年度から，看護師や保育士による自宅訪問型サービスの新設を検討している。

　アレルギーおよび離乳食対応については，2005年に食育基本法が施行され，保育所保育指針および幼稚園教育要領に食育に関する項目が追加された。とくに保育所では，「食育計画」の策定と保育計画への位置づけ等に留意して，離乳食，食物アレルギーのある子ども，体調不良児，障がい児等について，１人ひとりの子どもの心身の状態等に応じ，嘱託医等の指示や協力のもとに適切に対応する。

　障がい児の就学前施設サービス等としては，保育所等で発達障がい児等を保育する統合保育と，地域における通所支援，保育所等訪問支援，障害児相談支

援などを行う地域の中核的な療育支援施設としての児童発達支援センターでの専門療育がある。また身近な療育の場として障がい児および家族支援を行う児童発達支援事業がある。保育所では子どもの発達過程や障がいの状態を把握し指導計画のなかに位置づけるほか,家庭や関係機関と連携した支援計画を策定する。保育所受入に際しては障がい児 4 人に 1 人の保育士加配が求められている。保育所等訪問支援については,保育所や幼稚園等に通う発達障がい児や気になる子どもに対し,集団生活への適応訓練など専門的な支援を行うことを目的としている。

　児童虐待については2000年に児童虐待防止法(「児童虐待の防止等に関する法律」)が施行されたが,保育所等では,児童の心身の状態や家族の態度等に注意し観察や情報収集に努め,関連機関との連携をとることとされている。2010年より保育所,幼稚園等は児童相談所登録の虐待児等に関して,定期的に情報提供を行うこととされている。

(3) 保育所および幼稚園の認可権と設置基準

　私立保育所の認可権は都道府県知事(政令市・中核市長)にある。認可外保育施設については設置後の届出で足りる。認可を受けるためには児童福祉施設最低基準を満たす必要があるが,都道府県知事等の裁量権が認められているため,最低基準を満たしていても認可されない場合がある。都道府県および市区町村は,待機児童数,人口数,就学前児童数,就業構造,延長保育等多様な保育サービスの需要等の現状および方向の分析を行ったうえで,将来の保育需要を推計して保育所の認可を決定する。最低基準のうちとくに施設設備基準については1948年制定以降見直されておらず,児童の発達に適切ではないとの指摘もある。一方,私立幼稚園は都道府県知事に認可権がある。認定こども園は国指針を参酌して,都道府県知事が施設設置基準を規定し認定を行う。原則保育所,幼稚園の両施設の基準を満たすことが要件であるが,既存施設からの転換の場合は,申請時にどちらかの基準に適合すればよいとの例外規定もある(→図表 8-4 参照)。

図表 8-4 保育所・幼稚園・認定こども園の施設基準

名　称	保育所	幼稚園	認定こども園
根拠法令	児童福祉法	学校教育法	就学前の子どもに関する教育，保育等の総合的な提供の推進に関する法律
設置者・認可	地方公共団体，社会福祉法人，企業，学校法人等。 認可：都道府県知事等	国，地方公共団体，学校法人等。 認可：都道府県知事	地方自治体，社会福祉法人，学校法人・宗教法人，NPO法人，その他営利法人等 認定：都道府県知事
基　準	児童福祉施設最低基準（省令）（児童福祉法第45条）	幼稚園設置基準（省令）（学校教育法第3条）	各都道府県で定める認定基準
職員配置基準	利用定員60人以上 保育士 　0歳児（3：1）， 　1・2歳児（6：1）， 　3歳児（20：1），4歳児以上（30：1） 嘱託医，調理員（調理業務委託の場合を除く）	園長，教頭，教諭，助教諭，養護教諭，養護助教諭，教員補助員 専任教諭等／1学級 1学級当たり幼児数／設置基準35人以下（原則）。	【埼玉県の例】 ・0歳から2歳児：保育士 　0歳児（3：1），1・2歳児（6：1） ・3歳～5歳児：原則保育士資格および幼稚園教諭免許併有 　3歳児（20：1） 　4・5歳 短時間利用児：（35：1） 　4・5歳 長時間利用児：（30：1）
設備基準	園舎および保育室・屋外遊戯場 2歳未満児 　乳児室：1.65㎡以上／人 　ほふく室：3.3㎡以上／人 　医務室 2歳児以上 　保育室・遊戯室：1.98㎡以上／人 　屋外遊戯場：3.3㎡以上／人 　（保育所周辺の代替地でも可） 全年齢共通：調理室・便所	園舎：原則2階建以下 1学級：180㎡ 2学級以上： 320＋100×（学級数-2）㎡ 運動場 （同一の敷地内または隣接地） 2学級以下： 330＋30×（学級数-1）㎡ 3学級以上： 400＋80×（学級数-3）㎡ 職員室・保育室・遊戯室・保健室・便所・手洗用設備・足洗用設備・飲料用水設備	【埼玉県の例】 乳児室またはほふく室・保育室 　0歳児：5㎡／人 　1歳児：3.3㎡／人 　2歳児：1.98㎡／人 　3歳以上：原則幼稚園，保育所の設備基準を満たすこと 屋外遊戯場 　2歳児：保育所の設備基準 　3歳以上：原則幼稚園，保育所の設備基準を満たすこと 　原則同一敷地内及び隣接地とするが一定要件を満たせば代替地可 調理室 3歳以上児については，栄養士配置や食育計画策定など要件を満たせば外部搬入も可
給　食	自園調理。3歳児以上は外部委託も可能（平成22年度）	お弁当持参，自園調理，仕出し弁当等。給食の提供は任意	自園調理。3歳以上は外部委託も可能（平成22年度）

（筆者作成）

(4) サービスの評価および指導監督制度等

　サービス評価制度には自己評価と外部評価がある。これは，保育施設が施設運営およびサービスの組織的，継続的な改善に取り組むだけではなく情報公開による説明責任を果たすことで，透明性の確保やサービスの質の向上を目的とする。自己評価は，幼稚園では実施と結果の公開が義務付けられているが，保育所では努力義務となっている。また外部専門調査機関等による第三者評価制度[8]については保育所および幼稚園とも受審は努力義務となっている。幼稚園にはほかに，保護者，地域住民等で構成される評価委員による学校関係者評価の実施についても努力義務とされている。

　所管庁による認可保育所への指導監督，勧告，事業停止命令，認可取消等は都道府県知事等に権限がある。法人・施設監査は法人の法令遵守および運営の適正化を目的に実施され，人員および施設基準，財務管理，保育内容，入所児童および職員の処遇等に加え，保育課程の編成，保育所児童保育要録，自己評価等の内容，保護者支援，苦情処理対応，衛生管理，事故防止策，災害対策等など指導項目は多岐にわたる。指導監査は原則年1回実施するが，対象数が多いなどやむをえない場合は対象を選定して実施できる。しかしベビーホテルについては必ず年1回以上立入検査を実施しなければならない。私立幼稚園は都道府県知事が検査指導等を行うが，教育の中立性を確保する観点から監査というかたちで介入することはできない。認定こども園についてはそれぞれの施設の基準に基づき指導監査等が実施される。

6　保育者の待遇

(1) 保育士・幼稚園教諭の養成

　保育士は，指定養成施設等を卒業するか，保育士試験に合格（受験資格は短大卒業程度）した有資格者が申請し，保育士登録をする。当初は女性限定であったが，1977年から男性保母も認められるようになり，1999年から保育士という名称に変更となった。多様な人材を確保する観点から受験資格が徐々に緩和されているほか，幼稚園教諭免許取得者には一定の科目が免除されている。養

図表8-5　保育士および幼稚園教諭他の福祉職，教育職等との処遇の比較

区　分	企業規模計（10人以上）						
	年齢（歳）	勤続年数（年）	所定内実労働時間数（時間）	超過実労働時間数（時間）	きまって支給する現金給与額（千円）	年間賞与その他特別給与額（千円）	男女比（％）
幼稚園教諭	30.9	6.9	175	2	226.0	706.4	93.5
保育士	33.8	7.5	170	3	217.6	673.2	94.0
看護師	36.3	6.8	161	7	317.1	800.5	92.4
福祉施設介護員	37.6	5.4	166	3	213.9	476.5	69.1
小・中学校教員	43.9	20.2	169	—	435.4	1311.6	62.7
全職種平均	41.1	11.4	165	11	318.1	888.5	32.7

注：1．きまって支給する現金給与額－就業規則等で規定される各種手当等を含む税額等控除前の給与月額。
　　2．Source：小・中学校教員：労働時間：『平成18年教員勤務実態調査』より推計。
　　3．給与　『平成21年地方公務員給与の実態』（2009年），小・中学校教員その他項目および幼稚園男女比は文部科学省「学校教員統計調査報告書」（2007年 H19年度実績）。その他の職については平成21年賃金構造基本統計調査（2009年）。
（筆者作成）

成施設では保育士および幼稚園教諭の両資格を取得できる場合が多く，幼稚園教諭の約7割は保育士資格を併有している［文部科学省 2009b］。なお，養成施設では保育士，幼稚園教諭とも現場実習の履修が義務付けられているが，保育士試験においてはその限りではない。

　幼稚園教諭普通免許状は，原則短大卒が二種，大卒が一種，大学院卒が専修でそれぞれ必要な課程を履修することで取得する。保育士の有資格者で保育所等での3年以上の実務経験を有する者は，認定試験を受け幼稚園教諭免許の二種免許状を取得することができる。なお，幼稚園教諭は園長等教員を指導する立場にある者など一部を除き，教員免許更新制の対象となっている[9]。

　家庭的保育者養成については，事前研修として，①基礎研修が講義21時間＋見学実習2日以上，②認定研修が講義40時間＋保育実習48時間となっており，保育士および幼稚園教諭の資格をもたない未経験者には加えて，20日の保育実習が課せられている。また，認定後も一定の現任研修を行うこととしている。

(2) 保育士・幼稚園教諭の処遇

　保育士と幼稚園教諭は職務内容に類似点は多いが，保育士は福祉職であり，幼稚園教諭は教師として職業上の違いがある。また同じ教育職でも，幼稚園教諭とほとんどが地方教育公務員である小学校教諭との賃金等の処遇の差は大きい。保育士・幼稚園教諭は女性従事者が大多数となっており，平均勤続年数，平均給与とも全職種平均から比べ低い傾向にある。地域子育て支援に加え，保護者支援への助言指導，貧困問題，障がい児および虐待児の増加など，保育所等に多様な機能が求められるなかで，保育従事者には従来以上の資質向上が課せられている。にもかかわらず専門職としての社会的地位の低さや低処遇などの理由から，都市部では施設の増加に対し募集枠が埋まらず保育士不足が問題化している。

7　保育施設での生活と保育者，保護者の1日

(1) 利用時間

　保育所の保育時間は8時間，開所時間は11時間であるが，早朝保育や延長・休日保育を実施する場合もある。原則日曜・祝日・年末年始が休みである。幼稚園の利用時間は基本4時間であるが，預かり保育の実施率が私立で88.8％，公立で47.0％に達しており，夏季休暇等にも7割以上の園が対応している。預かり時間も17時以降も実施している園が半数を超えているが，預かり保育の利用は1割程度である［文部科学省 2009b］。認定こども園は，長時間利用は保育所と同じく8時間以上保育を行うが，短時間利用は4時間で土日祝日が休みで長期休暇もある。そのため午後から帰宅組とお昼寝組とで教室を分けて対応するなど，長時間利用組の生活リズムを崩さない工夫をしている。

(2) 保育所の1日

　ここでは保育所の1日を例に挙げてみよう。保護者の通所準備は，毎朝子どもの体温を測り健康状態をチェックすることから始まる。低年齢児の場合は，子どもの様子，体温，朝食内容，排便の有無，プールの可否，連絡事項等につ

図表8-6　保育所の1日具体例

7:30～ 8:30	早朝保育
8:30～17:30	通常保育
8:30～11:30	集団あそび
	工作・音楽・体操・読み聞かせ・園行事（お誕生会・季節の行事等）
10:00	3歳未満児おやつ
11:30～12:30	昼食
12:30～14:30	昼寝
15:00	おやつ後自由遊び
16:00～18:30	お迎え
18:30～20:00	延長保育・補食

▲祖父母参観日。2010年9月6日，筆者撮影。

いて連絡帳を記入する。保育所到着後もタオルやコップ，エプロン，着替え等を個人ロッカー等に準備する。薬の服用がある場合は，処方箋等を提出したり，3歳以上は主食の弁当を持参したりするところもある。保護者はPTA役員として，1クラスにつき数人程度が保育事業に協力・参加することも多い。

　保育所の生活は，一般に保育時間が長いことから集団活動や自由遊びの間におやつ，昼寝がある。集団活動では絵本読みや工作・運動のほか，季節の行事，お誕生会等の異年齢交流の園行事，散歩・遠足などの課外活動等を行っている。生活の場としての性格ももつことからトイレトレーニングや手洗い歯磨き，箸の持ち方など基本的な生活習慣も身につける。

　保育従事者については，早朝保育，延長保育，一時保育等は正規職員の輪番制で対応するか非常勤職員が担当する。所定労働時間外も職員会議に加え，保育記録の作成および自己評価，翌日の準備等を行う。また，保育方針や組織目標を掲げた保育課程をもとに発達過程を見通し，指導計画を作成する。園長・副園長は，職員の管理指導や事務処理のほか，保育士の公休の代理等でクラス担任を補助することもある。保育従事者にとって保護者への指導や助言，成長の報告など，保護者とのかかわりも重要であり，神経を使う仕事である。

8 子どもと子育てを取り巻く環境

(1) 出生率および家族の現状

　日本の人口構造をみると，0～14歳（年少人口）が人口に占める割合が13.3%，15～64歳（生産年齢人口）が63.9%，65歳以上（老年人口）22.7%であり世界的にみても年少人口が少ない［統計庁 2010c］。出生数も1971～74年の第2次ベビーブーム以降，ほぼ一貫として減少している。合計特殊出生率については，第2次ベビーブーム世代の出産の増加もあり，2005年に1.26と最低水準に陥ったものの，07年が1.34，08年および09年が1.37とやや上昇している。

　わが国の場合，婚外子が非常に少ないため晩婚の増加や生涯未婚率の上昇が出生数に及ぼす影響は大きい。国立社会保障・人口問題研究所によると2010年で男性の15.96%，女性の7.25%が生涯未婚である。非婚化の要因としては価値観の多様化や女性の就業率向上等が指摘されてきた。一方，女性が配偶者に期待する年収と現実の男性の年収とにミスマッチがあることが原因である，とする見方がある［山田 2007］。実際，非正規雇用の男性の婚姻率は正規雇用と比べ低い。30代以下の実質所得水準が伸び悩むとともに，非正規雇用が増加している。

　また，母子家庭世帯は，2005年国勢調査によれば離婚の増加により2000年から2005年の5年間で19.7%増加している（2005年国勢調査）。子どものいる世帯の平均所得は，688.5万円で前年より低下しており，母子家庭の母親は8割が就労しているが，相対的貧困率が54.3%に達している。両親がいる世帯でもOECD調査によると夫のみ就労の貧困率が10.6%，共働きが12.3%と大きな差がなく，母親の就業が世帯収入の向上に十分寄与していない。

(2) 子育て費用

　内閣府調査では子どもをもつことの不安に，「経済的負担の増加」「仕事と家庭の両立」「保育サービスの不足」が挙げられており，また重要だと考える少子化対策に，「子育ての経済的負担の支援」「保育サービスの充実」「雇用の安

定」が上位を占めた。それを裏づけるように，大学卒業までの平均的教育費は，幼稚園から大学まですべて公立・国立の場合が約1000万円，それらがすべて私立の場合で約2300万円となっている［文部科学省 2010］。その他，子育てには生活費や娯楽費等がかかる。また直接経費のほか，出産・育児による逸失利益についても考慮する必要がある。正規雇用で就労を継続した場合と出産・育児で退職しパート勤務で再就職をした場合の生涯賃金の差は，2億円以上になると試算されている［内閣府 2005］。

(3) 子どものいる世帯における親の就労状況と家事時間

男女共同参画社会に関する世論調査（2009年）によると，母親の就労について，「子供ができても，ずっと職業を続けるほうが良い」（就業継続型）が45.9％，「子供ができたら職業をやめ，大きくなったら再び職業を持つほうが良い」（再就職型）が31.3％となり，継続型が再就職型を上回った。15〜64歳の労働力人口比率は男性84.8％，女性62.9％となっており，女性の年齢階級別労働力率をみると，結婚・出産期にかけて低下するM字カーブの底が，30代前半から30代後半へとシフトし浅くなる傾向がみられる［統計庁 2010a］。

子どものいる母親の就業率は，全体では62.3％であるが，末子が0歳では32.4％，3歳では49.3％，6歳が63.9％，9〜11歳では72.1％と，年齢が上がるにつれ上昇する。実際共働き夫婦が専業主婦世帯を2割ほど上回っているが［厚生労働省 2010b］。女性労働力率は上昇しているものの，出産前後に離職し非正規雇用で再就職する母親が依然として多数派であり，就労継続する母親の割合は，最近の20年間でほぼ変化がない。非正規雇用の割合の高さは，夫の被扶養者にとどまるために就労調整を行う場合が多いことに1つの要因がある。ところが，週間就業時間が35時間以上の働き方も増加しており，その年収は100〜199万円が53.9％と最多である。女性の50％以上が非正規雇用であり，平均賃金も男性の69.8％（正社員に限ると72.6％），（2009年）にすぎない。男性の長時間労働が問題になる一方で，女性については一度育児等で離職すると，正規雇用での再就職が非常に困難となっている。

2010年より事業主に対し育児休業取得を理由にした解雇の禁止や，3歳に達

するまでの勤務時間短縮などの措置の実施が義務付けられるなど，労働環境の整備については一通りメニューがそろったが，非正規雇用者への適用拡大や男女ともに制度を利用しやすい社会の醸成などの条件整備は不十分である。

また家事時間については，末子が3歳未満の共働き世帯の場合，週当たり夫が30分であるのに対して，妻が3時間4分，育児時間も夫が43分，妻が2時間49分となっており，仕事および家事・育児時間の合計は，夫が9時間58分，妻が10時間15分で妻のほうが17分長くなっている。

(4) 育児休業の取得率と制度改革

育児休業は，1つの事業主に雇用されている期間が1年以上，かつ子どもが1歳に達する日を超えて引き続き雇用される場合に適応となる。2004年の育児・介護休業法の改正により，期間雇用者も一定の条件を満たせば育児休業を取得できるようになったが，女性の就業継続率に大きな変化はない。取得率は，女性85.6％，男性1.72％と，男性が際立って低いが［統計庁 2010b］，女性取得率も育児休業後に職場復帰した人の割合であり，第1子出産前後に無職となっている人が67.4％に達していることに留意しなければならない［内閣府 2003］。2010年に男性の取得率向上を目的に，専業主婦（夫）の配偶者の取得が可能となったほか，産前産後に取得した場合の再取得制度，父母が共に取得した場合の2カ月間延長（パパ・ママ育休プラス）など，法改正が行われた。しかし，休業中の賃金保障（50％）については不十分であり，男性の取得を躊躇させる原因の1つにもなっている。

(5) 保育環境の整備と近年の制度変更

（i）保育所の利用抑制から少子化対策へ

1950〜60年代の高度経済成長期以降，「3歳児神話」による母親の育児責任の強調とオイルショック後の日本型福祉国家の提唱など，わが国では，「男は仕事，女は家庭」という性別分業が推奨されてきた。保育所の入所についても，措置主義がとられ利用抑制方向に働いてきた。この方針を真っ向から覆し，政策転換を促すこととなったのが，1990年のいわゆる1.57ショックであ

る。出産を控える傾向がみられた1966（丙午）年よりも出生率が低下したことが，人口減少社会への危機感を生んだ。それが1992年の育児休業法施行，1994年「今後の子育て支援のための施策の基本的方向性について（エンゼルプラン）」，緊急保育対策5か年事業策定に至り，目標として育児の経済的負担の軽減，両立環境の整備，保育所の拡充が策定された。保育サービスは少子化対策の手段の1つとして重要課題とされたが，低年齢児保育サービスの拡充はなかなか進まなかった。その後も，1999年少子化対策推進基本方針，新エンゼルプラン，2004年子ども・子育て応援プランが策定されたが，保育サービスの整備が需要に追いつかず出生率向上において目立った成果はみられていない。

現行の保育制度の硬直性が保育供給拡大の妨げになっているとの批判から，多様な運営主体によるサービス提供を推進するため，2000年前後から参入障壁を下げる方向で保育所基準等の緩和等は実施されてきた[11]。しかし，待機児童が深刻化する一方で認可保育所数は微増にとどまっている。また3歳未満児の受け入れ拡大を期待された認定こども園の整備は，政府目標にはるかに及ばない。

(ii) 少子化対策から子ども・子育て支援への転換はなるか

2010年民主党政権は，「子ども・子育て新システムの基本制度要綱」を発表した。その内容は，自民党前政権をおおむね引き継ぎ，「保育に欠ける」要件を撤廃したうえで，①利用者と事業者の直接契約，②新こども園の新設，③子どもに関する給付は，すべての子ども対象の基礎給付と両立支援・幼児教育給付の2階建てとする，④国の補助金の一括化および労使拠出の子ども子育て基金の創設，⑤地域主権改革による保育所設置基準の都道府県への条例委任等が検討されている。直接契約は，介護保険制度のように市町村が労働時間等から保育必要度を認定してサービスの支給決定を行い，受給権を付与された保護者が個別に保育施設等と契約を結ぶ方式である。新システムでは市町村の実施義務が，保育の履行義務から保育の提供義務，利用支援，支払い義務等へとなる方向が示されている。新こども園は幼保連携施設ではなく，幼稚園と保育所を機能統合した幼保一体化施設と位置づけられた。運営費は保育所運営費と私学

助成を統合した幼保一体給付から支弁され，保育所保育指針と幼稚園教育要領を統合し小学校の学習指導要領との整合性・一貫性を確保した子ども指針を創設するとしている。政府は保育・幼児教育施設をこども園に一本化し，保育所および幼稚園からの移行を促進するとしていたが，関連団体等の反対等もあり，現在一体化施設と既存施設との併設案を提示している。また，NPO法人や営利企業などの参入を拡大するため，裁量権が広い認可制ではなく，類型ごとの施設基準を満たせば参入できる指定制の導入についても検討が行われている。しかし，幼保一体化施設の理念や長時間利用と短時間利用に等しく保育を保障する方策が不明瞭であることに加え，待機児童が多い3歳未満の受け入れが任意，財源確保，保育必要度の認定基準，保育料の公定価格と付加サービスの施設独自料金など，議論すべきことが山積みである。子ども手当の廃止が現実のものとなりつつある現状でその実現は不透明なものとなっている。

9　今後に向けて──子どもの発達保障と参加機会の拡大へ

(1) 日本の制度的特徴

　これまで日本の保育・幼児教育サービスの現状を概観してきたが，改めて日本の制度的特徴についてまとめてみると，次のようになる。主な特徴としては，①保育所および幼稚園および認定こども園の3制度が併存，②市町村の保育の実施義務，③市町村による保育所利用基準策定と入所判定，④保育所運営費の公費支弁，⑤保育所保育料の公定価格と国の保育所設置基準，⑥幼稚園，認定こども園の直接契約と保育料の自由設定，などが挙げられる。

(2) 日本の保育保障の課題

　日本の保育・幼児教育は，抜本的改革がなされないまま戦後から今日まで至っている。制度発足当時と社会経済のあり方が大きく変化し，人びとのニーズや今日的課題に十分に対応しきれなくなっており，制度疲労を起こしている現状にあるといえる。日本の保育・幼児制度の何が問題となっているのか，日本における保育保障の課題について主なものを整理してみたい。

① 保育・幼児教育サービスのあり方

現在の制度では，親の就業状態や居住地によって保育・教育サービスを自由に選択できない。子どもの保育・教育環境が親や地域の現状等に左右されている。現在，新こども園など新しい保育システムについて検討が行われているが，子どもの福祉や教育を中心とした議論が十分であるとはいえない。とくに3歳未満の子どもたちについては，多様な形態の保育サービスで対応するとあり保育保障の検討が不十分である。

② 保育の実施義務

市町村には保育の実施義務があるが，認可外保育施設のあっせん等の代替手段でも代えることでき個人に対する利用保障が弱いことに加え，厳しい財政状況等により市町村の保育施設の基盤整備の推進に差が生じている。また，保育所等の認可権が都道府県にあるため，必ずしも市町村の計画や地域特性に沿うものではない。

③ 保育所の入所基準

「保育に欠ける」かどうかの判断基準は市町村が規定するが，待機児童や財政状況により基準が異なり，同じ要件でも利用できないなど自治体間格差が生じている。また，児童虐待や母子家庭など社会的養護の必要な子どもの利用が，必ずしも確保されているわけではない。

④ 待機児童の深刻化による影響と人口減少地域における保育機能の維持

共働きの増加により，保育所と幼稚園の供給バランスがニーズに沿わなくなっている。保育所の待機児童の深刻化と幼稚園の定員割れに対し，認定こども園制度も課題解消に貢献していない。一方，人口減少地域において幼稚園の廃園や保育機能の維持も課題となっている。

⑤ 公費補助の低水準と保育従事者の低処遇

保育所運営費等の公的支出が低水準であるうえ，多機能化に対応するための保育従事者の育成や人員配置，財政的支援が不十分である。また待機児童解消に一定の役割を果たしている認可外保育施設と認可保育所との公費助成も不均衡が大きい。都市部においては，保育従事者の低処遇を原因とする離職や人員不足が大きな問題となっている。

(3) 今後に向けて

　このように，日本の制度には，保育・幼児教育サービスの理念の構築から始まり質的および量的課題のほか，財源確保など喫緊にクリアしなければならない課題が少なくない。これまでをふまえて，①子どもの発達保障，②就労支援，③地方行政の観点から保育・幼児教育サービスにあり方について言及する。

　(i)　子どもの発達保障

　保育・幼児教育サービスはサービスの選択権は親にあるが，実際の利用者は子どもである。どの地域に住んでも，住民に身近な市町村で一定水準以上の普遍的かつ包括的な支援・サービスを受ける権利を保障すべきであろう。保育施設の役割は，福祉や教育といった制度の枠を超えて，子どもにとって最適な環境のなかで教育とケアを総合的に提供し，豊かな生活体験や遊びを通じて子どもの主体的な成長を促すとともに，保護者支援や小学校への移行支援を含めたきめ細やかで切れ目ないサービスを実施することにあると考えられる。待機児童の問題は喫緊に解決すべき問題ではあるが，それとは別に，就学前の子どもの施設がどのようにあるべきか，子どもの発達保障を中心に生活の時間的，空間的連続性の保持をも含め，十分に議論することが不可欠である。また，認可権のあり方，施設設置基準，保育必要度判定，保育者養成等の条件整備に加え，待機児童や少子化の状況等が異なる大都市と地方で同一の施設で対応できるのか，という点も考慮すべきである。利用者への保育保障や保育所の応諾義務と優先的に利用確保されるべき子どもの優先受入義務を担保する仕組みも重要である[12]。

　(ii)　選択の自由の拡大と仕事と家庭の両立（社会参加の保障）

　保育施設の整備状況を需要が上回る状況が続いて久しい。需要予測は待機児童数や就業構造などをふまえて算出するが，一方で，就労継続が困難であることを理由とした非婚化や産み控えという現状があることに目を向けるべきであろう。したがって保育施設の基盤整備は，待機児童数を尺度とするのではな

く，非婚率の高さや母親の就業率の引き上げを考慮して推進することがカギとなる。保育サービス不足や長時間労働等により仕事と家庭の両立を十分に支援できない状況では，女性の出産，育児に伴い発生する逸失利益が大きい。子育て世代の平均所得の低下を考慮すると，夫婦ともに継続して働き，家庭責任を果たす家族スタイルを前提としてサービスの制度設計をする必要がある。とくに母親の就労継続支援は子育て世代の雇用・所得状況を改善することにつながる。夫婦ともに非正規雇用等の不安定な雇用状況にあっては育児休業取得も進まない。正規雇用を拡大するとともに育児休業中の所得保障を手厚くするなどの支援が必要である。加えて，日本型雇用慣行の見直し，長時間労働や正規雇用と非正規雇用間の格差の是正および積極的労働政策など働き方のダイバシティ化を促進することを忘れてはならない。それは，男女ともに社会参加における選択の自由の拡大を意味する。

(iii) 保育・幼児教育行政と地域コミュニティ

待機児童数や母親の就業率など子育て環境は全国一様ではない。現在，政府において新省の設置による二重行政の解消や地域主権改革が検討されている。地方行政の権限強化および自主財源の充実を図ることは地方自治の確立にとってきわめて重要である。補完性の原理の観点から国から都道府県への移譲だけではなく，一定の行財政力のある基礎自治体へ権限を可能な限り移譲する必要がある。市町村が責任および主体性をもって事業を遂行できる基盤が整備されなければ地域の独自性を十分に活かせない。前提として，国や自治体の公的責任の範囲の明確化およびナショナルミニマムの制定等，自治体間格差を生まない策を講じることは不可欠である。

子育てサークルや子育て支援の活動の担い手の育成など，住民による自主的な地域活動もまた重要である。人口減少社会では1人ひとりの市民が家庭人や労働者としてだけではなく，地域社会において複数の役割を担う必要に迫られる。こども園等が中心となりこれまで同じ地域に住みながら交流が乏しかった保育所，幼稚園在籍児と，地域子育て支援や子育てサークルなど自主的な地域活動を有機的に結びつけ，子どもの成長や家庭教育への一助とする。このよう

な取り組みは地域活性化や地域ビジネスにも寄与するかもしれない。

　OECDの報告書『Starting strong』では，長期の追跡調査の結果，保育・幼児教育サービスが女性の社会参加に貢献するだけではなく，子どもの人生にプラスの影響を与えることが実証されたとして，乳幼児期の保育・幼児教育への公的投資が社会的・経済的にきわめて有効な政策手段である，と述べている。

　安定した制度を支えるために国や保育の実施義務のある市町村に責任があることはもちろんだが，1人ひとりの市民もまた，政治を監視する義務と負担を負う責務がある。保育・幼児教育サービスを受益者のみの問題として矮小化すべきではない。それは保育事業の公共性，継続性，安定性をどう担保するか，という問題にもつながる。保育・幼児教育サービスについて，わが国がどのようなあり方を選択すべきなのか，今改めて問われているといえよう。

【注】
1) 子ども・子育てプランでは，小規模保育所を次の2タイプに分け，重点整備するとしている。①へき地など人口減少地域の多機能型（子育て支援拠点・児童館・放課後児童クラブ・一時預かり等），②都市圏で行う賃貸などでの小規模定員のサービス（本園機能との連携型・サテライト型）。
2) 保育所の創設・改修費等を助成する施設整備補助金等は，社会福祉法人等が対象で営利法人やNPO法人は対象外であること，保育所運営費について利益分配制限，財産処分制約等があることなどから，営利法人立保育所はきわめて少ない。また認可に際しては，法人の財務状況の健全性や他の事業内容など保育事業者としての適格性について判断する必要があるが，自治体の調査には限界があり，保育事業の実績を参入要件とするなどの制限を設けている場合もある。なお施設整備補助については，営利法人等についても対象とする（イコールフッティング）ことが検討されている。
3) 社会福祉法人等民間事業者による施設整備は市町村自らが整備するのと異なり，法人の方針や意向と市町村の保育整備計画や都市計画等とが必ずしも一致するわけではない。また，土地の確保および近隣住民の同意や建設反対運動があった際の調整など，法人のみでは解決が困難な場合もある。
4) 地方自治体が独自基準により助成・監督等を行っている認可外保育施設（地方単独保育事業）に入所している子ども（2010年4月1日現在1万2812人）は，認可保育所を希望していても除外される。
5) 私立認可保育所運営費の国庫負担金：国基準運営費から徴収基準額を差し引いた額を，国1/2，県1/4，市1/4で負担する。保育所運営費は11時間開所であっても，8時間

保育の報酬単価で算出されている。保育料の公私負担割合は，保護者：公費負担が4：6となっている。

6) 障がい児に係るサービスは，従来，施設系は児童福祉法，事業系は障害者自立支援法に基づいていたが，2012年より児童福祉法により一元化され児童発達支援センターと児童発達支援事業に再編された。両者は，日常生活の基本的な動作，集団生活等への適応訓練を行う点は共通であるが，児童発達支援センターは，知的障がい児，難聴幼児，肢体不自由児と障がい種別ごとに分かれていた障害児施設および児童デイサービス等の移行先として想定されている児童福祉施設で，原則として3障がいに総合的に対応する。知的障害児通園施設が，都道府県等が支給決定を行い全国で250カ所程度しかなかったのに対し，児童デイサービス事業は市町村が支給決定を行い全国で約1560カ所あった（2010年現在）。新制度では，事業者指定は都道府県等が，サービスの支給決定については，通所施設および事業は市町村，入所施設は都道府県等となる。なお，学童中心の児童デイサービスは，放課後等デイサービスとなる。

7) 厚生労働省2009年『機能面に着目した保育所の環境・空間に係る研究事業総合報告書』。

8) 第三者評価機関は，都道府県推進組織が「福祉サービス第三者評価基準ガイドライン」に基き，認証要件を定め認証する。要件は，法人格を有すること，評価調査者は，組織運営管理業務を3年以上経験している者と福祉，医療，保健分野の有資格者もしくは学識経験者等を含むこと等である。

9) 受講者は，現職教員の受講機会を十分に確保するために，現職の教員，教育の職にある者，教員採用内定者および教員採用内定者に準ずる者に限定されている。免除対象者は，①優秀教員表彰者，②校長（園長），副校長（副園長）など教員を指導する立場にある者である。校長等については，教員を指導・監督する立場にある者であり，十分な知識技能を備えていると考えられることから，講習の受講を免除することが適当であるとされている。

10) OECDの定義では，等価可処分の中央値の半分の金額未満の所得しかない人口が全人口に占める比率。

11) 主な規制緩和を挙げると，短時間勤務保育士の導入，定員の弾力化（定員超過の受け入れ），調理業務の委託（以上1998年），認可保育所の設置主体の企業・NPO法人・個人等への拡大（2000年），屋外遊戯場の設置基準緩和（近隣の公園等での代用，2001年），保育所・幼稚園施設の共有化（2005年），保育所の給食の外部搬入（2010年）などがある。

12) 介護保険や障害福祉サービス事業者にも応諾義務があるが，応じなくてもとくに罰則規定はない。そのため，報酬単価の低いサービスや重度障がい者は利用を断られるケースも出ている。

【参考文献】

浅井春夫・丸山美和子［2009］『保育の理論と実勢講座3　子ども・家族の実態と子育て支援——保育ニーズをどう捉えるか』新日本出版社
柏女霊峰［2009］『子ども家庭福祉論』誠信書房
厚生労働省［2009］『社会保障審議会少子化対策特別部会第1次報告』
───［2010a］『子ども・子育て新システムの基本制度案要綱』
───［2010b］『平成21年国民生活基礎調査』。
櫻井慶一［2006］『保育制度改革の諸問題——地方分権と保育園』新読書社
全国保育協議会［2008］『全国保育所実態調査』
統計庁［2010a］平成21年労働力調査
───［2010b］平成21年度雇用均等基本調査
───［2010c］平成21年人口動態調査
内閣府［2003］『第1回21世紀出生児縦断調査』
───［2005］『平成17年国民生活白書』
文部科学省［2009a］『今後の幼児教育の振興方策に関する研究会』
───［2009b］『平成20年度幼児教育実態調査』
───［2010］『平成21年度文部科学省白書』
山田昌弘［2007］『少子社会日本——もうひとつの格差のゆくえ』岩波新書

9章

保育改革の方向性
▶国際比較からの示唆をふまえて

椋野美智子

1 各国の保育保障の概要

 3章から8章まで各国の保育保障の実態と課題をみた。国を超えた共通点とともに歴史や政権による相違点もある。本章では，これらをふまえて，日本の保育保障について改革の方向性を考えてみたい。まず，改めて各国の保育保障の特徴を概観する。

(1) フランス

 フランスの人口は約6500万人，面積63.3万km²。合計特殊出生率2.01，高齢化率16.8％，年少人口比率18.5％，ひとり親世帯比率13.9％，就学年齢6歳。[1]

 フランスの保育保障は，積極的出生促進を掲げた家族政策の一環であるとともに社会全体の連帯による社会政策であり，事業主，個人の拠出金を財源とした全国家族手当金庫および各県家族手当金庫が運営に中心的な役割を果たしている。各県家族手当金庫は基礎自治体と子ども・青少年契約を締結し，保育・学童保育サービスの拡充を図っている。

 保育サービスは労働・雇用・保健省が所管し，幅広く専門家や関係者の意見を聴く開かれた家族政策形成の場として家族高等評議会が設置されている。実施責任は基礎自治体が負っている。サービスには地域保育所等の施設型保育，家庭型保育，両者の折衷型がある。

保育施設の施設および職員配置の基準は国によって定められている。認可は県，監督は県の母子保健センターが行う。専門職としては保育士（保育学などの専門教育を受けた看護師または助産師），保育士補助員，幼児教育教諭がいる。利用の申し込みは公立は自治体，民間立は保育所に対して行う。利用料は，家族手当金庫が収入と家族数に応じて定める負担率で決まり，実際の費用の10～15％程度。料金が低廉であること，社会性が養われること，保育の質が保証されていることから施設型保育のニーズは高いが，利用率は3歳未満児の10％にすぎず著しく不足している。また，急な延長保育の対応はないなど柔軟性にも欠ける。

　このような施設型保育の不足を補うために，フランスでは家庭的保育者の育成に力を入れている。家庭的保育者は利用者が雇用する方式で，家族手当金庫からの手当により負担は実際の費用の15％程度となる。利用時間が柔軟に設定できることなどから，利用率は3歳未満児の18％[2]と保育サービスのなかで最も高い。また，家庭保育者として認定されていないベビーシッターなどによる保育の場合も家族手当金庫から一定の手当は受けられる。

　このほか，義務教育ではないが無償の保育学校があり3～5歳児のほぼ100％が利用している。利用時間は週4日24時間で，国民教育省が所管している。2歳児も施設に余裕があれば利用可能で，保育サービスの充実とともに低下してきているが，その利用率は2009年度で12％。

　保育学校の生徒のための預かり保育，小学生のための学童保育もあり，前者は他の保育施設と同様に母子保健センターが監督し，後者は県の青少年・スポーツ局が所管している。

　育児休業を取得した場合や育児退職した場合は，家族手当金庫から就業自由選択補足手当が支給される。

　フランスの特徴としては，①政府と関係機関が連携して子育て家庭のニーズに応えた柔軟な制度改革に取り組み，②基礎自治体が主体的に有効な保育サービスを提供する仕組みを構築し，③施設型保育所に入れない待機児童のために多様な代替保育の確立を現実的に推進した点が挙げられる。

（2）イギリス

イギリスの人口は6140万人，面積24.3万km²。合計特殊出生率は1.84（2006年），高齢化率は16％（2009年），年少人口（16歳以下）比率は19％。就学年齢5歳。

保守党政権（1979～1997年）が保育保障に消極的であったため，現在でも保育にかかわる公的支出は低く，保育所の86％は民間営利部門の運営である。保育サービスの費用も原則として利用者負担である。ただし，税額控除があり，負担は最大で80％が軽減されている。

サービス形態としては，家庭的保育が長く保育サービスの中心に位置してきており，家庭に似た環境で養育されること，保育時間が柔軟に設定できることなどからとくに乳児の利用希望は多い。利用者が家庭的保育者を雇用する方式である。そのほか，親のグループがボランタリーに運営するプレイグループがある。

保育者の資格は相対的に低いが，サービスにはケア基準法に基づく詳細な全国基準が定められている。サービスの登録と監査・指導は政府機関である教育基準局に一元化されている。

また，幼児教育クラスが小学校に併設され，2004年にはそこへの入学年齢が3歳に引き下げられた。1日2.5時間，週5日間無償で利用できる。幼稚園，幼児教育クラスのほか，家庭的保育，保育所などすべての形態の保育・幼児教育サービスに教育的要素を取り入れることとされ，5歳時点で到達すべき早期学習到達目標が定められ，これにてらして監査で評価される。

社会的包摂のためのシュアスタート政策は1998年に始まり，2002年から子どもセンターの設置が始まった。子どもセンターでは，保育・幼児教育に加え家族支援などの包括的サービスが提供され，すべての子育て家庭が利用できる。ニードをもつ子どもについては利用料は無料である。2006年には，子どもセンターを補完するものとして，ニードをもつ子どもを取り巻く機関と職種が連携した見守りシステムである統合子どもシステムが始まった。

イギリスの特徴としては，1997年から2010年の労働党政権が，厳しい財政状況のもとで「普遍的かつ的を絞る」，すなわち，すべての子どもが利用できる

ようにサービス提供体制は整備するが,それに伴う費用減免は社会的排除の状態にある子どもと家族を優先する政策を採ったことが挙げられる。保育保障の3つの目的である女性労働力の確保,人材育成のための投資,子どもの社会的排除への取り組みのうち,とくに社会的排除の取り組みに重点をおいて展開された。

(3) スウェーデン

スウェーデンの人口は942万人,面積53.2万 km^2。合計特殊出生率は1.98,高齢化率は18.5％,年少人口比率は17％,就学年齢7歳。[3]

1998年に,幼稚園と保育所が就学前学校として統合され,社会サービス法ではなく学校法で規定され,社会省ではなく教育省が所管している。3～6歳のすべての子ども,親の就労等により必要のある1～6歳の子どもなどが対象となる。利用率は1歳児の約半分,2～5歳では9割以上ときわめて高い。

学童クラブは親が就労・就学している6～12歳が対象で,利用率は54％(2010年)。

国は保育・教育サービスの目標や方向性についての枠組みを定め,基礎自治体が実施の責任を負う。入所の申請から4カ月以内の受け入れ確保が義務付けられているが,現実には290の基礎自治体のうち42(2009年)で完全には受け入れの見通しが立たない状況にある。基礎自治体は組織編成,人員配置,予算配分等の面で大きな裁量をもっており,職員配置や設備等について国の基準はない。基礎自治体は民間のサービスについての承認・監督権ももつが,要件を満たせば承認しなければならない。

利用は施設等と利用者の契約による。利用料も施設等が費用見合いで定めるが,法律により3歳以上では年間525時間が無料で,それ以外も収入と子ども数に応じた上限が定められ,差額は基礎自治体が補助しその分を国が補塡する。2009年に,親の選択の自由を強化するために,施設等に対する補助金から個人に対する児童ケア補助金に変更された。ただし,施設等が代理受領する。利用者負担割合は平均8％(2009年)。

職員は5割が就学前学校教師(大学卒)で,4割が保育士(高校卒)。

スウェーデンの特徴としては，1960年代から共稼ぎモデルに基づいて，男女機会均等の理念と労働による参加をめざした政策展開をしてきており，保育もその一環として，救貧事業的託児所から女性の就労のための保育所へ，そして現在では，知識国家を実現するための教育政策の最初のステップ，すべての子どもに人生のよいスタートを保障するための保育・幼児教育サービスへと発展してきたことが挙げられる。

(4) デンマーク

　デンマークの人口は556万人，面積4.3万km²。合計特殊出生率は1.84，高齢化率は16.3%，年少人口比率は18.1%，ひとり親世帯比率22%，就学年齢7歳[4]（就学前義務教育年齢6歳）。

　保育政策は社会省が所管し，基礎自治体が実施および監督の責任を負い，広い裁量権をもっている。

　保育サービスには3歳未満児の乳児保育所，3～5歳の幼児保育所，0～5歳までの統合保育所，家庭的保育制度がある。家庭的保育者は利用者ではなく基礎自治体が雇用する。

　公営民営を問わず保育サービスの利用料は費用の最高25%で，所得に応じた減免制度があり，残りは基礎自治体が補助する。

　利用率は3歳未満児の66%，3～5歳児の97%ときわめて高い（2009年）。その内訳は，3歳未満児では家庭的保育と保育施設がほぼ半分ずつ，3～5歳児では9割以上が保育施設となっている。

　基礎自治体は，申請があればすべての子どもに対して3カ月以内に保育サービスを提供するよう義務付けられているが，現実には都市部では待機児童があり，その場合は，個別保育補助を受けながら待機することになる。これは，親族やベビーシッター等に預け，費用の75%が基礎自治体から補助される制度である。

　ペダゴーという大学卒レベルの専門職があるが，職員配置や面積等に全国基準はない。自治体，施設，予算によって変化する。

　屋外保育が重視されており，子どもたちは天候や季節にかかわらず屋外で遊

び，1日中，森林の中で保育を行う自然保育所も根強い人気がある。

早期教育については否定的だったが，子どもの学力低下が大きな社会問題となり，2001年に政権交代した中道右派政権は，子どもたちが就学時によいスタートを切るため，6歳の就学前クラスを義務教育化した。ただしここでの教育は主に遊びを通じたものとされている。また，3歳児全員への言語スクリーニングや給食の導入などが定められた。

学童保育は各学校に付属されており，利用率は6〜8歳で88％，9〜11歳で54％ときわめて高い。所管は教育省。

デンマークの特徴としては，①社会の基本単位は家族ではなく個人で，親が子どもに対する扶養義務を果たせるよう社会が支援すべきという考え方で家族政策が行われ，保育サービスはその一環であること，②保育施設には社会的・教育的機能があると考えられ，すべての子どもに対する普遍的サービスと位置づけられていること，③国は大まかな枠組みを定めるだけで，具体的なサービスは各基礎自治体やサービス供給主体が地域の実情に応じて設定できる柔軟なシステムになっていること，④「専門知識の独占」に対して利用者が主体的に影響力を行使し，保護者会が行政，専門職集団と連帯して協同で課題に取り組む利用者民主主義が機能していることが挙げられる。

(5) フィンランド

フィンランドの人口は540万人，面積34万km²。合計特殊出生率は1.94，高齢化率は17.0％，年少人口比率は16.6％。ひとり親世帯比率20.0％，就学年齢7歳。[5)]

基礎自治体は，すべての子どもに保育場所を必要に応じて24時間確保する義務を負う。ただし，その方法や量，配置は基礎自治体の判断に任されており，保育所のない基礎自治体も8％あり，1〜6歳児における基礎自治体提供の保育所サービス利用率は43.5％。ほかには，基礎自治体に雇用された家庭的保育者によるサービスがあり，その利用率は13.2％。これら自治体の提供するサービスを利用しないで民間立の保育所を利用したり在宅で保育したりする場合にも，補助が受けられる。補助は基礎自治体が負担する。

基礎自治体の提供するサービスの利用料は，サービス別に収入と家族数に応じて負担上限額が定められている。民間保育所等では事業者との契約により利用料も決まるが，収入と家族数に応じた利用料の補助があり，事業者が代理受領する。

　子どもが2歳までは，家庭外サービスを利用しなかった場合に在宅保育補助が給付され，9カ月以上2歳以下の子どものいる家庭の半分が利用している。

　家庭外サービスの利用率は財政力の強い地域で対象児の7割程度，弱い地域では5割程度と地域格差があり，後者では在宅保育補助の受給率が高い。

　サービス内容については国のカリキュラム方針が示されており，職員配置基準も国が定めている。保育専門職としては幼稚園教師（大学卒），介護士（職業高校卒）がある。ただし家庭的保育者には明確な資格はない。サービスの登録・指導監督は基礎自治体が行う。

　OECDの学習到達度調査で高水準の成績を修め続けているが，早期教育は6歳の就学前教育以外では強調されていない。就学前教育は1日4時間無償での提供が基礎自治体に義務付けられていて，利用は任意であるが，ほぼ全員が利用している。

　学童保育は基礎自治体の任意実施であり，実施率は97％だが利用率は半分以下である。

　所管は，保育は社会保健省，就学前教育は教育文化省に分かれているが，基礎自治体では教育部門への統合が進んでいる。

　フィンランドの特徴としては，①就学前の子どもの育ちを支える，保育と教育を一体としたサービスの提供を方針としていること，②保育・幼児教育を受けることを子どもの主体的権利とし，その保障のために家庭的保育や在宅保育補助なども含めた多様で柔軟な給付体系をつくっていることが挙げられる。

2　改革の始動

(1) ニーズの普遍化

　*1*章で述べたとおり，保育保障は日本では少子化対策の文脈のなかで①低所

得者対策から②出生率の回復と女性労働力の確保を目的とする仕事と子育ての両立支援策に位置づけを変えた。しかし，両立支援は必ずしも普遍的ニーズとしては捉えられていなかった。乳幼児をもちながら仕事と子育ての両立を望むのは，生活のために働かざるをえない低所得世帯の母親だけではないとしても，ほかには，自己実現のために仕事を望む一部の高学歴女性と考えられていた。したがって，不足は大都市など一部の地域における3歳未満児，延長，休日等の特別の保育に限られた問題であり，その解消のために保育制度本体を改革するべきではないというのが既存認可保育所業界の主張だった。自治体も，少子化が進行するなかでいずれ保育ニーズは減少すると考え，将来の定員割れを恐れて保育所の新たな設置に消極的であった。

　しかし，待機児童ゼロ作戦により認可保育所の定員は8年間に20万人も増加している[6]にもかかわらず，待機児童はなくならない。少子化にもかかわらず，定員を増やしても増やしても待機児童がなくならないのは，広範な潜在需要が定員の増加に伴い顕在化するからである。また，2008年の厚生労働省の調査に[7]よれば，子育て世代の7割近くが待機児童のいる市町村に，4割近くが待機児童が50人以上いる市町村に居住しており，保育サービスの不足がそれまで言われてきたような一部の問題ではないことが明らかになった。

　保育ニーズの増加を生んでいる共稼ぎ世帯の増加は不景気の影響ともいわれている。しかし，景気がよくなったら大挙して女性たちが退職するだろうか。女性の就業はポスト工業社会の共通の傾向であり，日本だけがいつまでもM字型就業が続くとは考えられない（→図表1-4，図表2-1参照）。母親の就労についての国民の意識も，継続就業型への賛成が再就職型を上回っている[8]。しかも日本では少子化で若年労働力の減少が続くと見込まれ，女性の就業への社会的要請は強まる。子育て世帯の保育所利用の普遍化傾向が後戻りすることはないだろう。

　需要が完全には満たされていない現在でも，保育所を利用している率は日本ですでに6歳未満の子どもの32.2％，3歳未満児でも22.8％であり，この8年間でそれぞれ5.7ポイント，6.5ポイント上昇した[9]。フランスでは3歳未満児では保育所利用が10％，家庭的保育利用が18％と比較的低いが，3～5歳は保育

学校をほぼ全員が利用している。スウェーデンでは就学前学校の利用率は1歳児の約半分，2～5歳では9割以上。デンマークでは保育サービスの利用率は3歳未満児の66%，3～5歳児の97%。フィンランドでは1～6歳児の保育所利用率が43%，家庭的保育は13%である。

一方，日本で要介護・要支援の認定を受けている者は65歳以上の者の16%[10]であり，保育サービス利用率はすでに高齢者の要介護・要支援認定率をしのぐ。保育は一部の子育て世帯に限られたニーズではなく，すでに普遍化しているといっても差し支えないだろう。さらに，今後は日本でも両立支援にとどまらず，各国と同様，保育に人的資源育成や社会的排除への対応の機能が求められ，ニーズがさらに普遍化することが想定される。

(2) 普遍的給付の仕組みづくり

ニーズの普遍化にかかわらず，保育給付の仕組みは*1*章で述べたとおり低所得者対策を前提とした頃からほとんど変わっていない。社会保障のなかで低所得対策から普遍的サービスに移行するための制度づくりは，介護保険に例がある。介護が社会保険化された前提には，要介護状態が加齢に伴って誰にでも起こりうること，また，家族だけでは介護できないという状況が貧困家庭やいわゆる身寄りのない高齢者だけでなく，どんな家庭でも起こりうること，つまり介護リスクの普遍化があった。

ニーズが拡大し普遍化しているにもかかわらず，それに対応した体制が整備されなければ，サービス供給は非効率，不公平，不十分となる。保育が認可保育所，認可外保育所，事業所内保育所，幼稚園など様々に分かれて提供されている現状は介護保険創設前の介護の状況を彷彿とさせる。

当時，介護サービスは医療保険と措置制度とに分かれ，非効率，不公平，不十分に供給されていた。病院では医療資源が介護サービスに非効率な費消のされ方をし，利用者負担は病院か老人保健施設か特別養護老人ホームかで，また病院ごとにも異なり不公平であり，特別養護老人ホームは待機者が多く，在宅サービスはさらに貧弱であった。公費による支援がまったくない有料老人ホームによる介護サービスもあった。また，自治体によっては，サービスの充実よ

りもおむつ代等の金銭給付を優先するところもあった。介護では，2000年に介護保険が創設され，保険料収入という新たな財源を確保し，サービスを一元的に供給し，介護サービスの効率性，公平性を高め，量的整備が進められた。もちろん，現在でも，特別養護老人ホームに待機者は多い。しかし，待機の間，デイサービスや訪問介護を介護給付として受けることができる。ところが，認可保育所の待機児童は家庭的保育を除いて（それも満員のことが多い）なんら代替の公的サービスを受けられない。

　日本では，介護も保育ももともとは措置制度で給付されていた。措置制度は行政庁が対象者の状況をみてサービスの要否を判断し，直接にまたは社会福祉施設等に委託してサービスを給付する仕組みである。費用は行政庁が負担するが，措置を受ける者やその扶養義務者等に負担能力があれば，その能力に応じてかかった費用の一部または全額を徴収する。

　措置制度は，サービスを必要とする人が低所得者などの社会的弱者とされる一部の人に限られ，またサービス量も絶対的に不足している時代には，行政庁がその予算の範囲内で，均一のサービスを優先順位の高い人に保障する仕組みとして，それなりにうまく機能していた。しかし，ニーズが普遍化し，サービス量もある程度整備されてくると，そのマイナス面が目立つようになってきた。このため，介護サービスは2000年に社会保険としての介護保険に移行した。

　しかし，保育については，*1*章で述べたとおり，1998年に利用者が希望する施設を選択する仕組みを取り入れたものの，行政庁が要否を判断し，施設に委託してサービスを給付し，所得に応じてかかった費用の一部または全額を徴収するという制度の骨格は維持され続けた（→図表 8 - 3 参照）。サービスの対象は，平日の昼間に働く共稼ぎ家庭やひとり親家庭を中心にしており，休日・夜間に働く者，パート就労の者，家庭で子どもを養育する者などに対する支援は付加的サービスのような位置づけにとどまる。すべての子どもの健やかな育ちを支える普遍的な制度とは程遠い。

　保育サービスの拡充は，*1*章で述べた2009年衆議院選挙前の政党アンケートでも各党が一致して必要性を認めていた施策である。2009年に閣議決定された「子ども・子育てビジョン」では，潜在需要も勘案して，215万人のサービス量

を2014年度までに241万人に拡大する目標を掲げた。実現には新たな拠出による財源確保が必須である。あわせて，利用の普遍化を支える，しっかりとした制度が必要である。サービス給付は財源を確保しただけでは実現できないからである。十分なサービス量を創出し，給付を支える財源が確保でき，効率性と公平性が担保される包括的な仕組みが必要となる。

保育改革については，自民党・公明党政権下の2008年5月に社会保障審議会少子化対策特別部会で「世代育成支援のための新たな制度体系の設計に向けた基本的考え方」がまとめられ，同年12月に閣議決定された「持続可能な社会保障構築とその安定財源確保に向けた『中期プログラム』」に付された「社会保障の機能強化の行程表」では，新制度体系のスタートは2013年度に位置づけられた。さらに2009年2月に，少子化対策部会では「次世代育成支援のための新たな制度体系の設計に向けて」がまとめられ，新たな仕組みの骨格が提示され，引き続き詳細な制度設計についての議論が進められた。

ところが，2009年7月政権交替が起こり，新たに政権に就いた民主党が金銭給付の拡充を優先したことは 1 章で述べたとおりである。政治主導を掲げる民主党政権下での意思決定過程が不明ななかで，社会保障審議会少子化対策特別部会は2009年12月にそれまでの議論の整理として新たな制度の詳細設計を示した。2010年1月，幼保一体化を含む新たな次世代育成支援のための包括的・一元的なシステムの構築について検討を行う，閣僚を構成員とする「子ども・子育て新システム検討会議」が発足し，4月には「子ども・子育て新システムの基本的方向」，5月には「子ども・子育て新システムの基本制度案要綱」がまとめられた。検討会議のもとに設けられた作業グループのさらに下におかれた3つのワーキングチームで議論を詰めて2011年6月にまとまるはずだった改革の詳細案は，政権の力の急速な低下と3月の東日本大震災の影響により遅れている。6月に決定された政府・与党社会保障改革検討本部の「社会保障・税一体改革成案」と，7月に少子化対策会議で決定された「子ども・子育て新システムに関する中間とりまとめ」（以下「中間とりまとめ」という）を基に，各国の保育保障の現状とも比較しながら，以下，日本の保育改革の方向性を論じてみたい。

3 改革の方向性―保障の強化

(1) 需要の客観的把握―認定制度と直接契約

　現行制度では，*8*章でみたとおり，法律上，市町村は，「保育に欠ける」児童について保護者から申し込みがあったときは，保育所において保育しなければならないこととされている。しかし，但し書きがあり，保育に対する需要の増大，児童の数の減少等やむをえない事由があるときは，家庭的保育事業や一定の認可外保育所へのあっせんで足りると解されている。待機児童は2010年10月時点で4万8千人にのぼる[11]。また，認可外保育所利用を余儀なくされている児童は24万人，認可保育所利用児童数の1割を超える[12]。

　各国をみると，親の就労等にかかわらずすべての子どもに対する保育提供を基礎自治体に義務付けている国は，スウェーデン（3歳未満児は就労等の条件がある），デンマーク，フィンランドであるが，現実にはいずれも完全な受け入れはできていない。その場合，親族やベビーシッターに預ける，在宅で保育するなど利用者が講じた代替方法（スウェーデンでは3歳未満児の在宅保育のみ）について公的な補助が受けられる。またスウェーデンは，利用は運営主体と利用者の直接契約制で，2009年に補助金の個人給付化と施設による代理受領の制度が導入された。

　フランス，イギリスでは，民間立保育所は直接契約，家庭的保育は利用者による保育者の直接雇用で，フランスでは家族手当金庫が民間立保育所や家庭的保育の費用，ベビーシッター，在宅での保育についても補助する。イギリスでは税額控除の対象となっている。

　いずれの国でも，保育サービスが提供できずに利用者が代替方法を講じたときには，なんらかの公的な費用保障または税制措置がなされている。代替方法のあっせんでこと足りるとしている国はない。現行の日本の制度は保育に対する保障が弱すぎるといわざるをえない。

　保障を強化するためには，まず要件の適否を客観的に認定する必要がある。現行制度のように，サービス利用の際に財政措置責任のある自治体が利用者と

供給者の間に入ると，定員の範囲内，予算の範囲内に需要を抑える方向に力が働く。少なくとも予算を超える可能性があるのに潜在需要を掘り起こそうとするはずがない。*8*章で川島由華は，「潜在的需要量に対し少ない認可保育所の供給量の需給調整として，『保育に欠ける』要件が機能している現状があるといえる」と指摘する。逆に利用者と事業者の直接契約で，かつ，サービスに公費での支払いが保障されている場合は，事業者は供給量を増やせば収入が増えるので，潜在需要を掘り起こしてでも供給を増やす方向に力が働く。措置制度がサービス抑制傾向をもつことは，障がい者の在宅サービスを措置方式から直接契約の支援費方式に変更した途端，激増した例からも推し測られる。[13]

しかし，予算ありきで需要を潜在化させることが望ましくないのと同じように，公的費用保障をする以上，使いたい放題にサービスを使っていいものではない。認定制度をもたない直接契約の支援費方式は，需要の顕在化に大きな成果を上げたが財源確保が伴わずにわずか3年間で廃止された。なぜなら，公的費用保障をする以上，どれだけのサービスが必要かの客観的基準による判断がない限り，サービス量を拡大する説得力に欠け財源確保が難しいからである。

子ども・子育て新システム（以下「新システム」という）では，受け入れ先保育所の決定とは独立して，客観的基準に基づいて保育の必要性と量を認定する仕組みを設けることとされた。従来の「保育に欠ける」要件は廃止され，親の就業状況によって認定されるサービス量（時間）が長短異なる。認定されたら自由に保育所や事業者と契約してサービスを受けることができ，事業者には原則として応諾義務が課される。利用料は公定されており，利用者負担分を除き，費用は公的に保障される。需給がひっ迫しているような場合には市町村による利用支援がなされる。

このように，新システムでは，市町村が実施主体として，①子どもや家庭の状況に応じた給付の保障，事業の実施，②質の確保された給付・事業の提供，③給付・事業の確実な利用の支援，④事業の費用・給付の支払い，⑤計画的な提供体制の確保，基盤整備の権限と責務をもつこととされ，保育保障に対する市町村の責任が格段に強化されることとされた。

（2）サービスの基盤整備—指定制度と施設整備費

　現行制度では，費用保障は認可保育所に限られており，認可には広い裁量が認められているため，基準を満たしていても，財政負担の増大や将来の定員割れなどを理由に認可しない自治体もあり，事業者の参入の障壁となっている。

　新システムでは，事業者の参入促進のため，サービスの質を担保する客観的な基準による指定制を導入することとされている。スウェーデンでも民間立施設の供給を増やすため，2009年に，要件を満たしている場合は承認しなければならないこととされた。

　また，現行の施設整備補助方式では，事業者，自治体，国の財源がすべて揃わなければ施設整備ができない。補助が得られるかどうかの見通しが難しいことが事業者の計画を困難にして保育所整備の障壁になっている。また，施設整備費の公的補助は憲法上の制約から企業は対象となっておらず，事業者間の競争条件の公平，イコールフッティングの観点から強い批判がある。それは社会福祉法人立保育所と企業立保育所の不公平にとどまらず，最終的には利用者の間の支援の不公平を意味する。

　新システムでは，施設整備のあり方を見直すこととし，公費保障される保育費用に運営費のほか施設整備費の減価償却分を上乗せする方策が挙げられている。この方法であれば，事業者は借入して施設を整備して償還する，計画的に積み立てて整備する，また，整備せずに施設を賃借する，というふうに実情に応じてサービス供給を増加させることできる。保育需要は，利用する子どもの年齢が限られており，徒歩圏域が望ましいとされて利用圏域が小さいことから，年によって大きく増減する。新しい住宅団地ができて需要が爆発しても10年もすれば定員割れが予想される。これが保育所整備の進まない一因でもある。賃借による保育所経営によって需要に応じた迅速かつきめ細かな供給調整ができるようになる。また，企業に対しても同じ扱いができるので，事業者間，社会福祉法人立保育所と企業立保育所の利用者間の不公平も解消できる。

　認定制度，指定制度，減価償却費上乗せ方式は，公的費用保障の対象となる利用者かどうか，公的費用保障の対象となる施設やサービスかどうか，施設整備に公費による支援が得られるかどうかの透明性を高めるための仕組みともい

える。大きな財源を確保するには国民の納得を得るために制度の透明化が不可欠であるし，透明化はまた事業者の経営リスクの軽減を通じてサービス量の拡大を促すことにもつながる。

　また，新システムでは基盤整備について，市町村が潜在ニーズも含めた地域でのニーズを把握したうえで管内における新システムの給付・事業の需要見込み量，見込み量確保のための方策等を盛り込んだ新システム事業計画を策定することとされている。

（3）保育と幼児教育の統合

　保育と幼児教育の統合は長年引き続く大きな課題であり，自民党政権時代の2006年に認定こども園制度が創設されたのは *1* 章で述べたとおりである。しかし，認定こども園制度は二重行政が解消されていないこと，財政支援が不十分であること等から普及が進んでいない。

　新システムでは当初，幼稚園と保育園，認定こども園を一定期間内に総合施設（仮称。以下同じ）に移行させる議論がなされていたが，その後，移行に向けた誘導はするが強制はしない案に落ち着いた。しかし，給付システムは一元化され，給付についての二重行政の解消および公平性の確保が図られる。

　異なる施設の給付システムの一元化は，特別養護老人ホーム，老人保健施設，療養病床をイメージするとわかりやすいだろう。いずれも介護と医療が提供されるものの，施設自体の根拠法は異なり，介護保険前は措置制度と老人医療制度によって給付が行われ，利用者負担も大きく異なっていた。介護保険により，支払われる報酬は施設によって若干異なるが，財源と支払い，利用手続きは一元化され，利用者負担は原則1割となった。

　新システムの「幼保一体化」の目的は①質の高い保育・幼児教育の一体的提供，②保育の量的拡大，③家庭における養育支援の充実とされている。[14]

　第1の目的である，質の高い保育と幼児教育を一体的に提供することの重要性は，*1* 章でみたとおり各国共通の認識となっているが，その方法はそれぞれ異なる。フランスはもともと3歳以上の子どものほぼ100％，2歳児の1割が教育施設である保育学校に無償で通う。イギリスは3歳から幼稚園や小学校併

設の幼児教育クラスのみでなく，保育所，プレイグループ，家庭的保育などすべての形態の保育・幼児教育サービスに教育的要素を取り入れ，教育基準局により一元的に登録と監査・指導が行われることとなった。また，保育・幼児教育と家族支援を包括的に提供する子どもセンターの整備が進められた。スウェーデンでは幼稚園と保育所が就学前学校として統合され，学校法で規定され，教育省が所管している。デンマークでは6歳から1年間の就学前教育を義務化し，また保育所への学習計画の導入が行われた。フィンランドでは6歳から1年間の無償の就学前教育を自治体に義務付けた。就学前学校の多くは保育所に設置され保育時間の一部が就学前教育に当てられる。日本でも認定こども園制度のほか，保育所保育指針の教育機能にかかわる部分が強化され，幼稚園教諭・保育士の資格の併有の促進なども行われてきた。新システムでは，3歳以上児に対して保育・幼児教育の一体的提供がより強化される。

　保育の量的拡大は2番めに掲げられているが，*1*章でみた日本の政策の流れのなかでは幼保一体化の第一の目的ともいえよう。資源の有効活用の観点から幼稚園の総合施設への移行を誘導することは重要であり，そのために給付システムの一元化による二重行政の解消は不可欠である。しかし，すべての施設自体の一体化が必要かといえば，幼児教育のみの需要が充分ある地域で，幼児教育のみを提供する施設（幼稚園）をなくさなければならない理由もとくにないだろう。保育の量的拡大は(2)で述べたように，透明性の確保など，幼稚園を含め多様な事業者が参入しやすい条件の整備によって進めることが王道ではなかろうか。

　3番めの家庭における養育支援は，地域の子育て支援として現在一部の保育所で行われているが，新システムではすべての総合施設で行うこととされる。また，市町村が都道府県の行う専門性の高い施策と連携して，新システムのなかで社会的養護・障がい児に対する支援を行うこととされた。さらに，現行制度では利用者の申し込みが前提となっている保育所の利用について，新システムでは虐待予防の場合などに市町村が措置を行う仕組みが復活する。現在，子どもの貧困への対応が社会的課題となっているが，低所得子育て家庭は，ただ単に低所得という問題だけを抱えているのではなく，病気や障がいや社会的支

援ネットワークの欠如など様々な問題を抱えた結果として低所得に陥っている場合が多い。総合施設で保育，幼児教育，問題解決のための相談援助サービスが統合して提供される意義は大きい。総合施設が，イギリスの子どもセンターのように，OECDが強調した社会的排除の状態におかれた子ども・子育て家庭を社会的に包摂していく機能をもつことが期待される［OECD 2006］。そのためには，保育士・幼稚園教諭の資格だけでなく社会福祉士などソーシャルワークの資格をもつ者の配置が望まれる。

(4) 質の確保

新システムでは質の確保に関し，職員配置基準の改善が挙がっている。たしかに現行の認可保育所の基準を各国と比較しても，とくに3歳以上児で職員配置が少なく改善が望まれる。

しかし，日本の現行制度で，質の問題で最も急ぐのは認可外保育所の質の底上げである。新システムの指定制の導入は，認可外であっても質の確保された保育サービスについて費用保障することにより，認可外保育所の質の向上を経営面から促すことができよう。費用が保障され質が確保されたサービスの量が拡大することにより，利用者が質の低いサービスを利用しなくてすむ環境が整備できる。また，現在，サービス量が不足しているため定員を超えて子どもが入所している認可保育所もある。量が充分確保されることにより定員超過が解消されれば認可保育所の質も向上し，量の確保はこの面でも質の向上につながる。現行基準の改善の前に，まずは現行基準を満たした保育サービスの量的拡大が優先である。

保育の質は，①保育者の配置のほかに，②施設設備，③保育内容，④保育者の専門性によって担保される。日本の現行制度ではすべて国が決めている。

イギリスも同様に，国が保育について詳細な基準を定め，子どもを1日2時間以上預かるすべての個人あるいは組織は，国の教育基準局に登録が義務付けられ監査が行われる。監査は，職員配置や施設設備だけでなく学習機会の提供など保育内容にも及ぶ。一方，職員に求められる資格も国が決めているが，レベルが高いとはいえない。伊藤淑子は，「全国基準などによる詳細なガイドラ

インの設定は，ある意味で，こうした職員の熟練度の低さを補完するためになされているという面は否定できない。」という。そしてイギリスの方式を「乳幼児教育の工業化モデル」とよび，「他のヨーロッパ諸国では，規則が少なく高度の資格を持つスタッフがより専門的な判断を行っている」とする批判があることを紹介している。

フランスでもすべて国が定めているが，フィンランドでは，保育者の資格と配置基準のみ国が定め，施設設備や保育内容は自治体に任せている。スウェーデン，デンマークでは，保育者の資格のみ国が定め，保育者の配置，施設設備，保育内容は基本的に基礎自治体に任されている。

日本でも，国が詳細な基準を定めずに地域の実情に応じて基礎自治体や保育現場の判断に委ねるのであれば，質の確保のために，保育者の専門性と利用者民主主義を強化することが前提となろう。利用者民主主義については(8)で述べるが，保育者については，離職を防ぎ就業後にキャリアを積んでより専門性を高めていけるような方策が求められる。新システムには，総合施設の職員に対する研修の充実が盛り込まれている。

(5) 利用者負担

現行制度の利用者負担は，認可保育所であっても他制度に比べて高い。所得により異なるが，平均で40％であり，介護の7％，医療の15％に比べてきわめて高い割合である。負担割合の最高は100％で，これも介護の10％，医療の30％に比べてきわめて高い。これは，保育の利用者負担が応能負担で所得の高い層では全額となっているからであるが，背景にあるのは，子育ては本来，家庭で行うべきという哲学である。だから，家庭で子育てできない例外的な場合（保育に欠ける場合）には公的に保育するが，その費用は本来子育てを行うべき家庭が全額負担すべきであり，負担能力が十分でない場合に限って負担能力に応じて公的に費用保障するという仕組みとなっているのである。この仕組みは，支援の普遍化，子育ての社会化とはまったく相いれないものであるが，民主党政権下の事業仕分けによりさらに強化され，2010年度から所得の高い層の利用料の限度額が月額8万円から10.4万円に引き上げられた。

イギリスでは，社会的排除の状態にある子どもたちは無料で，それ以外の利用者は原則として費用の全額を負担するものの最大80％の税額控除が認められている。フランスでは，家族数と所得に応じて決まるが，実際の費用の10〜15％である。スウェーデンでも所得等に応じて決まるが，全体費用の8％程度を利用者が負担している。デンマークでは，費用の25％以内で基礎自治体が決めるが，低所得，多子世帯はさらに減免制度がある。フィンランドでは所得と家族数に応じて定められている。このように利用者負担のあり方は各国様々であるが，平均40％，所得によっては100％，しかも税控除もないという日本の水準が各国に比べて相当に重いことは，間違いなさそうである。

　中間とりまとめでは，利用者負担は，「低所得者に一定の配慮を行いつつ，利用者に一定の負担を求める」と書かれている。

　普遍化の考え方に立てば，保育サービスは，所得にかかわらず大きな負担感なく利用できるようにすべきであり，低所得者への配慮を伴った定率負担の仕組みが最も適しているのではなかろうか。定率負担には，利用すればするほど負担が増えるのでお金がなければ必要な保育が受けられなくなるという批判がある。しかし，医療保険や介護保険のように，定率負担を採る制度では所得段階別の高額サービス費（負担限度額）が設定されている。要は，負担率をどの程度にするか，負担限度額をいくらに設定するかの問題である。

　利用者負担にかかる現行制度の一番の問題は，認可外保育所では原則として費用の100％を利用者が負担せざるをえないことである。このため，お金のない者は質の低いサービスしか利用できない。医療，介護では，公的サービスの不足で100％自己負担のサービス利用を強いられるようなことはありえない。新システムでは，前述のとおり，医療や介護と同様に，基準を満たした保育サービスは裁量の余地なく指定されて認可保育所と同様の利用者負担で利用できる。（1）で述べたとおり，各国をみても公的サービスが利用できない場合の代替サービスに対してまったく補助や税控除が行われない国はない。この点については，新システムにおける，小規模保育，家庭的保育，居宅訪問型保育等に対する地域型保育給付の創設で改善が期待されるが，指定基準をどのレベルにおくかによって，実際上，代替サービスのうちどれぐらいが費用保障の対象

になるかが決まることになろう。

　なお，現行制度では，本来家庭で子育ては行われるべきという哲学に基づく応能負担であるためか，医療や介護に認められている税制上の控除が保育の利用者負担に認められていない。しかし，保育の利用者負担は，子どもをもつ者が働き，収入を得るための必要経費の性格ももつのであるから，医療や介護にもまして当然に税控除は認められるべきではないだろうか。

（6）金銭給付

　金銭給付については，2010年4月から2011年9月まで，15歳以下の子ども1人当たり月額1万3000円の子ども手当が所得制限なしに支給されたが，自民党，公明党が見直しを主張し，2011年8月の民主，自民，公明の3党合意により，2011年10月から年齢等により金額を1万円と1万5000円に分けるとともに，2012年度から所得制限を導入することとされた。

　子ども手当に所得制限を主張する意見は創設の際に政権内でも聞かれ，2011年度に向けても検討されたが，付されなかった。理由は，子ども支援の普遍化である。子ども支援の普遍化の理念自体は正しいとしても，実現には財源をはじめとした種々の制約条件があり，政策はつねに優先順位をつけて考えなければならない。今後新たな支援財源を確保するとしてもなお大きく残る財政制約のもとで考えれば，優先すべきはサービス給付の普遍化であり，金銭給付は普遍化ではなくむしろ低所得家庭に重点化し強化していくべきであろう。

　子どもの貧困問題への対応でまず優先すべきは，必要な医療や教育を保障することである。金銭給付では必要とする金額に足りない場合もあるだろうし，何よりも親がそのお金を医療や教育に使う保証がない。生活が苦しければいつの間にか生活費に消えてしまうことやサラ金の返済に充てられてしまうこともあるかもしれない。したがって，金銭給付ではなくサービス給付の保障，具体的には，低所得家庭の子どもの医療や教育の利用者負担の減免が必要である。といっても，金銭給付が不要というわけではない。子どものために必要となる様々な品物やサービスをいちいち現物で給付するわけにはいかないし，子どもの世話をする余裕をもつためにも，子育て家庭に一定の金銭は必要である。

2010年から母子家庭のみでなく父子家庭にも児童扶養手当が支給されることとなったが,金銭給付はひとり親家庭に限らず低所得の子育て家庭に対し,より充実する必要があろう。あわせて,低所得子育て家庭に対する支援には(3)で述べたとおり総合施設で提供される保育・幼児教育・相談援助の統合サービスが重要な役割を果たす。

なお,金銭給付としてはほかに育児休業給付があるが,中間とりまとめでは新システムへの一元化は将来的な検討課題に送られた。育児休業給付と保育サービスは実質上選択になっているにもかかわらず,労使負担と税というように財源構成が異なり費用負担における不公平がある。また,職場の状況から育児休業を取得できずに退職して子育てせざるをえない女性は現実にはまだ多いが[15],こうしたケースでは雇用保険料を払っていても育児休業給付も求職者給付も受けられず,また保育サービスも受けられず,給付の公平の点で大いに問題がある。休業給付ではなく健康保険の傷病手当金のように,退職した場合も含めて出産後の一定期間,たとえば育児休業に相当する期間,在宅育児をする者のための金銭給付を設けることも考慮すべきであろう。フランス,スウェーデン,デンマーク,フィンランドにはそのような手当がある。

(7) 財　　源

新システムは子どもにかかる制度・財源・給付を一元化するものであるが,財政制約のなかで異なる制度を一元化しようとすれば,どうしても得になる者と損になる者が出てくる。同じでないものを同じにするのだから当然である。しかし,損になるところは声を大にして反対を唱える。それを代弁する政治勢力もある。両方に配慮してきめ細かに調整すれば制度は複雑になる。肝心の国民にとって使いにくく,わかりにくく,切れ目のないサービスからは程遠くなる。したがって,サービスの一元化には思いきった財源投入が必要である。

日本は先進諸外国に比べて租税・社会保険料の対国民所得比率が低く (→図表9-1参照),今後高齢化がさらに進むなかで保育政策の充実を図るには,社会全体で新たな拠出をして財源を確保することが不可欠である。中間とりまとめでは,税制抜本改革による財源確保を前提として公費を中心に負担すること

図表 9 - 1　国民負担率の国際比較

	日　本 (2008年度)	アメリカ (2008年度)	イギリス (2008年度)	ドイツ (2008年度)	スウェーデン (2008年度)	フランス (2008年度)
国民負担率	40.6	32.5	46.8	52.0	59.0	61.1
社会保障負担率	16.3	8.6	10.5	21.7	12.1	24.3
資産課税等	3.8	3.9	5.2	1.1	6.8	8.2
消費課税	7.1	5.6	13.1	14.1	17.5	14.5
法人所得課税	5.4	2.3	4.5	2.5	4.0	3.9
個人所得課税	7.9	12.2	13.5	12.6	18.6	10.2
租税負担率	24.3	24.0	36.2	30.4	46.9	36.8
〔老年人口比率〕	〔22.1〕	〔12.4〕	〔16.1〕	〔18.9〕	〔17.2〕	〔16.5〕

出所：財務省ホームページ

とされ，「社会保障・税一体改革成案」では，2015年における追加所要額（公費）が0.7兆円程度（税制抜本改革以外の財源も含めて1兆円超程度の措置を今後検討）とされている。追加所要額が税との一体改革のなかで示されたことの意義は大きい，消費税が引き上げられれば，この分は子ども・子育て政策に配分されることが明確にされたわけである。もちろん，2007年の「『子どもと家族を応援する日本』重点戦略」での推計追加所要額が1.5～2.4兆円，2009年の「ゼロから考える少子化対策プロジェクトチーム」が「消費税1％分を子どもたちのために」と提言したことに比べると，額自体は相当に小さい。先送りされた分だけ財政が痛み（→図表9-2参照），消費税を引き上げても子ども政策に回る分が減ってしまったということなのだろう。

　政府に対する信頼が必ずしも高くない日本において新たな負担を求める場合には，できるだけ給付と負担の関係が国民に見えることが望ましい。それも，マクロだけでなく，ミクロ，つまりどういう世帯がどれだけ負担が増え（減り），給付や仕事と子育ての両立による所得が増える（減る）かということを提示することが必要である。給付と負担の関係が見えやすく議論しやすいのは，全額税方式よりも社会保険方式である。社会保険方式には個人の選択がかかわ

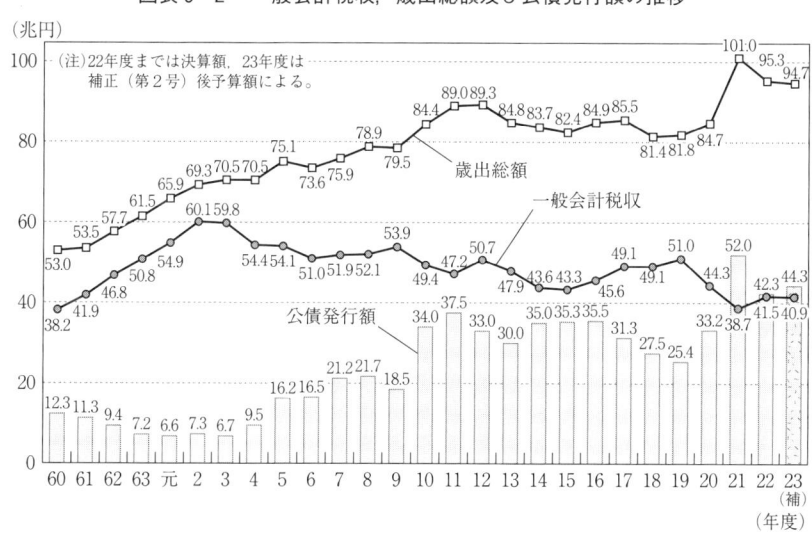

図表9-2　一般会計税収，歳出総額及び公債発行額の推移

出所：財務省ホームページ (http://www.mof.go.jp/tax_policy/summary/condition/003.htm)

る出産は保険になじまないという反対意見がある。たしかに厳密な意味での保険とはいえないが，労使の拠出を財源にする保険類似の仕組みにすることは可能である。たとえば，育児休業給付は雇用保険からの支給で財源の多くは労使の保険料である。児童手当は事業主の拠出と公費を財源とする。フランスでは，家族手当金庫が事業主の拠出と国民からの一般社会拠出金を財源として保育等の給付費を負担している。

中間とりまとめでは，事業主拠出は今後の検討とされているが，日本でも，追加財源を消費税のみに頼るのではなく，あわせて国民連帯による労使拠出を検討すべきではなかろうか。その際には，ワーク・ライフ・バランスの進捗状況によって事業主の拠出率を上下させるなど，労災保険のメリットシステムのような事業主へのインセンティブ付与にも配慮する必要があろう。

(8)「地域主権」

自民党政権下でも民主党政権下でも，「地方分権」「地域主権」の名のもとに

知事会や政権内に保育所運営費の一般財源化の声が絶えず，中間とりまとめにも「地域主権改革の観点を踏まえ」とある。しかし，「今の時代，子どもに関する政策をきちんとやらないような首長は落ちるから任せて大丈夫」という主張は，地方自治体の実態を知らないか，知っていてあえて一般財源化のために実態から目を背けているかのいずれかであろう。残念ながら，日本では，認可保育所のサービスを充分整備しなかった結果，待機児童が多かったりベビーホテルの事故で死亡した子どもがいて，それで辞職に追い込まれたり選挙に負けた首長はいないからである。「地域主権」がただ単に地方自治体の自由に任せるというのであれば，それは保育に対する国の責任放棄にすぎない。地方自治体が保育政策に主体性をもって取り組んだ結果，すべての地域で，国が細かく指示をしていた今までよりも子ども・子育て家庭にとってよい状態が生まれる，新システムにおける「地域主権」とはそういうものでなければならないだろう。

　財源については，新システムでは一般財源化ではなく，市町村新システム事業計画（仮称）に盛り込まれた給付・事業の実施に必要な費用を包括的に交付する「子ども・子育て包括交付金」（仮称。以下同じ）が創設されることとされた。また，施設やサービスの指定基準については，全国一律の基準として定めるとされたが，中間とりまとめでは子ども・子育て包括交付金のあり方や国の基準と地方自治体の裁量の関係は，残された検討課題とされている。

　自治体の裁量を拡大することについては，当事者の間に懸念する声が大きい。（3）で述べたように，イギリス，フランスでは基準は国が定めているが，スウェーデン，デンマーク，フィンランドでは基礎自治体が定めている（フィンランドは職員配置は国基準）。自治体の裁量が財政制約による質の切り下げ容認につながらないようにするには，保育士の専門性と地域におけるしっかりした当事者参画の仕組みが必要である。当事者参画の仕組みとして，デンマークでは，基礎自治体が予算を削減したり制度を改悪したりしないようにする「見張り役」として保護者会が大きな役割を果たしており，「専門知識の独占」に対して利用者が主体的に影響力を行使し，専門職集団と連帯して行政やサービス実施者と協同で課題に取り組む利用者民主主義の活動がある。中間とりまとめ

では，地方自治体にも「関係当事者が新システムの運営に参画する仕組みを設けること」が検討事項とされている。「地域主権」が地方自治体主権にとどまらず，真の「地域主権」になるためには，このような利用者民主主義の仕組みをつくり，実際に機能させることが重要であろう。

しかし，残念ながら，すべての地域で専門性の高い保育者が確保され，利用者民主主義が機能するとは限らない。そして，地方自治体の裁量拡大によって，そのような地域の力や財政状況の差が子どものおかれる状況や支援の多寡に大きく反映し，地域格差が拡大するおそれがある。フィンランドでは，1990年代に自治体が財政とサービス提供における広範な裁量権をもったことにより柔軟で現実的な保育保障が進んだが，同時に地域格差も広がっている。

したがって，地方自治体の裁量拡大は，地域格差の是正，より低い状況にある地域の引き上げ方策を伴って実施される必要がある。それは，普遍的な支援とは別の，特定の地域に対する国の支援である。特定の地域への支援の仕組みは既存の制度にもある。しかし，問題はその基準である。機械的すぎてもいけないし，担当者のさじ加減ひとつになってもいけない。さじ加減がきけば政治的口利きの温床になりかねない。透明かつ客観的で，しかも地域実態を総合的に反映したものである必要がある。イギリスでは，行政データを用いて所得以外の要素（学力，失業率，健康状態，犯罪率など）も含めた複合的な剝奪（貧困）度を地域ごとに測る指標が開発され，剝奪度が高い地域に手厚く他地域に優先して，様々な施策や財政支援が行われる［スミス=スミス 2010］。日本では，政府が行政データを集約して利用することへの抵抗感と地域のラベリングに対する躊躇が大きい。しかし，効果的な地域支援が行われるために，日本においてもこのような指標の開発が必要なのではなかろうか。

（9）政府組織の再編

中間とりまとめには，新システムを一元的に実施する子ども家庭省（仮称）の創設検討が挙げられている。

イギリスでは，保育・幼児教育を政府は教育省，自治体は子どもサービス局が所管している。スウェーデンでは，幼稚園と保育所が就学前学校として統合

され，教育省が所管している。フィンランドでは，中央政府は分かれているが，自治体は教育部門への統合が進んでいる。フランスおよびデンマークでは所管する省は分かれたままである。各国，政府組織のあり方は様々である。

　子ども・子育て政策には，厚生労働省所管の保育と文部科学省所管の教育だけでなく，同じ厚生労働省所管の医療や雇用もあれば，法務省所管の矯正や更生保護の分野もある。一方で，教育の所管を年齢で切り分ければ，そのことで生まれる新たな弊害もあろう。子どもの医療と大人の医療，障がいをもつ者の支援を大人と子どもで分けることも同様である。さらには，「おんな・子どもの問題」を扱う「おんな・子ども省」になって，閣内で軽視されるのではないかとの懸念もまだ消えない。

　どう再編しても新たな弊害が生まれるのであれば，むしろ重要なのは，政府がどのような組織編成となろうとも，それとはかかわらず子どもたちに総合的な支援がなされる枠組みをつくり出すことである。

　その1つは(8)で述べた地域主権の枠組みである。上を見るから縦割りになる。そうならないためには，支援の現場である地域で，当事者である子どもを視野の中心において，関係者が連携して必要な支援を行える仕組みをつくることである。行政組織が分かれていても，地域の関係者が連携して1つのネットワークをつくることはできよう。また，自治体レベルで保育と幼児教育の行政組織を統合する例もみられる。

　しかし，残念ながらすべての地域でそのような対応ができるわけではない。したがって，政府組織の編成にとらわれずに子ども・子育て支援を実施できる枠組みが，やはりナショナルなレベルにも必要である。その1つとして，フランスの家族金庫のような，子ども・子育て政策の実施を政府とは異なる公的な法人に委ねるやり方が考えられる。子どもにかかわる財源を一元的に管理し，地域支援も含め，子ども・子育て政策の具体的な運営を行う公法人を設置することは，継続性の必要な子ども政策が政権の意向に振り回されすぎるのを防ぐという意味合いももちうるだろう。

　中間とりまとめでは，新システムに「子ども・子育て支援の給付・事業を，子ども・子育て当事者のニーズに即したものとするため，また，効果的かつ効

率的な制度運用のため，地方公共団体，労使代表を含む負担者，子育て当事者，NPO等の子育て支援当事者等が子育て支援の政策プロセス等に参画・関与できる仕組みとして，国に子ども・子育て会議（仮称）を設置する」こととされた。フランスでは，首相をはじめとした関係閣僚，家族運動団体，労使団体，社会保障関係団体などで構成される「家族高等評議会」が，家族政策の方針を協議する機関として国に設置されている。「子ども・子育て会議」（仮称）が，単なる審議会と異なり，政府からどこまで独立してどれだけの権限と体制をもちうるかが鍵となろう。

4　おわりに

ポスト産業社会では，「女性は働き，夫婦は離婚する。また，合計特殊出生率は低下し，平均寿命は著しく伸び」「貧困はこれまでのように高齢者に集中しているのではなく，現在ではシングル・マザーや学歴や資格のない者，長期間失業している者の問題となっている。こうした人々は従来型の社会保障の恩恵をほとんど得ていない」[パリエ 2008：180-181]。子育てを取り巻く環境の変化は，製造業中心の経済から，IT産業やサービス業中心の経済に移行した先進諸国に共通の傾向である。そしてそのような社会では，乳幼児の貧困解消や良質な保育施設の整備などの子育て支援は，①就労女性からの税収，②出生率の回復，③成人後の職業・稼得能力の向上による貧困防止など，将来社会の収入増，コスト減につながるきわめてリターンの大きい社会的投資となる[アンデルセン 2008]。

1994年のエンゼルプランから17年，97年の人口問題審議会報告から14年，少子化対策として少しずつ転換を始めた日本の保育政策だったが，その新しい形が新システムとしてやっと見え始めた。

それは，基礎自治体である市町村に，子どもや家庭の状況に応じた給付の保障，質の確保された給付の提供，確実な利用の支援，費用の支払い，計画的な提供体制の確保，基盤整備の権限と責任を課し，需要抑制傾向をもつ措置制度類似の仕組みを取り払い，認可外保育所のあっせんで足りるという現行制度か

ら抜本的に保障を強化するシステムである。

　需要は客観的に認定され，認定された者は自由に契約して保育・幼児教育サービスを利用できる。市町村は，利用を支援し，費用を保障する。保育所や多くの幼稚園は，保育と幼児教育を一体的に提供して家庭における養育支援を行う施設に移行する。充分なサービス量が確保できるように，供給が不足している限り基準を満たした多様な保育・幼児教育の事業者は必ず指定され，費用保障の対象となる。施設整備にかかる費用は運営費に上乗せされ，事業の拡大・参入が容易になる。市町村は計画を立て基盤整備を行う。これら全体のシステム運営には，当事者，労使等多様な関係者をメンバーとする会議が参画・関与する。

　現在の待機児童の多さ，定員以上に子どもが詰め込まれた保育所等の現状をみていると，そんないいこと尽くめの新システムなどありえない気がするかもしれない。しかし，介護保険ができて10年，田んぼや人里離れた山の中にしかなかった介護施設は見慣れたまちなかの風景となり，朝夕にデイサービスの送迎バスが行き交う。市役所に行かなくても認定申請はできるし，ケアマネジャーは休日でも電話でも相談にのってくれる。もちろん介護保険にも課題は多いが，創設前に比べても現在の保育と比べても，保障や当事者の支援体制は格段に強化された。

　介護にできて保育にできないわけはない。問題は，厳しい財政状況と混迷を深める政治情勢である。

　税制抜本改革で2010年代半ばまでに消費税の5％引き上げができたとしても，3節(7)で述べたとおり，新システムに回るのは0.7兆円にすぎない。国の厳しい財政状況をみると，消費税により確保される財源のなかで他の社会保障施策と綱引きをしてこれ以上の財源を引っ張ってくるよりも，子ども・子育て応援のための国民連帯による新たな労使拠出など，他の財源をあわせ考える必要があろう。

　いずれにせよ，消費税も含め財源が確保できるかどうかは，ひとえに新たな拠出・負担を国民が納得するかどうかにかかっている。子ども・子育て関係者にできることは，保育・幼児教育の保障強化はポスト工業社会に入った世界の

国々の趨勢であること，新システムの実現は，出生率の回復，女性の労働市場参加の増大，将来の良質な人材育成，貧困の防止などによるリターンの大きな社会的投資であることを国民1人ひとりに説明し，そのための新たな拠出・負担の甘受を訴え続けることである。[16]

【注】
1) ひとり親世帯率は2007年，その他は2011年。
2) 2007年。
3) 2010年。
4) 2010年。
5) 2009年。
6) 厚生労働省「保育所の状況（平成21年4月1日）等について」「保育所関連状況とりまとめ（平成22年4月1日）」。
7) 厚生労働省「第3回次世代育成支援のための新たな制度体系の設計に関する保育事業者検討会」，2008，参考資料3。
8) 内閣府男女共同参画に関する世論調査 2007年8月（http://www8.cao.go.jp/survey/h19/h19-danjyo/index.html）。ただし，再就職型に無職型，結婚退職型および出産退職型への賛成をあわせると，継続就業型を上回る。
9) 前掲注6に同じ。
10) 厚生労働省「平成21年度介護保険事業状況報告（年報）」。
11) 厚生労働省「保育所入所待機児童数（平成22年10月）」。
12) 厚生労働省「平成21年度認可外保育施設の現況取りまとめ」，前掲注6に同じ。
13) 前掲注7に同じ。
14) 「中間とりまとめ」では，「学校教育」という用語が使用され，「ここで言う『学校教育』とは，学校教育法に位置づけられる小学校就学前の子どもを対象とする教育（幼児期の学校教育）を言い」と注がつけられているが，わかりにくいので本章では「幼児教育」という用語とする。
15) 結婚年次95～99年の第1子出産前後の妻の就業状況は，育児休業利用の両立が11.0％，育休なしの両立が10.8％に対して，出産退職が40.0％で，両立の比率はそれ以前と比べて増加していない［内閣府 2006:67］。
16) 本稿は，平成20年度日本社会福祉弘済会の助成による研究を基にしている。ここに記して感謝申し上げる。

【引用・参考文献】

エスピン-アンデルセン，G.（林昌宏訳）［2008］『アンデルセン，福祉を語る』NTT出版

「子どもと家族を応援する日本」重点戦略検討会議(議長 内閣官房長官)とりまとめ［2007］「『子どもと家族を応援する日本』重点戦略」

少子化社会対策会議［2011］「子ども・子育て新システムに関する中間とりまとめについて」,ホームページ (http://www8.cao.go.jp/shoushi/10motto/08kosodate/pdf/torimatome.pdf)

少子化対策担当大臣ゼロから考える少子化対策プロジェクトチーム［2009］「"みんなの"少子化対策～子どもへの投資が未来を支える 子育てセーフティーネットの強化を！～」

スミス,テレザ＝スミス,ジョージ(椋野美智子＝藤原裕子訳)［2010］「英国の子ども政策と地域の貧困度測定指標」『週刊社会保障』2602号

政府・与党社会保障改革検討本部決定［2011］「社会保障・税一体改革成案」(http://www.cas.go.jp/jp/seisaku/syakaihosyou/kentohonbu/pdf/230630kettei.pdf)

内閣府［2006］『平成18年版国民生活白書 多様な可能性に挑める社会に向けて』ぎょうせい

バリエ,B.(林昌宏訳)［2008］「高齢化する脱工業化社会における福祉国家とは」,G・エスピン-アンデルセン『アンデルセン,福祉を語る』NTT出版

OECD［2006］*Starting strong II early childhood education and care*

OECD *Family database* ホームページ (http://www.oecd.org/document/4/0,3746,en_2649_34819_37836996_1_1_1_1,00.html)

事項索引

あ 行

遊び場活動 …………………………… 161
新しい社会的リスク ………………… 3,9
安心社会実現会議報告〔J〕 …………… 22
育児関連休業〔D〕 ………………… 146
育児休業（休暇） ………… 90,117,204
育児休業法 …………………………… 23,57
1.57ショック〔J〕 …………………… 14
ヴァルハイスカスヴァトゥス〔Fi〕 … 157
エデュケア〔Fi〕 …………………… 167
NVQ〔UK〕 …………………………… 88
N分N乗方式〔Fr〕 ………………… 53
M字型（の）カーブ ………… 33,49,203
エンゼルプラン〔J〕 ……………… 14-16
Ofsted〔UK〕 ……………………… 82,87
親休暇〔D〕 ………………………… 146,159
親手当〔S〕 ………………………… 121

か 行

開放型保育所〔Fi〕 ………………… 161
学習計画 ………………… 114,127,141,142
学童クラブ〔S〕 …………………… 104
学童ケア〔S〕 ……………………… 102,104
学童保育〔D〕 ……………………… 150
家事労働時間 ………………………… 129
家族高等評議会〔Fr〕 ……………… 50
家族主義 ……………………………… 2,8
家族政策 ……………………… 7-9,50,126
家族手当金庫〔Fr〕 ………………… 50,51,58
家庭的保育 ………… 80,103,132,158,161,185
──保育者 ……………………… 58,199
家庭保育士〔Fi〕 …………………… 167,172
家庭保育所〔Fr〕 …………………… 68
管　轄 ………………………………… 126
監　査 …………………………………… 87
監　督 ………………… 104,105,112,141

機会費用（コスト） ………… 25,35,40,52
給　食 ……………………………… 142,143,161
教育基準局 → Ofsted
教育的ケア〔S〕 …………………… 103
共通アセスメントフレームワーク〔UK〕 … 95
金銭給付 ……………………………… 232,233
勤労税額控除〔UK〕 ………………… 85
グループ家庭保育所〔Fi〕 ………… 176
経済効果 ……………………………… 41,45
経済的支援 ……………………………… 51
経済的負担 ………………………… 18,25
減価償却費上乗せ方式 ……………… 226
言語スクリーニング〔D〕 ……… 128,145
合計特殊出生率 ……………………… 128
効　用 ………………………………… 41
子育て費用 …………………… 119,147,202
子ども・家族分野の社会支出 ……… 12
子ども・子育て会議（仮称）〔J〕 …… 239
子ども・子育て新システム〔J〕
　　　　　　　　　… 205,223,225,228
子ども・子育てビジョン〔J〕 …… 223
子ども・子育て包括交付金〔J〕 … 236
子ども・青少年契約〔Fr〕 ………… 58
子どもセンター〔UK〕 ……… 92-94,229
子ども手当〔J〕 …………………… 232
個別保育制度〔D〕 ………………… 133
コミューン〔S〕 …………………… 104

さ 行

在宅保育補助〔Fi〕 ………………… 160,164
仕事と家庭の両立 …………………… 208
仕事と生活の調和推進のための行動指針〔J〕
　…………………………………………… 24
CCLD〔UK〕 ………………………… 88
市場の均衡 …………………………… 39
次世代育成支援対策推進法〔J〕 …… 23
施設整備 ……………………………… 226

243

自然保育〔D〕……………………138
　　──所〔D〕…………………138
市町村新システム事業計画（仮称）〔J〕……236
質の確保………………………229
指定制〔J〕……………………226
児童環境評価〔D〕……………144
指導監査………………………198
指導監督………………………169
児童福祉施設最低基準〔J〕…………196
支払い能力……………………37
社会的遺伝〔D〕……………127,142
社会的排除………………3,6,27,78,79,91,92,229
社会保険方式…………………234
社会保障改革に関する有識者検討会報告〔J〕
　………………………………28
社会保障国民会議〔J〕………22,25
シュアスタート〔UK〕…………79,91-93
就学前学校……………………101-103
　　──教師……………………110,111
就学前教育……………………162
　　──担当教師………………172
就学前クラス…………………105,149
就学前プレイグループ…………81
就業自由選択補足手当〔Fr〕…52,55
集団（の）保育施設……………59,61
出生率…………………14,116,128,158,202
需　要…………………………224
少子化対策………………14,18,20,23,25,204
所　管…………………………177
職　員…………………………110
女性の労働参加………………32,42,43
　　──と保育サービス………32
女性の労働参加率……………33,34
　　──と1人当たりGDP……45,47
　　──と経済成長……………44
　　──と合計特殊出生率……43,44,46
　　──と保育所定員数………42
新エンゼルプラン〔J〕…………20
人口問題審議会〔J〕……………16
『人生の始まりこそ力強く』……5
人的資源………………………102

　　──の育成…………………26
全国基準 → Ofsted
全国職業資格 → NVQ
潜在需要………………………223
専門知識の独占………………139
早期教育……………………82,87
総合施設〔J〕…………………227,228
租税・社会保険料の対国民所得率…………233

た　行

待機児童………………………106,135,190
　　──ゼロ作戦〔J〕…………21,220
第三者評価制度〔J〕……………198
託児所…………………………101,159
男性稼ぎ主型…………………1,2
男性の家事・育児への参加……55
地域格差………………………237
地域子育て支援事業〔J〕………185
地域主権…………………235,238
地方分権………………………188
チャイルドマインダー〔UK〕……80
超過需要………………………39
直接契約………………………225
デイナーサリー〔UK〕………80,84
統合子どもシステム〔UK〕……95

な　行

ナーサリー・レセプションクラス〔UK〕……81
ナーサリースクール〔UK〕………81
ニードをもつ子ども……………92
入所調整………………………166
認可外保育施設（所）〔J〕………184,229,231
認定こども園〔J〕………22,185,227
　　──制度〔J〕………………227
認定制度〔J〕…………………225
年齢階層別労働参加率…………33

は　行

発達保障………………………208
必要性の程度…………………37
ひとり親家庭………………117,128,158

病　児………………………………………168
　——病後児保育所〔J〕………………195
　——保育………………………………110
標準的家族………………………………………2
夫婦個別申告・課税制度………………121
福祉国家…………………………………………7
福祉レジーム………………………………7, 9
普遍的かつ的をしぼる〔UK〕……………79
普遍的給付……………………………………221
ペダゴー〔D〕……………………………133, 137
保育学校〔Fr〕…………………………60, 70
保育サービスと女性の就労……………43
保育サービスに対する需要, 供給………37
保育サービスの供給………………………38, 41
保育サービスの需要………………………37, 38
保育サービス利用保障制度〔D〕………133
保育士………………64, 110, 172, 174, 198, 200
保育時間……………………………………163
保育所………………101, 121, 132, 159, 184, 189
　——の定員数と女性の労働参加率……46
　——保育指針〔J〕……………………194
保育専門職…………………………………137, 167
保育方法自由選択補足手当〔Fr〕……58
保育ママ〔Fr, D〕………………58, 60, 80, 133
　——の家………………………………68
　　認定——……………………………66
　　無認定の——………………………67
保育料………………………85, 109, 132, 135
　——に上限………………………………113
放課後児童クラブ〔J〕……………186, 191
保護者会………………………………139, 140, 143
補助金………………………………………114

ま　行

マクロ経済効果…………………………………32
マックス・タクサ〔S〕……………………113
民間保育所……………………………………161

や　行

よいスタート〔D〕………………………127
幼児教育クラス〔UK〕……………………82
幼稚園……………………………158, 184, 189
　——教育要領〔J〕……………………194
　——教師〔Fi〕………………167, 172, 175
　——教諭〔J〕………………………199, 200
余暇保育〔Fr〕…………………………………71

ら　行

利用可能性………………………………………38
利用基準………………………………………192
利用時間………………………64, 110, 136, 201
利用児童数……………………………………134
利用者参加……………………………………139
利用者負担………………………193, 230, 231
　——上限額………………………………164
利用者民主主義……………………139, 236
量的拡大……………………………………228
利用申し込み………………………………109
利用率…………………………………162, 177
両立支援…………………………18, 19, 220
利用料……………………………………64, 164
労働参加率……………………………………125
労働時間………………………………54, 129
労働力率……………………………………117

＊各国特有の法・制度などの項目には, 以下のように国名を略記し, 〔　〕で付した.
　　デンマーク　　D　　　　日本　　J
　　フィンランド　Fi　　　　スウェーデン　S
　　フランス　　　Fr　　　　イギリス　　UK

● 執筆者紹介 ●

藪長千乃（やぶなが　ちの）　　　　　　　　　　編者，序章・7章
　文京学院大学人間学部教授

椋野美智子（むくの　みちこ）　　　　　　　　　編者，1章・9章
　大分大学福祉科学研究センター教授

福島淑彦（ふくしま　よしひこ）　　　　　　　　　　　　2章
　早稲田大学政治経済学術院教授

大場静枝（おおば　しずえ）　　　　　　　　　　　　　　3章
　早稲田大学国際言語文化研究所客員准教授

伊藤淑子（いとう　よしこ）　　　　　　　　　　　　　　4章
　前北海学園大学経済学部教授

秋朝礼恵（あきとも　あやえ）　　　　　　　　　　　　　5章
　高崎経済大学経済学部講師

石黒暢（いしぐろ　のぶ）　　　　　　　　　　　　　　　6章
　大阪大学世界言語研究センター准教授

川島由華（かわしま　ゆか）　　　　　　　　　　　　　　8章
　さいたま市保健福祉局福祉部主査

齊藤明美（さいとう　あけみ）　　　　　　　　　　　コラム1
　駒澤大学総合教育研究部講師

須貝優子（すがい　ゆうこ）　　　　　　　　　　　　コラム2
　早稲田大学大学院社会科学研究科博士課程修了

田中洋子（たなか　ようこ）　　　　　　　　　　　　コラム3
　筑波大学人文社会系教授

林浩康（はやし　ひろやす）　　　　　　　　　　　　コラム4
　日本女子大学人間社会学部教授

宣賢奎（そん　ひょんぎゅ）　　　　　　　　　　　　コラム5
　共栄大学国際経営学部教授

Horitsu Bunka Sha

2012年2月20日　初版第1刷発行

世 界 の 保 育 保 障
―幼保一体改革への示唆―

編著者　椋野美智子
　　　　藪長千乃

発行者　田靡純子

発行所　株式会社 法律文化社
〒603-8053　京都市北区上賀茂岩ヶ垣内町71
電話 075（791）7131　FAX 075（721）8400
URL:http://www.hou-bun.com/

©2012 M. Mukuno, C. Yabunaga Printed in Japan
印刷：中村印刷㈱／製本：㈱藤沢製本
装幀　白沢　正
ISBN 978-4-589-03372-7

増田雅暢編著
世界の介護保障
Ａ５判・230頁・2730円

世界10カ国の介護保障制度について高齢化の現状や歴史をふまえて概説。最新のデータから現行施策の概要を明らかにし、今後の課題と方向性を探る。欧米諸国のみならず経済発展が進むアジア諸国も重点的に取り上げる。

江口隆裕著
変貌する世界と日本の年金
―年金の基本原理から考える―
Ａ５判・256頁・3360円

高齢社会のもとで進む世界の年金改革の動向をふまえ、わが国の制度を基本原理から根源的に考察し、その全体像と課題を提示する。国家財政にもかかわる広がりと深さをもった複雑な年金制度への疑問をすべて明らかにする。

橋本篤孝・古橋エツ子編集代表
介護・医療・福祉小辞典〔第２版〕
Ｂ６判・272頁・1890円

学者と専門家の共同執筆により介護に必要な基本的かつ重要な用語（約1500項目）を収録したコンパクトな辞典。試験対策だけでなく、介護現場で働く人にも最適。最近の法制度に対応して「地域支援事業」など用語を拡充。

佐藤 進・小倉襄二監修，山路克文・加藤博史編
現代社会保障・福祉小事典
Ａ５判・222頁・2520円

各項目を１頁または２頁の読み切りで解説。複雑化する諸制度の関連や脈絡をたどれるよう各項目の設定を工夫し、現在進行形の動態を立体的にとらえる。社会保障・社会福祉のいまを批判的に検証した「読む事典」。

江口隆裕著〔社会保障・福祉理論選書〕
「子ども手当」と少子化対策
Ａ５判・214頁・3045円

少子化対策先進国として注目されるフランスの家族政策の思想と展開を批判的に分析するとともに、わが国の少子化対策について、戦前の人口政策から最新の「子ども手当」まで諸施策の問題点をこれからの福祉国家像をふまえ解明する。

埋橋孝文著〔社会保障・福祉理論選書〕
福祉政策の国際動向と日本の選択
―ポスト「三つの世界」論―
Ａ５判・226頁・3360円

エスピン-アンデルセン後の動向を検討し、新しい政策論を提示する。南欧、アジアの政策の考察や「雇用と福祉の関係の再編」に注目し、日本の位置確認と政策論議の場を提供。本書に関する文献レビュー付。

―――法律文化社―――
表示価格は定価（税込価格）です